四川轻化工大学 2017 年度人才引进项目"齐泽克意识形态功能思想研究"(2017RCSK16)的研究成果

欲望社会

DESIRE

SOCIETY

齐泽克意识形态功能思想研究

The Research on Slavoj Zizek's Thought of Ideological Function

彭均国◎著

人民出版社

目　录

1

序　言

　　处在意识形态光谱当中的每一个人,无论决策某项行动,还是单纯地遵循现行系统,都对现状保持着某种改变的态度。意识形态作为现实的社会行动(巴拉达特语),具备最具影响力的两个因素:改善信念的积极作为;社会革命。有鉴于此,我赞成本书作者赋予意识形态切实的行动性的要义。意识形态行动的归宿就在于赋予个体以共同的政治信念——通过个体与社会之间的互动干预重塑理想、稳固信念。因此,否定之否定的苦功,绝非彻底地牺牲掉我们一直所珍视的东西,恰恰相反,其最终结局是自我指涉。我的观点是,让意识形态个体/社会与身处的时代紧密联系,理智地剖析隐隐呈现于我们面前的意识形态扭结——个体的需求和观点与群体的理想和价值观之间的转换通道——何以可能?

　　社会主义意识形态必然赋予人民大众以积极的行动来改善他们所处的环境。它通常将某个/某些社会人群的福祉与其所处的世界相提并论,是对一连串独特的社会情势做出的响应,其根本目的在于改造世界。因而,社会主义意识形态绝非政治主体的单纯说教,相反,它是针对人民大众言简意赅的政治判断,即被人民大众普遍接受的行动准则。可以说,社会主义意识形态的辨识逻辑绝非是将个体从群体中剥离,而是对共性个体的有机整合,以至于更为明确地理解和实践我们的价值观和政治体系。那么,如何从无趣、抽象的概念中更实际、更具行动性地理解意识形态功能,就成为社会主义意识形态理论研究的重要主题,而不是把它牺牲掉。

　　社会主义意识形态研究是一个既抽象又艰深的理论课题,更是一个既现实又敏感的实践课题。多样化社会思潮试图以各种隐蔽的方式消解/弱化/淡化/虚化社会主义意识形态的功能价值,学界目前的研究又多采用归纳与演绎的方法:从纷繁复杂的社会行为中概括出意识形态功能,再将各种意识形态功能返归社会现实,主要是一种从个别到一般再到个别、从特殊到普遍再到特殊的研究方式。值得商榷的是,如此操作是否能从原点上挖掘意识形态功能的生成逻辑和条件,是否能解释意识形态功能在个体(个别)内部生成的正当性,是否能够解释意识形态功能由个体推及社会的合理性,并以此赋予意识形态功能强大的凝聚力、引领力和实效性,以至于获得整体认同。

社会主义意识形态建设要善于融通国外有益资源,使国外哲学社会科学取得的丰富成果成为我国意识形态建设的有益滋养。改革开放40年来,中国学者本着开放包容的精神,源源不断地将国外有代表性的学者和著作介绍到中国,斯拉沃热·齐泽克(Slavoj Zizek)便是其中之一。其思想主旨在于:从主体维度来阐释意识形态功能的内在生成逻辑,解决意识形态功能来源的正当性与合理性;采用剥离又返归的逻辑方式,强调将社会意识形态与主体欲望处于二元对立状态的不合理性,并以欲望为社会和个体的扭结点实现两者的来回翻转,最终回溯性地重塑主体和社会。本书以"欲望社会"为题,探讨意识形态缝合、表征、重塑三大功能,契合齐泽克思想的根本内核;又着重分析价值观念、社会理想和政治诉求等意识表达形式,在欲望与社会之间架设起功能性的桥梁。《欲望社会》不失为解决社会主义意识形态功能的内在生成机制提供了一种可靠进路。最后,值得特别强调的一点是,阅读、研究西方人物、著作、思想必须保持最基本的辨别力和判断力,不致成为错误思想的俘虏,这也正是本书作者的优点之一。

王桂艳

2019 年 3 月

绪论　为什么是齐泽克

一、选题缘由

本选题主要是基于现实任务的判断、国内理论研究的不足和国外意识形态功能理论的研究成果而确定的。概括来说,本选题主要依据现实任务和理论不足两个方面。

(一)现实缘由

习近平在全国宣传思想工作会议(2013、2018 年)、文艺工作座谈会(2014年)、新闻舆论工作座谈会(2016 年)、网络安全和信息化工作座谈会(2016年)、哲学社会科学工作座谈会(2016 年)等座谈会上以及十九大报告中多次重申意识形态问题,目的在于强化意识形态作为国家"软机器"和精神支柱的作用,发挥意识形态维护社会和谐和保障国家发展的功能。然而,现实的诸因素却阻碍了意识形态功能的有效发挥:一方面,多样化社会思潮对我国主流意识形态发起挑战,试图消解主流意识形态的功能价值。意识形态终结论、意识形态去中心论、非意识形态化、历史虚无主义、新自由主义、民主社会主义、新左派等多样化社会思潮以各种隐蔽的方式试图解构社会主义主流意识形态对多元价值观的整合功能。各种非马克思主义、反马克思主义思潮混淆其中,试图淡化马克思主义意识形态理论的主导地位,虚化主流意识形态的社会导向功能,进而弱化主流意识形态对个体的教化功能。为此,必须加强意识形态功能理论建设,对多样化社会思潮发起的挑战予以回应。另一方面,新时代国家发展取得的新成果,社会出现的新思想、新问题等凸显了建构意识形态功能理论的必要性。当前社会各阶级、各利益群体的价值诉求和精神夙愿呈现多元化发展趋势,亟须对意识形态进行整合;处于社会转型时期的现代青年价值选择困难、人生迷茫,亟须主流意识形态的导向和引领;义务教育的长期贯彻,提升了全民知识水平,意识形态官方文本的传统宣传方式表现出一些不足和缺陷,必然倒逼主流意识形态教育的转型提升;国家治理受到信仰薄弱、道德失衡等社会新问题的影响,为保证国家治理的有效推进亟须提升主流意识形态的说服力、感染力和认同力。一言概之,解决种种问题的路径都指向意识形态功能理论,构建意识形态功能体系就成为当前意识形态建设的重要任务之一。从齐泽克的意识形态功能思想来看,意识形态缝合试图整合差异化社会,用意识形态表征欲望的做法又将意识形态扎根于主体需求,其中逻辑与我国意识形态亟待解决的现实问题十分类似。因此,齐泽克的意识形态功能思想可以为解决我国意识形态建设中的现实问题提供一份参考,这一基本判断也就成为本选题的现实依据。

(二)理论缘由

关于意识形态建设问题,国内学者对马克思主义意识形态基础理论的研究,成果颇丰,但也存在不足。就目前的研究情况来看,国内学者的研究主要集中于几个视角:(1)从批判角度把握马克思意识形态的概念内涵;从总体性、实践性、阶级性、虚假性等方面把握马克思意识形态的基本特征;从不同的历史分期把握意识形态的演进历程;从主客体关系角度把握马克思意识形态与社会现实的互动逻辑,采用应用性解读的方式阐释意识形态的时代价值。(2)对马克思主义意识形态功能理论的研究,学界主要以社会结构层次为依据,划分出经济、政治、文化和社会等意识形态的不同视域,并在不同视域中把握意识形态对个体、组织和社会具有的各种功能。(3)研究方式是从纷繁复杂的社会行为中概括出意识形态功能,再将各种意识形态功能返归社会现实;方法主要是一种从个别到一般再到个别、从特殊到普遍再到特殊的研究方式。这种方式应当加以肯定,但也存在一些不足。不足之处在于,没能从原点上挖掘意识形态功能的生成逻辑和条件,不能解释意识形态功能在个体(个别)内部生成的正当性,无法解释意识形态功能由个体推及社会的合理性,从而降低了意识形态功能的实效性,致使意识形态无法获得整体认同。因此,这个问题应当加以解决。

习近平总书记指出,意识形态建设要善于融通国外有益资源,使国外哲学社会科学取得的丰富成果成为我国意识形态建设的有益滋养。① 斯拉沃热·齐泽克(Slavoj Zizek)作为国外意识形态研究的重要理论家,其思想备受全球关注,其意识形态理论在欧洲学术界表现出巨大的影响力。由此,研究齐泽克的意识形态功能思想就成为国内外意识形态理论研究的重要课题之一。从笔者掌握的相关文献资料来看,齐泽克正是从主体维度来阐释意识形态功能的内在生成逻辑,试图解决意识形态功能来源的正当性与合理性。他采用一种剥离又返归的逻辑方式,强调将意识形态从社会现实中剥离出来并使其处于二元对立状态的不合理性,强调意识形态不过是主体欲望的纯粹表象,意识形态必须以主体的欲望为内核才能确证自身的客观现实性。如此一来,意识形态也就表征了主体的欲望内核。他的意识形态功能理论一方面试图缝合社会现实,另一方面又试图表征主体的欲望诉求。通过吸纳不同的价值观念,齐泽克期望回溯性地重塑主体和社会。可以说,齐泽克的意识形态思想对于国内学界建构意识形态功能理论大有裨益。从目前国内研究的相关文献来看,出版的著作和发表的论文虽多,但对齐泽克意识形态思想的研究多限于理论描绘,未能体系性地揭示齐泽克意识形态理论背后所隐藏的功能价值。

鉴于此,本书以马克思主义意识形态理论为指导,以我国意识形态建设中亟待解决的现实问题为切入点,以意识形态功能理论建设的需要为索引,以齐泽克建构的意识形态功能理论为内容,再结合后文对国内外研究现状的分析,初步拟定以"齐泽克意识形态功能思想研究"为题进行研究。

二、选题意义

一方面,齐泽克以拉康(J.Lacan)精神分析理论为基础搭建意识形态功能

---

① 习近平:《在哲学社会科学工作座谈会上的讲话》,《人民日报》2016 年 5 月 19 日。

的基本框架,丰富了意识形态的内容体系;另一方面,齐泽克试图使意识形态统领现实世界、对社会现实各领域起作用。因此,研究齐泽克意识形态功能思想可以获得理论与现实的双重借鉴意义。

(一)理论意义

1. 有利于拓宽马克思主义意识形态理论的研究思路

齐泽克对马克思意识形态概念的认识有所不同,他立足于"现实",从主体角度深究马克思主义意识形态概念的双重内涵,对意识形态概念、内容等多方面做出了"新"的解读。经典马克思主义意识形态概念认为,马克思立足于社会现实,把意识形态界定为一种虚假意识、颠倒意识,正如马克思指出的那样,"他们对此一无所知,却在勤勉为之"①;把马克思的意识形态批判限定为意在揭露德意志意识形态虚假性背后所掩盖的特殊利益关系;把马克思的意识形态理论看成是启蒙主义式的意识形态"祛昧"。齐泽克认为,马克思的意识形态概念不仅具有"祛昧"意蕴,还揭示了意识形态"行"的层面,即强调马克思对犬儒主义意识形态观的批判。他认为,所谓的虚假意识形态"不是掩饰事物的真实状态的幻觉,而是构建我们的社会现实的(无意识)幻象"②。人们已经知道意识形态的虚假性,却依然犬儒般行事。犬儒主义意识形态正是以这样一种不加掩饰的反讽式的"洁身自好"的方式我行我素。然而,正是这样一种虚假的意识形态在现实中结构了社会关系,虚假意识形态也因之获得了客观现实性。齐泽克挖掘了马克思意识形态概念"真实"与"虚假"的双重内涵,重在揭示主体维度意识形态的幻象性与客观性。因此,研究齐泽克的意识形态功能思想,可以拓宽马克思主义意识形态理论的研究思路。

2. 可以为马克思主义意识形态功能理论研究提供新的理论视角

国内学者在探讨意识形态的功能时,通常对意识形态功能加以直接运用,

---

① 转引自[德]齐奥尔格·齐美尔:《时尚的哲学》,费勇等译,文化艺术出版社2001年版,第45页。

② [斯洛文尼亚]斯拉沃热·齐泽克:《意识形态的崇高客体》,季广茂译,中央编译出版社2002年版,第45页。

忽视了意识形态功能生成的个体维度,忽视了意识形态功能生成的原始心理逻辑。齐泽克立足于主体,试图从主体心理和社会心理两大视角对意识形态的缝合、表征和重塑三大功能进行理论分析与阐释,并以此为基础建构意识形态功能理论。齐泽克从心理维度对意识形态功能进行理论阐释,使意识形态功能获得了坚实的心理根基,为意识形态各种功能来源的正当性提供了理论解释。因此,研究齐泽克的意识形态功能思想,可以为我国意识形态功能理论研究提供新的理论视角。

3. 可以为我国意识形态理论建设提供一种新的理论参考

马克思主义意识形态理论虽然一直处于主导地位,但由于苏东剧变、“文化大革命”和现代中国转型等社会实践的变化,使得一部分人对中国特色社会主义意识形态建设产生了怀疑与困惑,从而产生了社会信仰薄弱、道德滑坡,部分人世界观、人生观和价值观动摇等诸多问题,如何从理论上解决这些问题就成为我国意识形态建设的重大理论课题。齐泽克立足于意识形态的虚假、幻象、主体的心理畸变和社会的无意识等方面来建构意识形态功能体系,试图通过对经济、政治、文化和社会等领域的功能性解读,使社会全体归于意识形态。齐泽克通过构建意识形态功能体系,试图使意识形态在社会不同领域中发挥作用。齐泽克认为,现代社会的意识形态问题,不仅在“知”的层面,也在“行”的层面。中国特色社会主义意识形态理论的建设就是要在“知”与“行”相结合的情况下,结合中国具体情境,在甄别各种意识形态思想中,借鉴和吸收其他意识形态的有益成分,构建意识形态功能体系,进一步推进中国特色社会主义意识形态理论的建设。因此,研究齐泽克的意识形态功能思想有助于我国意识形态功能体系的建设。

(二)现实意义

1. 有助于分析和解决我国意识形态建设中遇到的新情况和新问题

从革命时期的价值追求到改革开放、实事求是的指导观念,从“三个代表”到社会主义核心价值观,不同时代条件下,中国特色社会主义意识形态建设都取得了丰硕的成果。与此同时,各种新的思维观念、价值准则和实践成果也深刻地影响着人民群众的劳动实践和日常生活。重塑社会/个体的意识形态,必须吸纳各种不同的意识形态因素,构建满足时代要求、符合时代精神的意识形态体系。齐泽克的意识形态功能思想把重塑主体和社会放在重要位置,通过对否定之物的肯定性解释,通过对纷繁复杂的思维观念、价值取向和行为准则的整合,满足了主体对意义的需求,试图厘清各种意识形态因素在主体/社会重塑中的位置和结构性作用,为重塑个体和社会提供了方法。因此,研究齐泽克的意识形态功能思想有助于分析和解决我国意识形态建设中遇到的新情况、新问题,有助于推进我国意识形态建设。

2. 有利于提升人们对主流意识形态的认同度,强化党与人民群众的紧密关系

传统意识形态的舆论宣传重在对政治文本之内容与精神的讲解和教育,过多地停留在文本本身。相对来说,传统的意识形态教育与人民群众的切身利益和现实生活联系较为松散,造成意识形态教育的内容与社会实践相疏离、意识形态文本与社会/个体的需要相脱离,致使部分人甚至排斥主流意识形态,淡化了主流意识形态的指导地位和巨大作用。正如习近平总书记所言,"在有的领域中马克思主义被边缘化、空泛化、标签化,在一些学科中'失语'、教材中'失踪'、论坛上'失声'"①。因此,要使主流意识形态在人民群众中葆有活力,提高意识形态的实效性,意识形态的宣传和教育就必须联系人民群众的切实利益和真实心理。这就需要我们理顺人民群众的真实愿望与主流意识形态之间的关系和互动逻辑。齐泽克的意识形态功能思想,着力解决意识形态与主体的欲望动因之间的互动关系,把主体的利益动因与意识形态相结合。因此,研究齐泽克的意识形态功能思想有利于厘清人民群众与政治意识形态之间的关系,可以为提升意识形态教育的现实有效性提供借鉴,也有助于提升人民群众对主流意识形态的认同度。

3. 有利于克服资本主义意识形态的理论弊病,扫清我国意识形态建设中遇到的理论障碍

资本主义与社会主义作为全球两大制度阵营,可以说,资本主义已向社会

① 习近平:《在哲学社会科学工作座谈会上的讲话》,《人民日报》2016年5月19日。

主义发起了意识形态的挑战。部分国外学者对总体性、阶级对立、人本主义、实用主义等的批判,矛头直指社会主义意识形态。他们的批判,表面上是一种理论追问,实质却是立足于资本主义来拒斥社会主义的一种政治诉求,因而资本主义的意识形态批判不过是向社会主义发起意识形态挑战的策略。齐泽克立足于拉康精神分析,采用黑格尔思辨哲学,借鉴马克思意识形态理论,图绘了资本主义意识形态理论的不同派别,又从资本主义内部立场对各种意识形态理论进行理论剖析,从资本主义的政治、文化、宗教、哲学等诸多方面对资本主义意识形态进行批判。他以一种否定之否定的逻辑,揭露了资本主义意识形态的霸权性质。不仅如此,齐泽克还对当今流行的自由主义、霸权主义、集权主义、实用主义、多元文化主义等多种意识形态理论有深入的分析。齐泽克对资本主义各种意识形态理论的深度解读,为我们明晰资本主义意识形态的理论弊病提供了一种理论说明。因此,研究齐泽克的意识形态功能思想具有重要的现实意义。

三、国内外研究状况

据统计,齐泽克出版著作共计 50 余部(详见本书参考文献),其中 21 部已译成中文。此外,还有两个中文修订本,一是《图绘意识形态》(齐泽克等著,2006 年),二是《意识形态的崇高客体》(2014 年)。齐泽克著述以英语为主,兼备法语、德语等六种语言,例如法语著作有《文化研究:对多元文化的反思》《拉康的沉没伙伴》等。从已出版的著作来看,齐泽克已然成为当代高产的理论家。由于语言限制,笔者未能进行全部统计和参阅,从笔者掌握的相关文献来看,齐泽克以意识形态为核心,对经济、政治、文化、哲学、心理学、宗教等众多领域中的意识形态问题进行了现实分析和理论阐释,其思想在国际学界产生了巨大影响。基于此,齐泽克思想得到了学界的广泛关注和研究,而其意识形态思想则成为学界研究的重中之重。

(一)国内研究状况

国内研究齐泽克意识形态思想的学者主要有张一兵、胡大平、季广茂、严泽胜、苏平富、孔明安、仰海峰、汪行福、张秀琴、孙柏、马元龙、夏莹、韩振江、卢永欣、莫雷、曾庆娣、莫秀凤、万书辉、于琦、袁小云等。在不到20年的时间里，国内齐泽克意识形态理论研究已经取得了丰硕成果。在著作方面，除齐泽克著作的21部中文译本外，国内学界已出版齐泽克研究的相关著作7部，分别是《文化文本的互文性书写：齐泽克对拉康理论的解释》(2007年)、《穿越意识形态的幻象——齐泽克意识形态理论研究》(2009年)、《齐泽克意识形态理论研究》(2009年)、《跨文化齐泽克读本》(2011年)、《难以摆脱的幻象缠绕——齐泽克意识形态理论研究》(2011年)、《齐泽克文化批评研究》(2012年)、《齐泽克：新马克思主义批判哲学》(2014年)。除《跨文化齐泽克读本》和《齐泽克：新马克思主义批判哲学》以外，其余5部著作皆由博士论文演变而来。另外，还有4篇未以著作形式呈现的博士论文，分别是《齐泽克意识形态理论研究》[1]《论齐泽克对主体性的意识形态论证》[2]《作为政治批评的缝合式批评：齐泽克研究》[3]《齐泽克对拉康欲望理论阐释的理论转向及其意义》[4]。不仅如此，在《穿越"我思"的幻象》(2007年)、《文本的深度耕犁——后马克思思潮哲学文本解读》(2008年)、《后马克思主义的理论》(2011年)、《后马克思主义意识形态理论研究》(2011年)、《当代国外马克思主义哲学思想》(2012年)5部著作中，也对齐泽克的意识形态思想略有论及。在论文方面，截至目前，以"齐泽克"为主题词在CNKI数据库中进行检索，检索结果多达600余个；以"齐泽克"并含"意识形态"为主题词在CNKI数据库中进行检索，有370余篇论文；而以"齐泽克"并含"意识形态"为篇名在CNKI数据库中进行检索，也得到了100余条文献。虽然笔者的检索方式存在不足，但足以说明国内学界研究齐泽克意识形态思想已经取得了丰硕成果。国内最早介绍齐泽克意识形态思想的文献是王逢振教授发表的《齐泽克：批评界的一颗新星》

---

① 曾庆娣：《齐泽克意识形态理论研究》，中国人民大学博士学位论文，2010年。
② 袁小云：《论齐泽克对主体性的意识形态论证》，华侨大学博士学位论文，2012年。
③ 刘昕亭：《作为政治批评的缝合式批评：齐泽克研究》，南开大学博士学位论文，2013年。
④ 赵伟：《齐泽克对拉康欲望理论阐释的理论转向及其意义》，首都师范大学博士学位论文，2013年。

(《外国文学》1999 年第 3 期)。该文以齐泽克出版的《因为他们并不知道他们所做的——政治因素的享乐》《斜目而视：透过通俗文化看拉康》《除不尽的余数：论谢林和相关主题》3 部著作为依托，分别从政治、文化和哲学三个方面对齐泽克意识形态思想进行了简明扼要的介绍。这篇文章也奠基了国内研究齐泽克意识形态思想的基本路向。从笔者掌握的相关国内文献来看，当前国内研究集中在以下方面。

1. 关于齐泽克意识形态的理论基础研究

国内学界对齐泽克意识形态理论基础的研究主要涉及思想渊源、概念内涵、动力、理论视角等方面。

（1）关于齐泽克意识形态理论的思想渊源。张一兵、孔明安、严泽胜、苏平富、赵伟、马元龙等国内学者，都有撰文论及齐泽克意识形态的思想渊源。学界共识认为，齐泽克的意识形态思想囊括了马克思商品拜物教、拉康精神分析、黑格尔理念哲学与辩证法以及阿尔都塞结构主义等思想。首先，齐泽克的意识形态理论借鉴了马克思的商品拜物教思想。齐泽克在《意识形态的崇高客体》中，开篇指明"马克思发明了征兆"。齐泽克认为，马克思商品拜物教指出"人与人的关系"被降格为"物与物的关系"，导致这种异化态势的真正原因正是隐藏在商品拜物教背后的商品无意识。齐泽克通过揭露商品拜物教的无意识内核，把马克思的商品拜物教和拉康精神分析理论做了一个嫁接。张一兵认为，"在齐泽克的眼中，是时代的转换，导致了批判逻辑的转换，马克思过去对传统资本主义的批判今天都将由拉康—齐泽克的批判话语所替代"①。其次，齐泽克的意识形态理论借鉴了拉康精神分析理论。国内研究齐泽克思想的著作都离不开拉康的精神分析理论。从拉康精神分析维度阐释齐泽克意识形态理论的代表作是由赵伟撰写的博士论文《齐泽克对拉康欲望理论阐释的理论转向及其意义》，该文旨在"深入探寻齐泽克对拉康欲望理论阐释之转变的核心及发生转变的原因，从方法论的高度对齐泽克阐释拉康欲望理论的

---

① 张一兵：《齐泽克：拉康对马克思的全面接管》，《江海学刊》2004 年第 5 期。

方法进行总结"①。孔明安则从主体性的视角阐释了齐泽克的主体思想,他以齐泽克的命题"实体即主体"为起点展开分析,"以破解该命题在精神分析方面的意义"②为旨归。最后,齐泽克的意识形态理论带有黑格尔的印记。国内学界共识认为,齐泽克抵达拉康精神分析理论的中介是黑格尔思辨哲学。齐泽克借助黑格尔的《精神现象学》,阐释了拉康的想象、象征与实在三个层/域之间的关系,并揭示了无意识的欲望机制。可以说,齐泽克从马克思出发,经由黑格尔抵达拉康,整个分析又带有阿尔都塞结构主义的色彩。

(2)关于齐泽克意识形态概念内涵的研究。国内学者一般通过两种方法来阐释齐泽克意识形态的概念内涵,一是从社会存在与意识形态的关系上进行结构性阐释,二是从意识形态的形态上进行阐释。其一,从结构性阐释来看,严泽胜认为,齐泽克的意识形态概念,实质上消解了传统意识形态的结构性基础,使意识形态成为悬空而又"现实"的东西。他认为,齐泽克的"意识形态不仅仅是'虚假意识',不仅仅是对现实的虚幻表征,相反,它就是已经被设想为意识形态性的'现实本身'"③。与严泽胜不同,张一兵在《文本的深度耕犁——西方马克思主义经典文本解读》中认为,齐泽克的意识形态是要将社会存在缝合,即强调意识形态与现实的同一性。夏莹认为,齐泽克在马克思商品拜物教思想的基础上,揭示了意识形态的客观性。意识形态表征现实,原因在于,在现实中"没能找到任何'改变'的现实力量。这就使齐泽克的意识形态理论最终成为了一种纯粹的理论诉求"④。可以看出,夏莹与张一兵的观点相一致,两者都认为齐泽克的意识形态概念意在表达意识与存在的同一旨趣。其二,从意识形态的不同形态来看,国内学界以黑格尔的意识形态三阶段为依

---

① 赵伟:《齐泽克对拉康欲望理论阐释的理论转向及其意义》,首都师范大学博士学位论文,2013年。
② 孔明安:《精神分析维度中的实体和主体——论拉康—齐泽克的"实体即主体"》,《哲学研究》2011年第3期。
③ 严泽胜:《"独自在理性界限内享乐"的齐泽克——析齐泽克"理性界限"的理论构成》,《马克思主义与当代思潮》2007年第5期。
④ 夏莹:《无"物"的拜物,无"主体"的迷恋——齐泽克对马克思商品拜物教理论的拉康化解读》,《学术月刊》2007年第11期。

据,将齐泽克的意识形态划分为自在的、自为的和自在自为的意识形态。刘世衡认为,"齐泽克正是极好地借用了黑格尔绝对理念'自在—自为—自在自为'的辩证法,对意识形态作了三种形态的划分"①。齐泽克意识形态的三阶段划分也得到了汪行福的认可,他在《从商品拜物教到犬儒主义——齐泽克意识形态论研究》一文中指出:"齐泽克按照黑格尔的逻辑把意识形态区分为自在、自为和自在自为三种类型,它们对应于黑格尔宗教定义的三要素:教义、信仰和仪式。"②对于齐泽克的意识形态概念,无论是从结构上划分还是从形态上划分都是合理的,只不过两种阐释方式各有旨趣。

(3)关于齐泽克意识形态的动力/阐释对象。国内学者一般认为,齐泽克意识形态的动力源于"原初欲望"。汪行福在《从商品拜物教到犬儒主义——齐泽克意识形态论研究》一文中指出,齐泽克的意识形态是一个"快感机制",是通过欲望起作用的。张秀琴、吴学琴和王茜等人表达了同样的观点。他们共同认为,齐泽克意识形态的动力是原初欲望。但是,有所不同的是,王茜在《齐泽克〈意识形态的崇高客体〉的意义》一文中说,在齐泽克的意识形态思想中,主体的原初欲望可以被他者的欲望代替,即齐泽克的"欲望"可以脱离主体而独立存在。无论如何,国内学者都认为,欲望是齐泽克意识形态的动力。因此,我们可以把齐泽克意识形态的阐释对象界定为"欲望"。这符合齐泽克意识形态思想的理论脉络,也和拉康的欲望理论相一致。

(4)关于齐泽克意识形态功能的理论视角。国内学界通常把齐泽克意识形态功能的理论视角定位为主体视角,代表作为袁小云的博士论文《论齐泽克对主体性的意识形态论证》。该文以主体探讨为线索,贯穿齐泽克的意识形态理论,分析了齐泽克的意识形态主体的论证模式、主体的空无以及对空无主体的缝合式祛蔽等内容,最后把齐泽克的意识形态定性为主体性的意识形态。而刘世衡在《难以摆脱的幻象缠绕——齐泽克意识形态理论研究》一书

---

①　刘世衡:《难以摆脱的幻象缠绕——齐泽克意识形态理论研究》,知识产权出版社 2011年版,第 23 页。

②　汪行福:《从商品拜物教到犬儒主义——齐泽克意识形态论研究》,《马克思主义与现实》2007 年第 3 期。

中,简明扼要地指出齐泽克的主体是意识形态幻象的构建物。她认为,齐泽克借用阿尔都塞意识形态质询的观点,把主体与意识形态之关系扩展到拉康的欲望与幻象层面,使得主体不仅是意识形态质询的结果,更是意识形态幻象构建的结果①。换言之,主体是一个空位,是空无。从文献上来看,"主体即无"是国内学者对齐泽克的意识形态主体的共同认识。

2. 关于齐泽克意识形态功能理论的研究

国内学界对齐泽克意识形态功能理论的研究主要涉及意识形态功能的构建基础、主要内容、意识形态功能的实现以及比较研究四个方面。

(1)关于齐泽克意识形态功能理论的构建基础。从笔者掌握的相关文献来看,在探讨齐泽克意识形态功能的构建基础时,国内学界主要从政治、文化等现实问题上来寻找齐泽克意识形态功能的实践基础,对齐泽克意识形态功能的哲学基础略有涉及,但并不多。

其一,关于齐泽克意识形态功能的政治基础。从政治维度研究齐泽克意识形态思想的国内学者,主要有张一兵、苏平富、孔明安、于琦和莫雷等人,研究议题集中在"集权主义""革命与行动观"和"激进的民主政治"三个方面,典型之作是刘昕亭的博士论文《作为政治批判的缝合式批评:齐泽克研究》。该文从"政治回赎"到"拥抱行动"再到"政治未来",搭建了齐泽克政治思想研究的框架,为齐泽克意识形态功能找到了政治维度的实践基础,虽不全面,但也简明扼要。具体来说,国内学者以齐泽克的《有人说过集权主义吗?》为起点,展开了对齐泽克政治意识形态思想的研究。齐泽克认为,当今集权主义的幽灵仍在徘徊,它以三种变体形式而存在:"新的宗教——种族原教旨主义……西方新右翼平民主义的崛起;我们生活的数字化……"②学界认为,齐泽克从集权主义批判入手,展开了对种族主义的批判。田海平就认为:"齐泽克对'种族屠杀'和'假审判'的分析表明,极权主义的'伦理之恶'总是披戴

---

① 刘世衡:《难以摆脱的幻象缠绕——齐泽克意识形态理论研究》,知识产权出版社 2011 年版,第 104 页。

② [斯洛文尼亚]齐泽克:《有人说过集权主义吗?》,宋文伟、侯萍译,江苏人民出版社 2005 年版,第 177 页。

着不容争辩的'道德命令'。"①田海平的这种观点,揭示了齐泽克集权主义批判视域下的伦理姿态。齐泽克强调,生活在集权主义时代,我们要通过揭露"真相",并建立无产阶级革命主体来进行抗争,通过激进政治策略来实现意识形态的缝合与同一。齐泽克的激进政治主张被苏平富所揭露。苏平富认为,齐泽克"实际上预设了政治行动的本体性,是一种明显的形而上学式独断"②。齐泽克的政治行动是一种空无,是一种肯定姿态与否定姿态的同一。简言之,齐泽克批判资本主义民主政治是一种伪态,是一种将民主悬空的伪民主。因此,齐泽克必然采用一种激进的策略进行政治抵御,提倡多样的、地域的政治抵抗实践。可以说,齐泽克的政治意识形态是以集权主义的政治威胁为问题、以革命行动为方法、以激进民主政治为策略的,试图通达个人理想政治愿望,为意识形态功能理论奠定了政治维度的实践基础。

其二,关于齐泽克意识形态功能的文化基础。从文化维度研究齐泽克意识形态思想的国内学者,主要有胡大平、孙柏、万书辉、于琦、韩振江等人,研究议题集中在齐泽克对电影和大众文化的分析。国内学界以跨文化、文化批判和文化文本为视角,展开了对齐泽克文化意识形态思想的阐释。从《斜目而视:透过通俗文化看拉康》《不敢问希区柯克的,就问拉康吧》和《享受你的症状——好莱坞内外的拉康》三部著作来看,齐泽克探讨大众文化主题的素材主要源于希区柯克的电影,他把拉康精神分析理论融入希区柯克的电影当中,形成了自己独具特色的文化意识形态思想的阐释方式。孙柏就认为,对齐泽克而言,"电影作为视觉艺术和大众文化产品,最生动地体现了实在界之快感的激进性"③。齐泽克认为,精神分析维度下的大众文化不再作为实体而是作为符号存在。由此,齐泽克展开了对大众文化的批判。韩振江在《齐泽克:新马克思主义文化批判理论》一文中指出,齐泽克的文化批判"秉承着拉康'实

---

① 田海平:《极权主义何以是一种伦理的"恶"——与齐泽克一起聆听"极权主义的笑声"》,《江苏行政学院学报》2012年第4期。
② 苏平富、赵伟:《"安提戈涅式"的激进抗争——齐泽克欲望化政治行动理论探析》,《理论与研究》2013年第3期。
③ 孙柏:《实在界之快感:齐泽克电影批评对拉康理论的应用》,《中国人民大学学报》2011年第6期。

在界'的哲学思想,继承了马克思对资本主义的政治、经济批判,同时也发展了法兰克福学派阿多诺、马尔库塞等对资本主义的文化批判"①。齐泽克文化批判思想研究的代表作是于琦的《齐泽克文化批评研究》。于琦从文学和政治两个维度,揭示了齐泽克的文化批判思想,也找到了齐泽克意识形态功能的文化基础。不仅如此,学界以齐泽克文化批判的多维视角,开辟了齐泽克文化思想的跨文化和互文性研究。《跨文化齐泽克读本》虽以"跨文化"为题,实质上仅是齐泽克7篇文章的收录,并以意识形态主线贯通全书。诚然,该书并未真正做到跨文化研究,但也表明了研究齐泽克文化思想的一个方向。万书辉的博士论文《文化文本的互文性书写:齐泽克对拉康理论的解释》,主要"围绕齐泽克文本的互文性书写问题,集中讨论他对拉康精神分析理论的解释和重读"②。之所以将其放在"关于齐泽克意识形态功能的文化基础"部分,而未放在"关于齐泽克意识形态的思想资源"部分,是由于该书较突出的贡献在于阐释了齐泽克的文化主体"互文性"思想,而不是阐释拉康的精神分析理论。文化阵地作为齐泽克表达观点和阐释理论的场域,文化批判也就自然作为齐泽克意识形态功能的实践基础之一。

其三,关于齐泽克意识形态功能的哲学基础。目前,国内学界对齐泽克哲学思想的解读相对较少,代表作是韩振江的《齐泽克:新马克思主义批判哲学》一书。于琦认为:"齐泽克深厚的哲学素养、广博的阅读视野和打通一切学科界限的精神气度,使得他驾轻就熟地把精神分析学概念融会贯通到西方政治、社会与文化现象之中,从精神分析理论到政治哲学批判,轻松地从一个学科领域过渡到另一个领域,其间对真实的激进发挥尤其令人瞩目。"③因而,在《论齐泽克从精神分析到政治哲学的思想进路》一文中,于琦就齐泽克哲学思想的演进理路和逻辑指向进行了阐释。《齐泽克:新马克思主义批判哲学》一书对齐泽克的哲学思想进行了专门探讨。韩振江认为,"齐泽克以对全球

---

① 韩振江:《齐泽克:新马克思主义文化批判理论》,《文艺理论与批评》2011年第5期。
② 万书辉:《文化文本的互文性书写:齐泽克对拉康理论的解释》,四川大学博士学位论文,2007年,第25页。
③ 于琦:《论齐泽克从精神分析到政治哲学的思想进路》,《国外文学》2014年第4期。

化资本主义的全面批判的激进姿态而获得了西方思想界的广泛关注"。① 全书从"资本主义""现代伦理学""主体""意识形态""美学"和"艺术"六个方面对齐泽克的批判哲学思想展开了讨论。从整体上来看,韩振江对齐泽克哲学思想的解读,采用的主要方式是"对现实问题的批判式解读"。这种方法的好处在于,能够剖析现实问题的深层原因,对于解决问题具有较强的针对性。

（2）关于齐泽克意识形态功能理论的主要内容。从笔者掌握的相关文献资料来看,目前国内学界揭示了齐泽克意识形态的缝合与表征两大功能。其一,关于齐泽克意识形态的缝合功能。学界认为,意识形态的启蒙主义做法并不适用于齐泽克的意识形态,他的意识形态重在揭示意识形态的"行"而不是"知"的方面。在齐泽克那里,人们早已深谙意识形态之虚假性,却依然为之。即是说,现实已然是分裂的现实,但是主体却"愿意"将分裂的现实体验为一致。为此,必有一物能够填补分裂现实之间的缺口。苏平富指出,齐泽克的意识形态试图通过"幻想修饰、填补能指秩序的空缺,隐藏其非一致性,赋予社会以一致性和整合意义"②。换言之,能够填补分裂现实之间缺口的东西就是意识形态。这里涉及的正是意识形态对分裂现实的缝合功能。当然,齐泽克提出"缝合"概念并非源于现实本身,而是源于后理论本身。齐泽克在《恐惧的实在界眼泪》中说,如果有一个概念是后理论（Post-Theory）进攻的主要目标,那么这个概念必定就是"缝合"。③ 因此,齐泽克的"缝合"概念具有批判性,而批判的对象正是后理论。刘昕亭正是从这个角度挖掘了齐泽克政治思想的批判维度。她在其博士论文中说,"齐泽克独树一帜的理论书写可以概括为缝合式批评,即一种朝向具体普遍性的知识生产,一种试图抵达并揭开当代政治困局的政治批评"。④ 当然,政治缝合不过是齐泽克意识形态缝合的一

---

① 韩振江:《齐泽克:新马克思主义批判哲学》,人民出版社 2014 年版,第 3 页。

② 苏平富:《意识形态的秘密:"他者的短缺"或"真实的缺失"——齐泽克意识形态理论初探》,《哲学研究》2006 年第 8 期。

③ Slavoj Zizek, *The Fright of Real Tears: Krzyszt of Kieslowski Between Theory and Post-Theory*, London: BFI Publishing, 2001, p. 31.

④ 刘昕亭:《作为政治批评的缝合式批评:齐泽克研究》,南开大学博士学位论文,2013 年,前言第 I 页。

部分。通过意识形态缝合,齐泽克试图把经济、政治和文化等整个社会现实合为一体,并使意识形态成为社会现实的支撑。可以说,国内学界对齐泽克意识形态的缝合功能已有清晰的认识。其二,关于齐泽克意识形态的表征功能。刘世衡说:"意识形态的彻底缝合是不可能的,因为意识形态企图掩饰的社会现实的非一致性,到头来却以社会症候的形式表现出来。"①很明显,刘世衡想表达这样一个观点:社会症候是意识形态的表征方式。那么,意识形态表征了什么?抑或说,是什么东西支撑了意识形态,并通过意识形态表征出来?赵伟对该问题做出了回答。他说:"拉康的欲望理论是齐泽克整个理论结构的逻辑起点,齐式的理论架构都是建立在这一理论基础之上的。"②苏平富更明确地说:"齐泽克的政治行动理论绝不是空中楼阁,它深深扎根于精神分析的土壤之中,无论是政治行动的最终目标还是现实意义都是以其独特的欲望理论为逻辑基础的。"③由此,我们可以初步说,齐泽克的意识形态表征的正是"欲望"。《齐泽克对拉康欲望理论阐释的理论转向及其意义》和《难以摆脱的幻象缠绕——齐泽克意识形态理论研究》两本著作相结合,清晰地呈现了齐泽克意识形态表征功能的基本面貌。

（3）关于齐泽克意识形态功能的实现。国内学者一般认为,齐泽克意识形态的实现方式是"认同"和"移情"。袁小云认为,齐泽克的"意识形态幻象对现实主体的构建是通过认同和移情两种机制完成的"④。"认同"旨在构造一个逃离社会异化的现实主体,以此获得主体的一致性体验。正如齐泽克所言,"想象性认同是对这样一种意象的认同,在那里,我们自讨欢心;是对表现

---

① 刘世衡:《难以摆脱的幻象缠绕——齐泽克意识形态理论研究》,知识产权出版社 2011 年版,第 61 页。
② 赵伟:《齐泽克对拉康欲望理论阐释的理论转向及其意义》,首都师范大学博士学位论文,2013 年,第 2 页。
③ 苏平富、赵伟:《"安提戈涅式"的激进抗争——齐泽克欲望化政治行动理论探析》,《理论与研究》2013 年第 3 期。
④ 袁小云:《论齐泽克对主体性的意识形态论证》,华侨大学博士学位论文,2012 年,第 62 页。

'我们想成为什么'这样一种意向的认同"。① 而对于齐泽克而言,移情"就是对于真理的假定,就是对隐藏在愚蠢、创伤性、不一致的法律事实后面的意义的假定"②。"认同"保证了原初欲望在符号框架内顺利流转,移情则是原初欲望流转的本质特征。莫雷在其博士论文中同样说道:"齐泽克基本是沿着阿尔都塞的路子往下走,意识形态通过重复化的无意识的实践机制,使主体认同社会秩序所构建的理想,并通过移情机制,使意识形态具有了真理的外表,以'无所不知'的真理的名义操纵人和奴役人"。③ 因此,就目前国内学界的研究成果来看,可以说,齐泽克通过"认同机制"和"移情机制"共同保障了意识形态功能的实现。

(4)关于齐泽克意识形态思想的比较研究。国内学界通常把齐泽克的思想与马克思、阿尔都塞、拉克劳的思想相对比。从文献资料来看,学界以齐泽克思想与马克思思想的比较研究为主,讨论焦点在"意识形态的虚假性与现实性"问题。国内学者一般认为:齐泽克强调意识形态的现实性,批判马克思把意识形态界定为虚假意识。张一兵就指出,齐泽克意识形态中的现实是一种伪现实,是"社会层面上的意识形态幻象构筑起遮蔽社会存在本体论上的最终不可能性的幻象"④。因此,齐泽克对马克思的苛责并不合理,学界为此从不同角度进行了带有批判性的反驳。张秀琴认为,马克思的意识形态重实践批评,而齐泽克的意识形态则具有伦理色彩⑤;刘世衡认为,马克思的意识形态概念具有存有论和认识论的双重意蕴,而齐泽克则执着于存在论⑥;夏莹

---

① [斯洛文尼亚]斯拉沃热·齐泽克:《意识形态的崇高客体》,季广茂译,中央编译出版社2002年版,第145页。

② [斯洛文尼亚]斯拉沃热·齐泽克:《意识形态的崇高客体》,季广茂译,中央编译出版社2002年版,第53页。

③ 莫雷:《穿越意识形态的幻象——齐泽克意识形态理论研究》,吉林大学博士学位论文,2009年,第89页。

④ 张一兵:《意识形态幻象对伪现实的支撑——齐泽克〈意识形态的崇高对象〉解读》,《山东社会科学》2004年第11期。

⑤ 张秀琴:《虚假意识与幻像现实:马克思与齐泽克意识形态理论比较》,《辽宁大学学报》(哲学社会科学版)2007年第4期。

⑥ 刘世衡:《齐泽克与马克思意识形态观的比较研究》,《理论导刊》2010年第1期。

认为马克思在经济意识形态中揭示的是人与人和物与物之间的异化关系,而齐泽克则将这种关系客观化,使拜物被客观化为无主体的信仰①。从文献资料来看,一些国内学者对齐泽克与阿尔都塞进行了比较研究。莫雷就认为,齐泽克与阿尔都塞的意识形态思想都带有拉康欲望理论的印记,两者的区别在于"阿尔都塞主要运用了拉康早期的镜像阶段的思想,齐泽克则主要运用了拉康晚期关于真实界的思想"②。卢永欣表达了同样的观点,他认为,关于拉康三界说中的"真实界","阿尔都塞一定程度上触及到了,但没能充分发现。阿尔都塞的这一遗缺被齐泽克弥补。以真实界为逻辑生发点,齐泽克阐释了意识形态幻象理论"③。另一些国内学者以政治策略为基点,对齐泽克和拉克劳、墨菲进行了比较研究。莫雷认为,齐泽克、拉克劳、墨菲等人"虽然同属于后马克思主义的阵营,但他们的政治策略却存在着差异。拉克劳和墨菲建立了以领导权为核心的激进的和多元民主的策略,齐泽克则主张从这种激进民主回归阶级斗争"④。张剑以拉克劳的《论民粹主义理性》为切入点,认为拉克劳的异质性"仍然较多地停留于幻象领域,相比而言,齐泽克的驱力逻辑在理论上具有更强的激进性"⑤。通过比较研究,学界对齐泽克意识形态理论的认识不断加深,逐渐明晰了齐泽克意识形态理论中的优点和弊病。

(二)国外研究状况

国外从事齐泽克意识形态思想研究的学者,主要有托尼·迈尔斯(Tony-Myers)、伊安·帕克(Ian Parker)、马修·夏普(Matthew Sharpe)、杰克布·托费因(Jacob Torfing)、瑞克斯·巴特勒(Rex Butler)、朱蒂·迪恩(Jodi Dean)

---

① 夏莹:《无"物"的拜物,无"主体"的迷恋——齐泽克对马克思商品拜物教理论的拉康化解读》,《学术月刊》2007 年第 11 期.
② 莫雷:《阿尔都塞和齐泽克意识形态理论之比较》,《晋阳学刊》2009 年第 1 期。
③ 卢永欣:《真实界与意识形态——阿尔都塞和齐泽克对拉康的继承》,《前沿》2010 年第 12 期。
④ 莫雷:《从激进民主到阶级斗争:拉克劳、墨菲与齐泽克的政治策略的差异》,《山东社会科学》2010 年第 2 期。
⑤ 张剑:《异质性与民粹主义的后马克思主义探讨——兼论拉克劳与齐泽克的思想差异》,《马克思主义与现实》2012 年第 3 期。

等。他们在辛勤研究的基础上,出版了与齐泽克意识形态思想相关的著作 20
余部(详见参考文献),其中两部已被译成中文,一是瑞克斯·巴特勒的《齐泽
克宝典》(*Slavoj Zizek：Live Theory*),二是托尼·迈尔斯的《导读齐泽克》(*Slavoj
Zizek*)。从笔者掌握的相关文献来看,关于齐泽克意识形态思想,国外学者的
研究主要集中在以下几个方面。

1. 关于齐泽克意识形态理论的整体研究

齐泽克将政治、文化、哲学、意识形态等思想熔为一炉,为此,一些学者便
从思想渊源、主体、文本等视角,对齐泽克的意识形态理论进行整体梳理,代表
作有伊安·帕克的《斯拉沃热·齐泽克:批评性导论》、托尼·迈尔斯的《导读
齐泽克》、凯尔西·伍德(Kelsey Wood)的《齐泽克文本导读》和马修·夏普等
人编写的《穿越幻象:对齐泽克的批判式反应》。整体研究的典型之作是马
修·夏普等人撰写的《穿越幻象:对齐泽克的批判式反应》①。马修·夏普等
人将齐泽克的思想内容概括为精神分析(Psychoanalysis)、文化(Culture)、意
识形态(Ideology)、政治学(Politics)、伦理学(Ethics)和哲学(Philosophy)六个
方面,以主题形式对齐泽克思想进行扼要引介,可谓整体研究中最全面的一部
著作。伍德则以齐泽克的文本为线索,写成《齐泽克文本导读》一书,详细解
读了包括《意识形态的崇高客体》《斜目而视:透过通俗文化看拉康》和《敏感
的主体——政治本体论的缺席中心》在内的 12 本齐泽克著作,并揭示了齐泽
克意识形态思想的思想渊源、理论方法、目的取向和理论贡献等诸多方面。②
相对而言,虽然帕克和迈尔斯的著作也是整体研究,却以不同主题一以贯之。
帕克以"政治论述"为线索,贯穿于《斯拉沃热·齐泽克:批评性导论》③一书,
并以此为基础,揭示齐泽克意识形态理论的思想渊源。帕克以精神分析理论
为背景指出,齐泽克的政治论述是精神分析式的政治阐释。为此,帕克从社会
背景和思想渊源等方面,对齐泽克的政治意识形态思想进行探讨。正如书中

①　Geoff Boucher, Jason Glynons, Matthew Sharpe, *Traversing the Fantasy：Critical Responses to Slavoj Zizek*, Burlington：Ashgate Publishing Company, 2005.

②　Kelsey Wood, *Zizek：A Reader's Guide*, Wiley Blackwell, 2012.

③　Ian Parker, *Slavoj Zizek：A Critical Introduction*, London：Pluto Press, 2004.

所言:"理解齐泽克政治主题与理论资源的特殊联系的唯一方式就是要理解他的思想从何而来。"①帕克认为齐泽克在探讨/批判当代政治时,试图将各种思想资源缝合进政治议题,整个政治讨论都带有黑格尔、拉康和马克思的思想印记。就此,帕克指出,齐泽克的意识形态理论主要源于黑格尔哲学、拉康精神分析和马克思的意识形态理论。而迈尔斯以"主体思想"为线索,贯穿于《导读齐泽克》全书,并以此为基础,阐释齐泽克文化意识形态的各种观点。夏普、伍德认为齐泽克的思想庞杂无序,迈尔斯则认为齐泽克的思想有其一以贯之的总问题——主体思想。托尼·迈尔斯在《导读齐泽克》中就以"主体思想"为总问题,再将文化、意识形态融入其中,从而形成了"相对全面的齐泽克的思想导读"②。可以说,整体研究齐泽克的四部著作虽然在理论深度上不够,但也共同搭建起进入齐泽克思想体系的便捷"通道"。

2. 关于齐泽克意识形态功能思想的研究

从笔者掌握的相关文献来看,国外学者主要从构建基础、主要内容以及比较研究三个方面对齐泽克意识形态功能思想进行研究。

(1)关于齐泽克意识形态功能思想的构建基础。国外学者主要从当前政治实践、文化实践以及哲学三个方面来阐释齐泽克意识形态功能的构建基础。概括来说,一是实践基础,二是哲学基础。

其一,关于齐泽克意识形态功能思想的实践基础。国外学者主要从政治、文化两个方面来揭示齐泽克意识形态功能的实践基础。一方面,国外学者认为,齐泽克意识形态理论的现实取向是政治,指明了齐泽克意识形态功能的政治基础,代表作有马修·夏普与杰夫·鲍切(Geoff Boucher)的《齐泽克的政治思想》、朱蒂·迪恩的《齐泽克的政治学理论》、黑克·芬德纳(Heiko Feldner)和法比奥·维基(Fabio Vighi)的《齐泽克:超越福柯》。在《齐泽克的政治思想》一书中,马修·夏普与杰夫·鲍切认为,"批评家和评论家通常沿着政治

---

① Ian Parker, *Slavoj Zizek: A Critical Introduction*, London: Pluto Press, 2004, p.5.

② [英]托尼·迈尔斯:《导读齐泽克》,白轻译,重庆大学出版社 2014 年版,"译者前言"第 x 页。

线索把齐泽克的著作完全分裂"。① 换言之,他们认为,以政治为主题可以统观齐泽克思想。对齐泽克思想的这种认识,在朱蒂·迪恩那里也得到了体现。朱蒂·迪恩在《齐泽克的政治学理论》②一书中,开篇以带有精神分析味道的标题"作为一个政治理论类别的享乐"指明齐泽克的政治学思想的基础后,以"法西斯主义和斯大林主义""民主原教旨主义"和"法律"为主题来详解齐泽克的政治思想,阐释了"齐泽克认为当今集权主义仍然存在",并要以"革命"的方式来解决的思想。与《齐泽克的政治思想》和《齐泽克的政治学理论》不同,在《齐泽克:超越福柯》一书中,黑克·芬德纳和法比奥·维基认为,齐泽克的政治行动观超越了福柯的抵抗权力观念,在这里福柯只不过提供了解构世界的方式而未加以缝合,齐泽克则试图用"真实只是一种符号性虚构"③的观念将其缝合。换言之,黑克·芬德纳和法比奥·维基认为,齐泽克赋予政治以积极的行动观念,已经远远超越了福柯的政治话语分析范式。另一方面,国外学者从"大众文化""宗教文化""资本主义文化"等方面揭示了齐泽克意识形态功能的文化基础,代表作有马修(Matthew Flisfeder)和 L.P.威利斯(L.P. Willis)的《齐泽克与媒体研究》、马库斯·庞德(Marcus Pound)的《齐泽克:一个(严厉的)批评性导论》和托马斯(Thomas Broc Kelman)的《齐泽克和海德格尔》。马修和 L.P.威利斯的《齐泽克与媒体研究》认为,齐泽克的大众文化思想专注于解放政治及其存在的问题——象征效率的让渡,对现代媒体和意识形态进行了批判。④ 为此,他们从"媒体、意识形态与政治""大众文化""电影与影像"和"社会媒体与网络"四个方面,对齐泽克的文化意识形态思想进行多角度的应用性阐释,"旨在向读者介绍齐泽克媒体思想领域中的新发展"。马库斯·庞德认为,宗教文化作为文化领域的重要组成部分,同样受到齐泽克

① Matthew Sharpe,Geoff Boucher,*Zizek and Politics:A Critical Introduction*,Edinburgh University Press,2010,p.1.

② Jodi Dean,*Zizek's Politics*,London and New York:Routledge,2006.

③ Heiko Feldner and Fabio Vighi,*Zizek:Byond Foucault*,Palgrave Macmillan,2007,the back cover.

④ Matthew Flisfeder,Louis-Paul Willis,*Zizek and Media Studies*,New York:Palgrave Macmillan,2014,p.9.

的关注。为此,马库斯·庞德以"宗教文化"为总问题,撰写了《齐泽克:一个(严厉的)批评性导论》。他认为齐泽克特别关注宗教神学长期以来对哲学和文化产生的巨大影响,并从基督教神学中的"上帝""信仰""宗教事件"和"性别差异"等方面阐释了齐泽克的文化意识形态思想。他特别关注齐泽克宗教文化中的法律与精神分析间的互动关系,探讨齐泽克是如何通过"享受超越法律来最终确定法律主体"的,探究齐泽克是如何使"经济的种族主义倾向满足特殊反犹太主义的需要"等问题。① 另外,托马斯还从现代性、技术资本主义和分裂的历史主义等方面,揭示了齐泽克文化思想蕴藏的诸多现代性观点,并以《齐泽克和海德格尔》②为名出版。托马斯认为,齐泽克对文化现代性的论述与海德格尔具有共通性,两者都在批判现代文化中走向后现代文化。罗伯特·塞缪尔(Robert Samuels)从齐泽克那里得到灵感说,"我们已经进入了一个新的文化时代——自现代,自现代代表了对后现代性的一种社会的、心理的和技术上的反映"③。他认为,当我们遭遇到现代技术与现代文化的个人自治时,必须要对现代性与后现代性加以反思,从文化上厘清现代性与后现代性的误区。齐泽克的文化思想着力解决现代性/后现代性文化存在的问题,对于厘清误区大有裨益。

其二,关于齐泽克意识形态功能思想的哲学基础。国外学者主要从主体思想、辩证法等方面来揭示齐泽克意识形态功能的哲学基础,代表作有巴特勒的《斯拉沃热·齐泽克:活的理论》、阿德里安·约翰斯顿(Adrian Johnston)的《齐泽克的本体论:一个先验唯物主义的主体性理论》、马修·夏普的《斯拉沃热·齐泽克:一小片实在界》、法比奥·维基的《论齐泽克的辩证法:剩余、减法和升华》以及保罗·鲍曼(Paul Bowman)和斯坦普·理查德(Stanley Richard)主编的《齐泽克之真》。巴特勒在《斯拉沃热·齐泽克:活的理论》

---

① Marcus Pound, *Zizek: A (Very) Critical Introduction*, Wm. B. Eerdmans Publishing Co., 2008, p.21.

② Thomas Brockelman, *Zizek and Heidegger: The Question Concerning Techno-Capitalism*, London and New York: Continuum International Publishing Group, 2008.

③ Robert Samuels, *New Media, Cultural Studies, and Critical Theory After Postmodernism: Automodernity from Zizek to Lacau*, New York: Palgrave Macmillan, 2009, preface.

中,开篇便指明齐泽克思想具有的哲学基础,认为齐泽克的起点和归宿都是拉康精神分析,只不过从起点到归宿中间却经过了黑格尔的思辨哲学。因此,巴特勒对齐泽克的解读是两方面的,一是拉康式的解读,二是黑格尔式的解读。巴特勒对齐泽克进行解读的"斑点"则是主体。巴特勒认为齐泽克构建了一个独具特色的主体——分裂的空无主体,要缝合主体间的裂缝则依赖于拉康的"主人能指"。就是在制造分裂又将其缝合的过程中,齐泽克阐释了其哲学主体思想。这与约翰斯顿把研究焦点放在齐泽克的"唯物主义的主体性理论"上如出一辙。与巴特勒不同,马修·夏普以齐泽克的哲学假设为起点,对齐泽克的全部哲学理论进行了考察。在《斯拉沃热·齐泽克:一小片实在界》中,马修·夏普说,齐泽克后期开始关注主体性的意识形态,在其著作中越来越多地融合了康德、谢林的学说,致使拉康精神分析理论中的"真实域"在齐泽克思想体系中被淡化。① 因此,夏普认为,齐泽克正在接近黑格尔的理念哲学而远离拉康的精神分析理论。与以上三位学者不同,法比奥·维基主要关注齐泽克的哲学方法论。他在《论齐泽克的辩证法:剩余、减法和升华》②中认为,齐泽克将黑格尔的辩证法赋予拉康意味,形成了齐泽克式的辩证法——拉康—黑格尔式的辩证法。全书详细探讨了"资本主义的享乐"和"思想的剩余"两大主题,阐释了齐式辩证法的主要观点。此外,保罗·鲍曼和斯坦普·理查德还收集了探讨齐泽克的现代性、真实性、否定性等主题的哲学论文汇编成书,并以《齐泽克之真》为名出版。全书涉及内容广泛,但却以"哲学思想"为主题一以贯之,想必将其归于哲学著作是可以的。

(2)关于齐泽克意识形态功能思想的内容。总的来看,国外学界认为,齐泽克的意识形态具有两大功能,即缝合功能和重塑功能,代表作有黑克·芬德纳和法比奥·维基共同撰写的《齐泽克:超越福柯》、托尼·迈尔斯的《导读齐泽克》和瑞克斯·巴特勒的《齐泽克宝典》。

---

① Matthew Sharpe, *Slavoj Zizek:A Little Piece of Real*, Burlington:Ashgate Publishing Company, 2004.

② Fabio Vighi, *On Zizek's Dialectics:Surplus, Subtraction, Sublimation*, London and New York: Continuum International Publishing Group, 2010.

其一，关于齐泽克意识形态的缝合功能。黑克·芬德纳和法比奥·维基在《齐泽克：超越福柯》中一直强调，福柯不过是采用批判的方式解构了世界，而齐泽克试图在杂乱无章的世界中重构一个"实在界"，使世界恢复完满性。齐泽克超越福柯之处在于，齐泽克通过"实在界"缝合了杂乱无章的世界，从而突破了当代抵抗政治理论的离散图示。正如巴特勒所言，在齐泽克那里，"每种意识形态要素都是在与其他要素的接合中呈现自身意义的"①。意识形态缝合成为必然。究其缘由，杂乱的现实世界只能站在自身之外的"位置"才能定义、谈论和陈述，即只能通过意识形态才能定义、谈论和陈述现实自身。巴特勒说，这个"位置"就是齐泽克所说的"主人能指"。"这种意识形态的缝合点（point de capiton），或主人能指，不是某种根本性的一致，而只是要素间的差异，只是它的各种说法所共有的东西：作为纯粹差异的能指自身。"②简言之，国外学者认为，齐泽克的意识形态缝合了社会现实，使现实世界最终被体验为统一体。

其二，关于齐泽克意识形态的重塑功能。托尼·迈尔斯在《导读齐泽克》中，把齐泽克的主体看成是"消隐的中介"，认为"齐泽克把这个消隐的中介解读为一个穿越疯狂的过程，并因此把主体视为疯狂的"③。齐泽克通过解构"实在"主体重塑了一个"疯狂主体"，而主体的疯狂就在于意识形态缝合后的虚空。巴特勒认为，齐泽克通过对主体自身的否定最终重建了主体自身。正如齐泽克所言，"否定之否定"是主体的自我指涉。显然，巴特勒意识到了"否定"在齐泽克意识形态中的重要性。他说，齐泽克的"'否定之否定'也可以叫做'缺失之缺失'：一旦没有了缺失，没有了不同于体系的东西，那么就会存在甚至一种在缺失之外的缺失，一种任何实际的缺失只能成为其替身的缺失。它不是反对体系的行动，因为它只是使体系成为可能的'内在的越轨'，但那就是体系"④。在巴特勒看来，齐泽克通过对不可或缺的"否定"的重视重塑了"主体"，即主体是意识形态中"否定之否定"的结果。

① ［美］巴特勒：《齐泽克宝典》，胡大平、夏凡等译，江苏人民出版社2007年版，第43页。
② ［美］巴特勒：《齐泽克宝典》，胡大平、夏凡等译，江苏人民出版社2007年版，第45页。
③ ［英］托尼·迈尔斯：《导读齐泽克》，白轻译，重庆大学出版社2014年版，第47页。
④ ［美］巴特勒：《齐泽克宝典》，胡大平、夏凡等译，江苏人民出版社2007年版，第128页。

（3）关于齐泽克意识形态功能思想的比较研究。国外学界对齐泽克意识形态思想进行比较研究的学者有托马斯、黑克·芬德纳、法比奥·维基和科林·戴维斯（Colin Davis），代表作除了《齐泽克：超越福柯》以外，还有托马斯的《齐泽克与海德格尔：关于技术资本主义的问题》和戴维斯的《批评过度》（Critical Excess）。维基和芬德纳在《齐泽克：超越福柯》中高度赞扬齐泽克，而托马斯却对齐泽克持负面态度。在《齐泽克与海德格尔》中，托马斯在齐泽克与海德格尔之间"训诂"，在对两者进行不可化约的文本解读中展示齐泽克的"谦逊"。通过齐泽克与海德格尔的对比研究，托马斯认为：齐泽克不过是在海德格尔思想中旋转。因此，托马斯说，"事实上，我并不承认齐泽克过去的努力已经偿清了欠海德格尔的'债务'"①。戴维斯的《批评过度》可谓是对齐泽克意识形态功能思想进行比较研究的翘楚。戴维斯在《批评过度》中对齐泽克、德里达（Derrida）、德勒兹（Deleuze）、列维纳斯（Levinas）和卡维尔（Cavell）进行比较研究，并最终对齐泽克进行理论定位。戴维斯认为：德里达倡导了一种解构主义的诠释学；德勒兹却反对德里达式的语言阐释；列维纳斯虽然倡导诠释，却又陷入了富有张力的文本误读；齐泽克的意识形态理论则痴迷于"犬儒主义式的享乐"。在戴维斯看来，齐泽克借用流行文化元素来解释拉康理论，形成了自己独特的精神分析式的文化、电影解读模式。正如戴维斯在《批评过度》中所说的，"齐泽克分享了德勒兹的激情电影，继承精神分析大师拉康的思想，以对大限度的忠诚浸淫在流行文化当中"②。可以说，戴维斯对齐泽克思想的研究，旨在对齐泽克进行理论定位。

当然，国外学者对齐泽克思想的研究并非仅仅限于以上几方面，还存在一些其他方式的研究，例如话语模式的研究——《新话语理论》（New Theory of Discourses）等。

---

① Fabio Vighi and Heiko Feldner, Zizek: Beyond Foucault, New York: Palgrave Macmillan, 2007, p. XX.

② Colin Davis, Critical Excess: Overreading in Derrida, Deleuze, Levinas, Zizek and Cavell, California: Stanford University Press, 2010, p.108.

（三）现有研究的不足

回顾相关文献，国内外齐泽克意识形态思想研究，成果颇丰。一方面，学界已基本明晰了齐泽克意识形态理论的总体面貌；另一方面，关于齐泽克意识形态功能思想，学界诸多著作和论文已有论及。这就为继续推进齐泽克意识形态功能思想研究奠定了坚实基础。但从相关文献来看，虽然学界对齐泽克意识形态功能思想有所论及，但不够全面、缺乏体系性，主要表现在以下几个方面：(1)关于齐泽克意识形态功能的构建基础中缺少了心理基础。从文献分析来看，学界主要从哲学基础和由政治、文化构成的实践基础两个方面来阐释齐泽克意识形态功能的构建基础。然而，齐泽克的理论来源主要是拉康的精神分析，这就必然涉及对"个体心理"以及"社会心理"的理论阐释。因此，研究齐泽克意识形态功能思想，必然要揭示其理论中不可或缺的心理基础。(2)关于齐泽克意识形态的主要功能，学界相关论述还不够全面。虽然从相关文献来看，学界已经揭示了齐泽克意识形态的缝合、表征和重塑三大功能，但是大部分研究成果都是从某种角度对特定功能进行理论阐释，未能在总体上呈现齐泽克意识形态所具有的三大功能及其联系。(3)关于齐泽克意识形态功能的实现，学界主要从主体角度来阐释意识形态是如何通过认同机制和移情机制来实现主体化的，对于意识形态是如何通过认同机制和移情机制实现从主体化到社会化的转变的理论阐释较少。(4)关于齐泽克意识形态功能的比较研究，有时陷入盲目肯定或者全面否定两种极端，未能合理、客观地分析和对待。(5)关于齐泽克意识形态功能的研究，学界重在理论描绘，忽视了齐泽克意识形态功能思想与中国特色社会主义建设的实际情况之间的相互关联。总的来说，诸多研究文献都涉及了齐泽克意识形态功能思想，但论述的范围较为狭窄、不够全面，有时范围较广却又不够深入，而且整个齐泽克意识形态功能思想还未能以合理/清晰的体系来加以呈现。因此，笔者以"齐泽克意识形态功能思想研究"为题进行研究，以期有所丰富。

四、研究重点、难点及创新点

（一）研究重点

本书立足于马克思主义理论和中国具体实际,在前期国内外学者研究成果的基础之上,针对前期研究有待推进之处,将研究重点放在齐泽克意识形态功能思想的主要内容和齐泽克意识形态功能思想的现实意义两个方面。一方面,笔者将重点关注齐泽克意识形态功能。齐泽克的意识形态将诸多现实内容缝合为整体,使意识与存在之间的二元关系联系更加紧密。现实的是意识形态的,意识形态的也是现实的,而缝合后的意识形态与现实思辨同一。作为纯粹表象的意识形态不过是主体无意识欲望的表征,即意识形态具有表征欲望内核的价值。不仅如此,齐泽克还采用黑格尔式的"否定之否定"逻辑来重塑意识形态主体,重解了"实体即主体"这个经典命题。因此,笔者将精研齐泽克著作,参考国内外相关研究成果,深挖齐泽克意识形态背后隐藏的功能价值。另一方面,笔者将重点关注齐泽克意识形态功能思想的现实意义。理论观照现实才能发挥理论的价值。研究齐泽克意识形态功能思想的目的就在于为我国意识形态建设服务。目前来看,我国主流意识形态建设、意识形态话语权建设和当前意识形态实践出现的新情况是亟待解决的问题。笔者将通过对齐泽克意识形态功能思想的研究,为我国意识形态建设提供一种参考。

（二）研究难点

笔者以"齐泽克意识形态功能思想研究"为题进行研究,主要存在三个难点:(1)语言障碍致使研究内容不够全面。齐泽克采用多种语言写作,而笔者主要参阅齐泽克的中译本著作和部分英文著作,难免遗漏某些研究内容。不仅如此,一些学术专用词汇或一些需要结合具体语境与社会背景才能准确理解的词汇,难免理解不当造成理解偏差,可能对齐泽克意识形态功能思想造成不当阐释。(2)笔者才疏学浅,很难完全把控齐泽克意识形态功能思想的整体面貌。众所周知,齐泽克的思想涉及精神分析理论、后现代理论、黑格尔哲学、马克思主义理论等众多理论。一个议题往往来回穿梭于多种理论之间,而每一种理论又艰深晦涩,因而要把握齐泽克意识形态功能思想的整体面貌就需要强大的理论基础作支撑。虽然笔者对不同理论均有涉猎,但对个别观点的认识还有待提升,对诸多理论的理解还有待深入。因此,笔者相关理论知识的欠缺可能会造成解读齐泽克文本的广度不够、深度不够。(3)笔者目力不及,可能不能完全透视我国意识形态建设中出现的现实问题,或者说,不能完全揭示齐泽克意识形态功能思想的现实意义。我国意识形态领域中出现的每一个问题都错综复杂,并非从某一视角用某一理论就能澄清。笔者对意识形态领域中出现的部分问题理解还不够深入,对齐泽克意识形态功能思想的应用性分析就可能出现偏差。以上三方面为本研究难点所在,笔者期望在研究过程中逐步克服。

(三)研究创新点

笔者以学界研究成果为基础,着眼于学界研究的不足之处进行研究。创新之处在于:(1)视角创新。传统的意识形态功能思想研究,主要从社会的宏观层面来进行。齐泽克却一反传统,从心理维度对意识形态功能进行理论阐释。笔者将采用宏观与微观相结合,从主体心理和社会心理两个视角对齐泽克意识形态功能思想进行理论阐释。(2)内容创新。笔者针对国内外研究的不足,结合齐泽克对经济意识形态的理论阐释,从心理维度对齐泽克意识形态功能思想的构建基础进行学理分析,把信仰机制作为齐泽克意识形态功能的实现方式,最后根据我国实际情况对齐泽克意识形态功能思想进行分析。通过以上几方面的补充,从内容上丰富学界已有的研究成果。(3)整体创新。从笔者对国内外研究成果的分析来看,学界对齐泽克意识形态功能思想的研究多是零星涉及,不够全面,缺乏整体性。因此,笔者将通过精研齐泽克文本,勾勒出齐泽克意识形态功能思想的整体面貌,进而对齐泽克意识形态功能思想加以合理、明晰、较全面的阐述。

五、研究思路与方法

（一）研究思路

本书以马克思主义理论和中国特色社会主义理论为指导,站在学界齐泽克思想研究已取得的成果基础上,对齐泽克意识形态功能思想进行文本与逻辑上的梳理、运用与评价。坚持理论与现实相结合,挖掘齐泽克意识形态思想的功能价值,并将其放入经济、政治和文化等现实领域来解读,试图以一种合理的阐释方式来揭示齐泽克意识形态思想背后所隐藏的功能价值。全书共五章,分为基础理论、主体与评价三个部分。其中第一章为基础理论部分,主要介绍齐泽克意识形态及其功能思想的基本内容,并以此为基础,挖掘齐泽克意识形态思想的功能价值。第二、三、四章为主体部分,主要分析齐泽克意识形态功能思想的构建基础、主要内容和实现机制。具体来说,第二章从三个方面来确立齐泽克意识形态功能思想的构建基础,即哲学基础、心理学基础和实践基础;第三章从齐泽克意识形态的缝合功能、表征功能和重塑功能三个方面来搭建齐泽克意识形态功能的内容框架;第四章阐释齐泽克以认同机制、移情机制和信仰机制为保障,确保意识形态功能的顺利实现。第二、三、四章共同构成本书的主体部分。第五章为评价部分,笔者以马克思主义的立场、观点和方法为基点,对齐泽克的意识形态功能思想进行定位,分析齐泽克意识形态功能思想对于当代中国的借鉴价值,客观评价齐泽克意识形态功能思想的利弊得失。总的来说,笔者对齐泽克意识形态功能思想的评析,坚持以马克思主义为指导,结合中国社会现实,以辩证、客观的态度来进行,既挖掘其合理成分,又辨析其不足之处。

（二）研究方法

1. 文献研究法

文献研究法是社会科学研究的基本方法之一。研究齐泽克意识形态功能思想,必然以精研齐泽克文本为基础,只有通过文本解读,才能使理论阐释有其根源,从而避免陷入空洞无据的思想遐想。笔者所有的研究都将依托于齐泽克的原著、相关论著以及期刊文献,通过文本研读抵达齐泽克意识形态的理论主旨,通过捕捉齐泽克意识形态理论背后的功能,来把握齐泽克意识形态功能思想的整体框架。

2. 整体研究法

尽管齐泽克的思想主题涉及诸多方面,但各方面都是有所联系的。通过整体研究,可以发现齐泽克意识形态思想的整体脉络和核心。本书将对齐泽克的经济、政治、文化、哲学、精神分析等思想做综合考察,并以电影、戏剧、小说等不同文化素材来例证齐泽克意识形态具有的各种功能,以意识形态为总问题来阐释意识形态在不同领域中发挥的现实功用。因此,笔者将采用整体研究法来图绘齐泽克意识形态功能思想的整体面貌。

3. 跨学科研究法

囿于齐泽克思想的庞杂性,一个议题往往涉及心理学、哲学、文学、电影、语言学等众多学科,所以必须采用跨学科研究方法才能合理地呈现齐泽克的意识形态功能思想。不仅如此,本研究将坚持以马克思主义理论为指导,综合运用经济学、社会学、政治学、心理学等学科方法交叉研究,以保证研究结果的科学、全面、深入。

4. 理论联系实际的方法

马克思主义的基本观点是要在实践中提升理论,又用理论指导实践。因此,理论分析与现实探讨相结合的方法是展开科学研究的根本方法。齐泽克的意识形态思想产生于欧洲土壤,是否适合当代中国具体实际,是否对中国特色社会主义意识形态建设有益,则要根据中国社会的现实状况来考察。

第一章 齐泽克意识形态及其功能思想概述

在后工业社会意识形态指导力弱化的情势下,齐泽克试图为意识形态正名,因而其意识形态理论不仅是对后现代主义者拒斥意识形态论调的再批判,也是对意识形态理论的反思性重构。囿于良好的学术背景,加之军旅生活以及特殊的工作背景,齐泽克意识形态理论彰显出独特的趣味和新颖性。齐泽克借用拉康的精神分析理论,融合马克思的商品拜物教理论、拉克劳与墨菲的后马克思主义理论、黑格尔的理念哲学等理论资源,成功地构建了以客体、否定、主体、视差为主要内容的意识形态理论。他致力于拉康意识形态幻象理论和激进政治行动理论的"欲望化"阐释,始终将"欲望"作为理论阐释的对象,富有创造性地把拉康的想象、象征与实在"三界模型"转变为水晶式映射立体结构。齐泽克对拉康欲望理论的转向阐释,以其独特的视角和丰富的理论素材将意识形态功能的发生机制精细化,试图对现代政治观念进行话语分析和理论批判,从而走向一种"安提戈涅"式的欲望政治。

一、齐泽克意识形态理论的形成与发展

齐泽克意识形态理论的形成与自身良好的学术背景和丰富的生活阅历密切相关。从理论上看,齐泽克并非始终如一地对拉康精神分析理论进行欲望化阐释,而是有所丰富和发展。他不仅延继了拉康精神分析理论的衣钵,而且借鉴、吸收多种理论资源对拉康精神分析理论进行了创造性重构,彰显了齐式意识形态理论的拓展性及其卓越品质。

（一）齐泽克意识形态理论的形成背景

理论的形成既与理论家的人生轨迹密不可分，又与特定的社会历史背景相联系；以社会现实为索引去寻找解决现实问题的方法和理论，才可能形成一套独具特色且有说服力的新理论。齐泽克意识形态理论就与其独有的生活轨迹、特定的社会现实和独特的学术背景相互关联。

首先，齐泽克意识形态理论的形成与其人生背景密不可分。斯拉沃热·齐泽克，1949 年出生于社会氛围相对宽松的斯洛文尼亚首都卢布尔雅那。1967—1975 年，齐泽克于卢布尔雅那大学研习哲学，于 1975 年获得硕士学位。1975 年齐泽克开始服军役，于 1977 年结束军旅生活。军旅生活时期，齐泽克积累了包括一些非规则故事、笑话等在内的丰富的意识形态理论素材。服役结束后，齐泽克任职于斯洛文尼亚共产党联盟中央文员会，负责给马克思主义中心写宣传稿。撰稿之余，他还致力于德国哲学（主要是黑格尔哲学）研究，并积极参加各种学术会议，结识了一批主要以精神分析为导向的欧洲学者，其中包括斯洛文尼亚现象学派创始人之一的伊万·乌尔班斯奇。齐泽克能够回到母校社会学学院任研究员，伊万·乌尔班斯奇给予了很大帮助。1981 年，齐泽克在母校获得了自己的哲学博士学位。齐泽克的军旅生活和工作背景，开阔了齐泽克意识形态的理论视野，致使齐泽克不再单纯地限于马克思主义意识形态思想研究，开始将精神分析学的一些理论观点融入意识形态当中。

其次，齐泽克意识形态理论的形成与特定的社会历史背景相关。20 世纪中叶以来，晚期资本主义文化工业的总体叙事范式遭到批判，取而代之的是后现代主义更加隐蔽的意识形态批判范式。在发达的工业化社会，后现代主义开始怀疑意识形态之于社会现实的真实有效性。人们开始主张，"社会科学才是通往政治知识之路，而意识形态意味的则是幻想"①。拒斥意识形态、意

---

① ［澳］安德鲁·文森特：《现代政治意识形态》，袁久红等译，江苏人民出版社 2005 年版，第 18 页。

识形态终结的论调随之出现,人们更多地相信"意识形态纯属多余",因而社会丧失了追求真理的动力。齐泽克反思工业化境遇中的意识形态,深知意识形态之于人、之于社会的必要性、现实性和有效性。他认为,在工业社会,不是意识形态的泯灭,而是意识形态发挥功用的形式发生了变化。它变得更为隐秘,更为幻象化。更明确地说,"意识形态不再是以观念的形式表现出来,而是以'物'的形式表现出来"①。基于工业社会意识形态的表现形式,齐泽克开始了现代意识形态的幻象化建构之路。

最后,齐泽克意识形态理论的形成得益于良好的学术背景。齐泽克于卢布尔雅那研习哲学期间,恰逢斯洛文尼亚著名马克思主义哲学家博兹达尔·德班耶克(Božidar Debenjak)任教于卢布尔雅那大学。德班耶克擅长用黑格尔《精神现象学》解读马克思的《资本论》,这给齐泽克造成了巨大影响。一般认为,《德意志意识形态》是马克思意识形态理论最集中、最系统、最成熟也是最重要的理论文本。受博兹达尔·德班耶克的影响,齐泽克开始以《资本论》为文本基础,从经济视角出发对当代意识形态理论进行猛烈抨击。而后齐泽克到巴黎第八大学,1981—1988年跟随拉康精神分析学派继承人米勒等人研习拉康精神分析理论②。在此期间,齐泽克奠定了自身深厚的拉康精神分析理论基础。如其所言,"我一直认为在巴黎的那些年,我最大的收获就是得到了雅克·阿兰·米勒的帮助"③。这一点可以从齐泽克的博士论文《对黑格尔、马克思和克里普克的拉康式解读》中得到印证。该文以精神分析理论为基础,对黑格尔、马克思和克里普克的思想进行比较性解读,它标志着齐泽克意识形态理论的文本开端。此后,齐泽克又以黑格尔哲学为研究对象、以精神分析为方法写成《黑格尔歇斯底里的过度崇高》一文。如果说,齐泽克的博士论文仅仅是对拉康精神分析理论的单纯运用,那么《黑格尔歇斯底里的过度

---

① 王晓升等:《西方马克思主义意识形态理论》,社会科学文献出版社2009年版,第4页。

② [法]雅克·拉康(Jacques Lacan,1901—1981),法国当代精神分析学家,后结构主义哲学家。拉康精神分析理论坚持以索绪尔的语言学、科耶夫式的黑格尔哲学、斯特劳斯的结构人类学等诸多理论资源为基础,以追求弗洛伊德之真为目的,主张"回归弗洛伊德"。

③ [斯洛文尼亚]齐泽克、[英]格林·戴里:《与齐泽克对话》,孙晓坤译,江苏人民出版社2005年版,第35页。

崇高》一文则标志着齐泽克开始吸纳黑格尔哲学思想丰富拉康精神分析理论,这也为《意识形态的崇高客体》(以下简称《崇高客体》)奠定了坚实的理论基础。通过对意识形态的客体、否定性、主体、视差等方面的理论阐释,齐泽克开始全面建构独具特色的齐式意识形态理论。

其一,以《崇高客体》为分期,齐泽克将拉康精神分析理论应用于解释通俗文化现象,对意识形态客体进行理论探讨。《最崇高的歇斯底里:带拉康味的黑格尔》一书将拉康精神分析理论、黑格尔哲学和文化三者加以综合,运用拉康精神分析理论解读黑格尔哲学,并以此为基础探讨现代流行文化。齐泽克认为,文化客体已不再是实用主义意义上的客体,而是黑格尔意义上的思辨客体。他以电影为主题——例如《不敢问希区柯克的,就问拉康吧》——探讨意识形态主客体关系,在原有的主客体关系中引入"第三客体",并以结构主义的方式探讨客体空间和客体结构,深化了意识形态的客体理论。可以说,这两本著作是齐泽克勾勒意识形态客体的奠基之作,并最终以《崇高客体》的面貌呈于世人。齐泽克在该著作中指出,客观现实不过是非真实的幻象,真实是那些凌驾于一切现实之上的符号秩序。由此看来,齐泽克意义上的"客体"已不再是马克思意义上的客体,而是黑格尔意义上的客体,两者甚至截然对立。无论如何,《崇高客体》都为齐泽克赢得了学术声誉,该书在后来的十几年间被翻译成多种语言出版。然而,该书却存在诸多缺陷,正如齐泽克在《因为他们并不知道他们所做的——政治因素的享乐》第二版前言中所言:"虽然我一直坚持《意识形态的崇高客体》中的基本观点,但现在却清楚地认识到其中存在着一系列相互交织的缺陷。"①因此,《因为他们并不知道他们所做的——政治因素的享乐》一书,是对《崇高客体》中所表露的客体思想进行的更为理论的阐释。它是《崇高客体》的理论版本,修复了《崇高客体》中的理论缺陷。修复之处,仅以《斜目而视:透过通俗文化看拉康》一书中关于"实在界"的探讨就可以体现出来。想象界、象征界和实在界已不再是相互孤立的三个层域,而

---

① [斯洛文尼亚]斯拉沃热·齐泽克:《因为他们并不知道他们所做的——政治因素的享乐》,郭英剑等译,江苏人民出版社2007年版,第2页。

是每一层域都包含了另外两个层域。换言之,实在界内部也存在想象界和象征界,并且相互关联。至此,齐泽克完整地构建了自己独特的意识形态客体理论。

其二,以《延迟的否定:康德、黑格尔与意识形态批判》为分期,齐泽克在意识形态客体理论的基础上,延续了对大众文化的探讨,进一步关注意识形态中的否定量及其作用。在《享受你的症状——好莱坞内外的拉康》一书中,齐泽克在运用拉康精神分析理论探讨好莱坞电影大片之余,论及意识形态的"否定"问题。齐泽克认为"他们鼓吹'文化多元主义的去中心化','对非欧洲文化的开放'等等,从而不知不觉地肯定了他们的'欧洲中心主义'"①。换言之,齐泽克认为欧洲中心主义的确立依赖于"去中心",这正是齐泽克关于意识形态的"否定"思想的核心所在。齐泽克更为系统地探讨意识形态的"否定"问题是在《延迟的否定:康德、黑格尔与意识形态批判》一书。他说,正如一个事物的确立必然地依赖于其对立面,否定对立面才能回溯性地构建自身,消灭对立面等同于自身的毁灭。与马克思的"对象性关系"不同,马克思着重强调在对象性关系中的主体,而齐泽克更强调作为肯定主体的那个东西——主要是否定的客体。但是,从理论逻辑上说,马克思的"对象性关系"并未否定客体的作用,而是更加注重主客体之间的互动关系。因此,马克思的"对象性关系"这一概念完全能将齐泽克的否定量囊括在内。齐泽克关于意识形态"否定量"问题的探讨一直延续到《快感大转移——妇女和因果性六论》等多部著作,只不过《延迟的否定:康德、黑格尔与意识形态批判》是齐泽克"否定"思想最为系统的阐述文本。

其三,以《敏感的主体——政治本体论的缺席中心》为分期,齐泽克开始把重心放在探讨政治领域中意识形态的主体性问题。在《快感大转移——妇女和因果性六论》一书中,齐泽克就对政治的内在暴力的结构性作用进行了探讨,并以妇女在现代意识形态生活中的位置为主线进行文化研究。在阐明

① ［斯洛文尼亚］斯拉沃热·齐泽克:《享受你的症状——好莱坞内外的拉康》,尉光吉译,南京大学出版社2014年版,第240页。

文化中的权力关系的同时，又使其返回政治领域。该书初步涉及主体的分裂与综合、主体性等问题。在接下来的《有人说过集权主义吗?》中，齐泽克探讨了主体的心理历程、矛盾、辩证逻辑等问题；在《自由的深渊》中，探讨主体性中的肯定量与否定量之间的关系、主体的无意识；在《幻想的瘟疫》中，探讨幻想对主体的作用，等等。这一系列著作终归是在意识形态的框架内进行主体探讨的。无论是在文化意识形态领域，还是在政治意识形态领域，齐泽克旨在树立一个独具特色的意识形态主体——"敏感的主体"，《敏感的主体——政治本体论的缺席中心》可为证明。该书不仅以德国古典哲学为基础对主体进行哲学考察，而且还以阿尔都塞政治哲学、解构主义等为视角，对意识形态主体进行政治和文化视野的考察，并最终构建了一个综合性的敏感主体[①]——"是你意识的形式，与之相对的，则是对你来说个体的和特殊的形式之内容"。[②]

其四，以《视差之见》为分期，齐泽克开始回溯性地重审意识形态的客体、否定和主体，探讨意识形态的"视差"问题。齐泽克认为视差的标准定义为："客体显而易见的位移(在某个背景下，它的位置发生了变化)；位移源于观察者位置的变化"[③]。正是在这种"位移"的指导下，齐泽克认为意识形态的视差存在于各个角落。《视差之见》一书就旨在考察存有论视差、科学视差和政治视差，并以视差理论重新认识客体、否定和主体。在齐泽克看来，无论是在客体与客体之间、客体与主体之间还是主体与主体之间，无论是在宗教领域、经济领域、政治领域、文化领域还是在意识形态领域，都存在视差。视差态势是两个不"相交"，但又存在某种联系的状态。齐泽克以视差理论确立了现代多元意识形态背景下，不同意识形态之间的相互关系。可以说，视差理论是齐泽克对自己意识形态理论的回溯性窥测。也只有通过对齐泽克意识形态理论

---

① 齐泽克的主体是一个甚为复杂的主体，是一个带有拉康、黑格尔和马克思色彩的主体，是一个依赖齐泽克式客体、否定性、特殊性等因素的主体，是一个将"实在"排除在外而反思性构建的主体，因而齐泽克将其界定为"敏感的主体"。
② ［英］托尼·迈尔斯:《导读齐泽克》，白轻译，重庆大学出版社 2014 年版，第 13 页。
③ ［斯洛文尼亚］斯拉沃热·齐泽克:《视差之见》，季广茂译，浙江大学出版社 2014 年版，第 26 页。

的反思性回溯,我们才能廓清齐泽克意识形态理论的整体面貌,这也为整体性解读齐泽克意识形态思想提供了帮助。

(二)齐泽克意识形态理论的思想渊源

理论的活力在于传承和发展,换言之,一套新的理论必有其思想渊源。厘清齐泽克意识形态理论的思想渊源,目前主要有三种方式。一是把齐泽克放入精神分析学派,以此说明齐泽克意识形态理论主要的理论基础。但是,这种方式却将齐泽克思想过度限定在精神分析理论的视域,未能凸显齐泽克对精神分析理论的补充和发展。二是把齐泽克放入后马克思主义的阵营,强调齐泽克思想与拉克劳、墨菲创建的后马克思主义理论的一致性。这种方式依然不够恰当,原因在于,齐泽克在《崇高客体》中公开表示自己是比后马克思主义还"后"的彻底反本质主义者,或者界定为"后—后马克思主义者"。在《偶然性、霸权和普遍性:关于左派的当代对话》中,齐泽克更明确地说,"在同巴特勒和拉克劳的对话中,有时我会提出一些相反的声称,这是相当可能的"①。可见,齐泽克思想与后马克思主义理论之间存在差异。三是不对齐泽克进行身份定位,而是直接考察其思想的来源。这种方式能比较全面地厘清齐泽克意识形态理论的思想渊源,具有理论的客观性,而不足之处在于丧失了理论考察的立场。因此笔者以第三种方式为主,结合学界对齐泽克的身份定位,来说明齐泽克意识形态理论形成的思想渊源。综合学界对齐泽克意识形态理论思想渊源的认识,笔者以为,齐泽克意识形态理论的思想主要源于马克思的商品拜物教、拉克劳与墨菲创建的后马克思主义理论、拉康精神分析理论以及黑格尔理念哲学等。

其一,齐泽克的意识形态理论与马克思的商品拜物教密不可分。齐泽克受到博兹达尔·德班耶克意识形态解读视角的影响,以《资本论》为参照,搭建了"幽灵拜物"式的齐式意识形态理论。《崇高客体》从马克思商品拜物教

---

① [美]朱迪斯·巴特勒、[英]欧内斯特·拉克劳、[斯洛文尼亚]斯拉沃热·齐泽克:《偶然性、霸权和普遍性:关于左派的当代对话》,胡大平等译,江苏人民出版社2004年版,第89页。

理论开始,直截了当地提出了"马克思怎样发明了征兆?"的问题,而《幻想的瘟疫》又更为着重地说明了马克思的"拜物及其兴衰",这是齐泽克借鉴马克思拜物教思想的集中体现。齐泽克认为马克思在《资本论》中所阐释的商品,是一种满足自我需求的外在之物。因此,拜物概念区分了商品"在其外部物质现实中的'自在'和外界给它施加的拜物氛围,也就是依附于它的'精神'维度"①。换言之,商品具有物质属性和精神属性,拜物正是对两者关系的扭曲。"首先是传统的人与人之间的拜物(主人的魅力);然后是标准的商品拜物……最后,在我们的后现代时代,我们所目睹的是拜物的物质化本身的逐渐消失。"②这样,拜物已完全脱离物质"肉身",商品被齐泽克化约为抽象实体,"拥有了一种看不见的幽灵原质的特征,只能通过其效果才能辨识出它来"③。商品如货币那样,其本身的不可毁灭性总是由某种符号权威来担保,这种担保权威就是商品所具有的符号秩序。这种"幽灵"正是商品本身无法看见的,是商品的无意识。它外在于商品,是一种思想形式。商品存在于这种形式当中,并依赖于这种形式来反思性地构建自身。商品本身已不再是马克思主义中活的东西,而是死的东西,活的东西是那个脱离实在的"幽灵"。商品的意义只有在符号性的网络结构中才能显现。为此,齐泽克极力强调马克思拜物教理论中实体与抽象之间的分离,这种分离使得抽象的符号秩序回溯性地构建了商品的意义。这正是齐泽克意识形态理论的基本维度。如此说来,齐泽克通过对否定的回溯,又回到了马克思主义立场。正如胡大平教授所言,齐泽克对以犬儒主义为特征的全球"后意识形态"氛围的揭露和批判,以及在马克思主义因为苏东地区的失败而暂时撤退和转移时,如此坚定地高举辩证唯物主义大旗,确实是难能可贵的马克思主义立场④,而理论界似乎也已经将齐泽克视

---

① [斯洛文尼亚]斯拉沃热·齐泽克:《幻想的瘟疫》,胡雨谭、叶肖译,江苏人民出版社2006年版,第117页。
② [斯洛文尼亚]斯拉沃热·齐泽克:《幻想的瘟疫》,胡雨谭、叶肖译,江苏人民出版社2006年版,第125页。
③ [斯洛文尼亚]斯拉沃热·齐泽克:《幻想的瘟疫》,胡雨谭、叶肖译,江苏人民出版社2006年版,第125页。
④ 胡大平:《齐泽克:当代西方左派激进思想的幽灵》,《山东社会科学》2016年第6期。

为马克思主义理论家了。

其二,齐泽克的意识形态理论融合了拉克劳和墨菲的后马克思主义理论。齐泽克并未标榜任何新的政治立场,那么我们就不得不另辟蹊径,从齐泽克借以出场的那个理论——后马克思主义①——中寻找其理论内核。拉克劳认为,马克思主义理论在20世纪70年代中期陷入僵局,当下关注的核心问题不再是对知识分子和政治前景提出质疑,而是要积极运用葛兰西的"霸权"概念对当代对抗性政治实践进行缝合性的重构,开辟一条激进的民主政治策略之路。换言之,在后马克思主义那里,社会的对抗性、阶级斗争被定义为先验创伤,唯独"霸权"能够缓解对抗性社会的矛盾。齐泽克认为,后马克思主义的理论内核与拉康精神分析理论十分契合,两者都把内在对抗性作为社会唯一的真实写照,主张穿越意识形态幻象的不可能性,强调政治上的斗争、社会的革命与战斗的唯物主义立场,从而坚定了与后马克思主义相一致的"霸权"政治立场。正如齐泽克所言,"在巴特勒和拉克劳的著作中,存在着一个我完全认同的中心观念('霸权'概念),我发现它特别富有建设性"②。在此,我们并非用后马克思主义理论来解读齐泽克的政治思想,而是用齐泽克的政治思想去回溯齐泽克借以出场的理论幌子——后马克思主义。我们获得了同样的结论,齐泽克的意识形态理论依然与后马克思主义理论密不可分。值得注意的是,齐泽克"霸权"理论的阐释逻辑与拉克劳的阐释逻辑差异甚大,只不过两者的结论是一致的。这也显示出齐泽克的意识形态理论与后马克思主义理论和而不同的一面。

其三,齐泽克意识形态的理论基础源于拉康精神分析理论。正如韩振江所说,"精神分析学的发展逻辑恰恰就是齐泽克的拉康结构主义精神分析学意识形态理论的内在逻辑"③。齐泽克正是运用了拉康精神分析学的逻辑和

---

① 恩斯特·拉克劳,政治理论家,埃塞克斯大学政治系教授;查尔特·墨菲,政治哲学家,哥伦比亚国立大学哲学系教授,两者合著的《领导权与社会主义的策略——走向激进民主政治》标榜了后马克思主义身份。他们自称"后马克思主义",乃是把全部依据都赌定在葛兰西的"霸权理论"上,是一种试图走出马克思的当代语境而延续其乌托邦幻想的激进的当代意识形态批判思潮。

② [美]朱迪斯·巴特勒、[英]欧内斯特·拉克劳、[斯洛文尼亚]斯拉沃热·齐泽克:《偶然性、霸权和普遍性:关于左派的当代对话》,胡大平等译,江苏人民出版社2004年版,第89页。

③ 韩振江:《齐泽克意识形态理论研究》,人民出版社2009年版,第39页。

原理,去"破除"意识形态的遮蔽性。齐泽克对拉康精神分析的借鉴主要反映在主体理论、欲望理论,而两者都存在于拉康的三个层/域/界当中,即想象界、象征界和实在界。想象界由意象和幻想构成,是个体主观性的领域,不受现实规则的支配。想象界是幻想的综合阶段,但却是最原始的一个阶段,通过想象界就可以发现无意识。象征界是主体开始进入社会关系网络中,一方面区分自我与他者,另一方面又在自我与他者之间建立联系。主体的象征性存在确立了主体在象征网络结构中的位置。可以说,齐泽克通过拉康精神分析"三界说"的一致性获得了意识形态与社会象征网络的一致性,并最终赋予主体完满的状态。齐泽克对拉康精神分析理论的借鉴之处众多,后文还将详细论及,此处暂不赘述。但是,我们可以清晰地看到,齐泽克意识形态思想的主干理论无论如何都无法摆脱拉康精神分析理论学说的影响。

其四,齐泽克的意识形态理论融入了黑格尔的理念哲学。齐泽克说,"黑格尔对我影响最大,我虽然写了很多关于电影、大众文化的评论,但在内心深处最根本的还是跟从黑格尔的哲学"[1]。齐泽克在哲学上借鉴了黑格尔的理念哲学,主要反映在对差异与同一、特殊与普遍、精神主体和否定之否定四个方面。齐泽克的意识形态理论凸显了社会存在与意识形态之间的裂痕,黑格尔哲学正是齐泽克用以缝合断裂的武器。一般认为,黑格尔是一个强调现实高度统一于绝对精神的理念哲学家。恰恰相反,齐泽克认为,黑格尔是一个差异哲学家,黑格尔哲学依然有其生命力。黑格尔哲学中的"差异"并非黑格尔所要扬弃之物,而是要加以保留之物。差异/断裂正是事物得以同一的条件,同一是差异中的同一。同一所具有的普遍性是具体普遍性和抽象普遍性的二元对立。由于普遍性总是受到特殊内容的干扰,从一个内容到另一个内容的变化正是具体普遍性,在这过程中所表现的则是抽象普遍性。简单来说,普遍性的内容是具体的,其形式是抽象的。不仅如此,齐泽克还认为黑格尔在《精神现象学》一书中构建的主体是一个没有实在内容的主体,是一个纯粹抽象的精神主体。黑格尔的主体与拉康的主体具有某些共谋,两者都将实在排除

---

[1] 蒯乐昊:《我们仍然需要马克思主义——专访齐泽克》,《南方人物周刊》第 17 期。

在外,主体只不过是思辨的形式。在齐泽克看来,无论是在差异与同一、特殊与普遍等方面,还是在精神主体方面,精神分析理论都旨在强调否定之否定的辩证逻辑,这无疑是黑格尔哲学的基本立场。上述说理仅为部分论证,其实在齐泽克的绝大部分著作中,我们都能发现黑格尔理念哲学的身影。

(三)齐泽克意识形态理论的转向与发展

拉康精神分析理论作为齐泽克意识形态理论的思想基础,决定了齐泽克意识形态理论的阐释对象。齐泽克承袭米勒衣钵,以现代通俗文化和希区柯克电影为理论载体,致力于拉康欲望理论的创造性阐释,意图走出当代政治理论困境。但是,齐泽克对拉康欲望理论的阐释并非始终如一,而是存在内在转向。这一转向也凸显了齐泽克对拉康精神分析理论的丰富和发展。

"从共时性上讲,齐泽克对拉康欲望理论的阐释主要表现在两个方面,即意识形态幻象理论和激进政治行动理论"[①]。其一,齐泽克对拉康欲望理论中的意识形态幻象问题进行了理论阐释。齐泽克认为,已有的关于意识形态概念的定义皆已过时,必须以拉康精神分析理论为基础赋予意识形态概念新的内涵。他说,意识形态的基本维度是:意识形态不仅仅是"虚假意识",不仅仅是对现实的幻觉性再现(illusory representation),相反它就是已经被人设想为"意识形态性的"现实自身。意识形态是一种社会有效性,是意识形态有效性的再生产,它暗示单个人"对他们的所作所为一无所知"。"意识形态性"并非是对(社会)存在的"虚假意识",而是这种存在本身,虽然它为"虚假意识"所支撑[②]。可以说,齐泽克准确地阐释了拉康欲望理论中的意识形态幻象理论。齐泽克把意识形态看成是与现实相契合且不可分割的客体部分,对社会现实与意识形态进行同一化操作,这与拉康对想象界、象征界和实在界进行的同一化整合相一致。而齐泽克的同一化操作的依据正是拉康欲望理论的核心——

---

① 赵伟:《齐泽克对拉康欲望理论阐释的理论转向及其意义》,首都师范大学博士学位论文,2013 年,第 43 页。

② [斯洛文尼亚]斯拉沃热·齐泽克:《意识形态的崇高客体》,季广茂译,中央编译出版社2002 年版,第 28 页。

无意识。社会主体对其所作所为的一无所知暗示了意识形态起作用的有效动因不再是主体的认识和观念，而是人们的无意识活动。恰恰在这里，齐泽克将意识形态与社会现实缝合在一起，实现了对拉康欲望理论的社会历史化阐释，这一阐释的理论场域又正是拉康欲望理论中的激进政治行动理论。

其二，齐泽克对拉康欲望理论中的激进政治行动理论进行阐释。齐泽克认为，传统的政治行动理论已经开始失效，社会原生的内在对抗才能为政治行动提供永恒动力。齐泽克通过排除"政治驯化的不可能性"，致使符号秩序进行无休止的扩张，内生性对抗对符号秩序进行毁坏与突破的必然结果正是激进的政治行动观。为此，齐泽克必然走向社会不间断革命的激进政治行动观。齐泽克政治行动观的"对抗"依据正是拉康欲望理论中的"死亡驱力"。"死亡驱力"在对符号肌质（symbolic texture）进行全盘消灭的同时，又赋予符号"第二次死亡"的可能性。死亡意味着重生，对抗意味着新的建构，拉康的"死亡驱力"和齐泽克的"对抗"都遵循了海德格尔"向死而生"的逻辑。齐泽克对拉康"死亡驱力"的具象化阐释是通过"安提戈涅"来完成的。通过对安提戈涅的理论阐释，齐泽克标榜了永不退缩亦不妥协的激进政治姿态。可以说，齐泽克通过对拉康欲望理论中的意识形态幻象理论与激进政治行动观的理论描绘，初步完成了对拉康精神分析理论的阐释。

但是，齐泽克对拉康欲望理论的阐释并非一成不变，而是存在一次理论转向。拉康赋予"三界"一致性，但拉康想象、象征与实在的一致性是在彼此独立的前提下过于单纯的一致性。实在界与象征界之间的裂缝不可弥合。为此，拉康赋予了主体遭遇实在界的不可能性。然而，齐泽克却说，"现在我认为，这（遭遇实在界是不可能的事情——笔者注）不仅在理论上是错误的，并且还会产生灾难性的政治后果……真实界就是创伤性的他者，你是不可能正确地回应他的"[1]。换言之，齐泽克认为，主体遭遇实在界是可能的，这种可能性源于想象、象征与实在"三界"的水晶式映射立体结构而非"三界"独立的模

———

① ［斯洛文尼亚］齐泽克、［英］格林·戴里：《与齐泽克对话》，孙晓坤译，江苏人民出版社2005年版，第70页。

型。赵伟对齐泽克想象、象征与实在的基本结构做了粗略的图示说明,见图1:

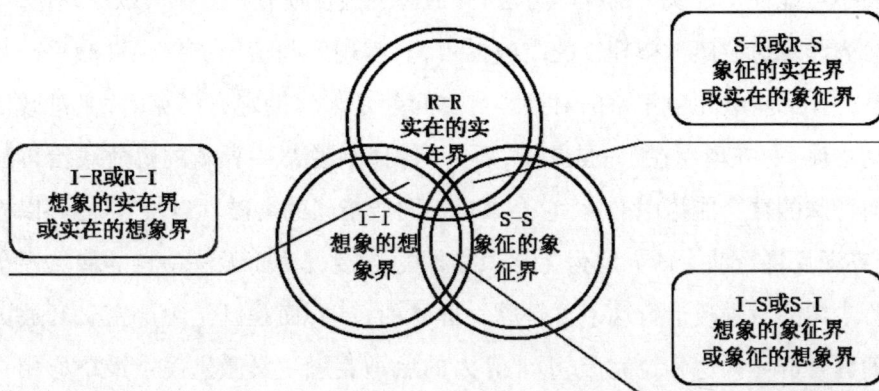

图1 齐泽克想象、象征与实在的基本结构

注:I:想象(Imaginary) S:象征(Symbolic) R:实在(Real)

从图1来看,我们不难发现,拉康的想象、象征与实在"三界"在齐泽克那里已经不再是单纯的独立式的一致,而是相互交织、彼此互动的一致。图中所示 I-R 恰恰就是齐泽克认为可能遭遇实在界的依据和方式。想象实在界具有客观"真实性"①,但它如幽灵一般,永远不会被书写。正如齐泽克所言:"幽灵的幻像历史叙述了一个创伤性事件的故事,它'不会继续发生'、不会记录在由其干预而形成的象征空间中——正如拉康所指出的那样,幽灵的创伤性事件'ne cesse pas de ne pass' écrire'并没有停下来(或停止)不被书写(不去记录它自己)……"②实在界成了不能被象征秩序编织的空洞,正是这个空洞填补了实在与象征之间的空缺。这个空洞才是最真实不过的某物,它以其无性填充缺口,从而获得了形式意义。齐泽克同时认为,主体对想象实在界的无性必须"一无所知",主体一旦发现实在界的无性面貌,主体的世界将在瞬间崩塌,精神错乱病症的病理原因即为例证。我们不难发现,齐泽克对拉康

———————

① 齐泽克的客观真实性并非辩证唯物主义理解的客观实在性,而是精神分析理解的客观抽象性,即主体极力寻求的先验性空无。

② [斯洛文尼亚]斯拉沃热·齐泽克:《易碎的绝对——基督教遗产为何值得奋斗?》,蒋桂琴、胡大平译,江苏人民出版社2004年版,第59页。

"三界说"的解读徘徊在可能性与不可能性之间,其理论转向采用了一种可能性与不可能性辩证统一的操作方法,并最终突破性地重构了拉康欲望理论。

齐泽克对拉康欲望理论的突破性重构,实现了与后马克思主义激进政治行动主体和阶级斗争策略的对接。首要问题是如何勘定齐泽克的"激进政治行动主体"。齐泽克在《先是悲剧,后是闹剧》中说,"一种新的解放政治再从任何特殊的社会能指中产生,它会来自不同能指间的突破性链接"①。可以看到,齐泽克将行动主体界定为无意识之外的链接行动而无法预料的偶然性举动。主体的激进政治行动不再是单一群体的行动,而是既组织严密又开放灵活的缝合群体。这和拉克劳、墨菲等人的后马克思主义激进民主策略恰相一致。多元群体的缝合就是要在不可能进行群体化约的情况下保持多元群体之间的"最小距离"。在可能与不可能之间,群体间的斗争无法根除,反而必须存在。这又把我们带回后马克思主义的道路——阶级斗争策略。前文,我们提到齐泽克的"对抗"概念与拉康"死亡驱力"的一致性。现在,我们又可以说齐泽克的"对抗"概念与拉克劳的"阶级斗争"相一致。拉克劳为后马克思主义的政治行动提供了不间断阶级斗争的策略,而齐泽克也说"仅忠诚共产主义观念并不足够,人们更应在历史现实中勘定赋予共产主义观念实践迫切性的对抗性"②。更明确地说,齐泽克认为,我们要想通过阶级斗争抵达共产主义的美景,就必须以阶级的原生对抗性的永久性来锚定阶级斗争,这样阶级斗争才具有源源不绝的内生动力。由此,齐泽克与后马克思主义在"不间断阶级斗争"的观点上达成一致。

二、齐泽克意识形态理论的基本问题

要批判后现代意识形态终结的论调,就必须对意识形态的概念内涵进行再解释,重新锚定意识形态的中心本质,并对意识形态功能展现的新形式进行

① Slavoj Zizek, *First As Tragedy, Then As Farce*, London and New York: Verso, 2009, p.92.
② Slavoj Zizek, *First As Tragedy, Then As Farce*, London and New York: Verso, 2009, p.90.

深入挖掘。因此,在进入齐泽克意识形态功能思想之前,需要弄清楚齐泽克意识形态概念的基本内涵及其阐释对象,有此基础的理论铺垫才能完成齐泽克意识形态的功能思想的初步探讨。基于此,对齐泽克意识形态理论的基本问题进行阐释,有助于全面深入地了解齐泽克意识形态功能思想。

(一)齐泽克意识形态概念的基本内涵

确立齐泽克意识形态概念的基本内涵必须从拉康的"三界说"开始。在拉康看来,主体的诞生是一个不断分裂与被阉割的过程。换言之,自我的主体观念并非生而使然,而是后天回溯性的构建物。6—18个月的婴儿通过镜子观测了自己身体结构的想象性图像,镜中形象对婴儿来说,成为统一性、持续性、存在和无所不能的担保。这也致使婴儿把镜中的虚幻影像当成自我——拉康称其为"理想自我",从而摆脱了先前破碎的自我形象。理想自我并不是主体对形象的取胜,而是形象对主体的成功侵占。"这是最初的经历,人类从中获得最初的经验,他看到自己,反映自己,把自己当成他人,而不是他自己——这是人性的基本面,他们构成它全部的想象生活。"①这时候的自我不过是孩子纯真的误认与想象,还不具备现实意义。但是,只有使主体的虚空想象得到充实,主体才能被锚定在现实当中,这也必然会发生。人始终会进入语言编织的符号网络,理想自我必然招致符号性阉割,主体成为符号性构建的产物。不仅如此,符号性阉割对主体原始欲望的压抑与摒弃,必然造成想象与符号之间的对抗性斗争,其结果是象征界被撕裂,符号化自我与其剩余相疏离。齐泽克认为,意识形态就是填补缺口的东西(见图2)。

正如我们在图中看到的一样,唯一真实的是实在界的对抗,但实在界并非主体实际上(也不可能)占据的位置。一边是象征界的符号化活动,一边是实在界的反符号化,加之象征界构建现实并不彻底而造成的裂缝,就必然导致实在界的外露。齐泽克进一步指出,事实上,主体惧怕实在界,直面实在界将导

---

① J.Lacan,*Das Seminar von J.Lacan*,(*Buch* I,*1953-1954*):*Freuds Technische Schriften*,Switzerland:Olten Press,1978,p.107.

意识形态幻象：
掩盖象征界裂缝的幽灵

现实（象征界）　　　　　　　　现实（象征界）

实在界（对抗）

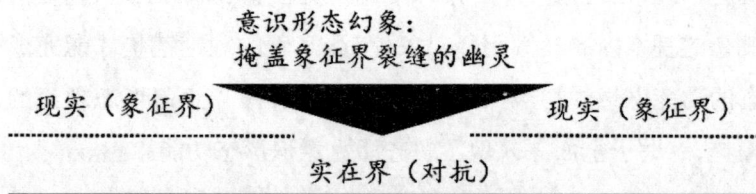

图2　齐泽克的意识形态结构

致主体的病态与疯癫。因此，必然要实现象征界的整合，意识形态就是防止实在界外溢的"瓶塞"。在此，意识形态不过是齐泽克的一个假定常量，但齐泽克认为，不管主体是否同意对意识形态的任何假定分析，"意识形态本身必须被假定为存在着的常量"①。

但是，这个常量却是一种被歪曲理解了的意识形态。于齐泽克而言，最基本的意识形态定义源自马克思的判断，"他们不知道，但却正在做"。这反映出主体对于"现实"的一种纯粹的无知和天真。"一方面，存在着现实；另一方面，存在着我们对那个现实的某种程度被歪曲了的理解。"②意识形态碰巧就是这种歪曲了的理解。齐泽克认为，意识形态"是这样一个系统，它自称能够获得真理，即它不仅仅是一个谎言，而是一个被体验为真理的谎言，一个假装被严肃对待的谎言"③。意识形态作为一种谎言，只不过由于主体的误认而被体验为真理。货币作为社会关系的表现形式，其本质不过是社会关系的物化。但对于个体而言，货币作为社会关系的显白写作，并不直接被体验为人类主体间的关系，而是被直接体验为物质财富。这就暗示了个体的主观认识与现实之间存在不一致，他们并不（直接）清楚隐性写作（社会关系）与显白写作（货币）之间的相互关系。主体只是把他们认为是真的东西当成真理，即便那是个错误。这就回到拉康的那个经典命题——"真理源自误认"，只不过在齐泽克这里换了一种说法——意识形态是一种幻象。幻象的功效在于掩盖主体认

① ［英］托尼·迈尔斯：《导读齐泽克》，白轻译，重庆大学出版社2014年版，第96页。
② ［英］托尼·迈尔斯：《导读齐泽克》，白轻译，重庆大学出版社2014年版，第80页。
③ ［斯洛文尼亚］斯拉沃热·齐泽克：《意识形态的崇高客体》，季广茂译，中央编译出版社2002年版，第42页。

识与现实的非一致性。沿着这条路径,意识形态批判似乎就变得十分简单了,所需要做的不过是启发主体重新理解"现实",即意识形态祛蔽。

　　然而,齐泽克认为意识形态祛蔽不过是传统启蒙主义的理解,表面上解除了意识形态的"虚假"伪装,实际上却可能进入另一种意识形态——后意识形态。为避免陷于后意识形态的怪圈,齐泽克的意识形态涉及了一个未被触及的层面,并将从根本上否定启蒙主义批判的合法性根基。齐泽克认为,要考察意识形态幻象就要确认幻象所处的位置,是在"知"(knowing),或者"行"(do-ing),还是在其现实当中。齐泽克认为,个体对于意识形态幻象"一无所知,却勤勉为之"。意识形态幻象已经被个体体验为现实。于商品而言,其抽象普遍性在于交换价值,但这只能体现在特殊的(具体的)商品身上时,才变得现实而有意义。于个体而言,在商品交换过程中,普遍的价值关系并不存在,只有实体商品才有价值可言。换言之,正是单个商品的使用价值,结构了价值关系,即特殊性生成了普遍性。无论如何,人们表现得好像货币具有内在的价值。对现实的幻觉或歪曲的认知被写入了情境本身。这就如同我们清楚,英美法与大陆法是两种不同的法,但在现实的法律活动中,抽象的法律却在英美法和大陆法中实现了自身。那么,意识形态幻象的位置也很清楚了,它"不出现在知的那个方面,它已经出现在现实之中,出现在人们正在做的事物和人们的行为之中。"①意识形态幻象已经存在于个体的现实活动之中,已经被结构为社会现实,它是一种现实的力量。这样一来,幻象就褪去了原始的虚假性面纱,而获得了现实维度。因此,齐泽克这样定义意识形态,"它是用来支撑我们的'现实'的幻象建构:它是一个'幻觉',能够为我们构造有效、真实的社会关系,并因而掩藏难以忍受、真实、不可能的内核"②。简言之,意识形态是"作为现实支撑物的幻象"。

　　如同汤普森所言,意识形态是一个历史概念。在《黑格尔导读》一书中,

---

　　①　[斯洛文尼亚]斯拉沃热·齐泽克:《意识形态的崇高客体》,季广茂译,中央编译出版社2002年版,第44页。

　　②　[斯洛文尼亚]斯拉沃热·齐泽克:《意识形态的崇高客体》,季广茂译,中央编译出版社2002年版,第64页。

科耶夫认为,可以从 A、B、C 三个方面来描述意识的发展阶段。"A——人对立于世界;Bewusstsein＝意识;B——人意识到他与世界的对立,因此,意识到自己:自我意识;C——人意识到自己与世界的相互作用,人意识到在世界中的自我:完整的意识(理想)。"①齐泽克主编的《图绘意识形态》一书的体例就按照在其自身—为其自身—两者结合的逻辑进行编排。② 从思想惯性来说,两者对意识形态的划分如出一辙。齐泽克认为,"对意识形态概念的这一逻辑性——叙述性重新建构将集中于已经提及的非意识形态反转为意识形态的重复发生,亦即,对于跨出意识形态的这一举止如何将我们拖回意识形态之中的突然发觉"③。他认为,我们首先拥有"自在"的意识形态。自在的意识形态不过是固有观念的集合,它使我们相信它的"真实性",然而却服务于隐藏的特殊权力利益。自在的意识形态遵循霸权逻辑,它把典型的特殊性置于普遍性的位置,使其发挥普遍有效性的功能。这使得官方"文本"与真实意图拉开了距离,显白写作与隐性目的之间的关系也变得相对紧张。不仅如此,"意义并不内在地存在于一种意识形态的诸种因素之中,相反,这些因素做为'自由飘动的能指'而起作用,其意义则由其霸权性表述模式固定下来"④。换言之,意识形态首先是外在的、浮动的,只有被固定以后才能在主体内部生成。这就实现了自在意识形态向自为意识形态的反转,是对自在意识形态的否定。信仰表面上是内在的,但它只能被人的信仰活动所体现,因而信仰本质上是外在的。只有当"浮动的信仰"被固定以后,才能获得现实的"物质性"。换句话说,自为的意识形态是意识形态的固定和内化,因而是客观的,即存在于他性与外在化之中的意识形态。从外在意识形态到主体的内化,再从内化的意识形态到意识形态的外显,如此以往,"个体基本上不再依照其信仰与意识形态坚信来行事"⑤。主体在其现实活动中,绕过意识形态,直接依赖现实,这也导

---

① ［俄］科耶夫:《黑格尔导读》,姜志辉译,译林出版社 2005 年版,第 40 页。

② 在《意识形态的幽灵》一文中,齐泽克说明了这一编排逻辑,并在注释中强调,为避免错误,这一次第逻辑不应被解读为等级性的演进、扬弃或抑制。

③ 徐钢主编:《跨文化齐泽克读本》,上海人民出版社 2011 年版,第 26 页。

④ 徐钢主编:《跨文化齐泽克读本》,上海人民出版社 2011 年版,第 28 页。

⑤ 徐钢主编:《跨文化齐泽克读本》,上海人民出版社 2011 年版,第 31 页。

致意识形态的"解体"与自我疏离。但这种"解体"并非意识形态真的不存在，只不过是主体的无意识认知。其真实含义在于，它又和意识形态重新确立了"暧昧"关系，这种意识形态正是自在自为的意识形态。

综上来看，齐泽克的意识形态概念是以实在界与象征界的对抗为基础，以主体对象征界的误认为方式，以缝合、表征和重塑功能为指向并支撑现实的幻象性观念建筑。齐泽克把意识形态称为"幻象"，但"幻象"与"虚假"并不等同。恰恰相反，"幻象"是一种客观的物质力量，归属外在的社会现实。它外在于主体也就必然被主体内化，内化的意识形态又在现实的活动中得以外显，最后成为自在自为的意识形态，这正是黑格尔意识发展的三阶段。

（二）齐泽克意识形态理论的阐释对象

如果非要在拉康理论中寻找一个核心，那么这个核心无疑应当是"欲望"（desire），而在《弗洛伊德无意识中的主体倾覆和欲望辩证法》（*The Subversion of the Subject and The Dialectic of Desire in the Freudian Unconscious*）一文中，这一核心得到了最集中的阐释。拉康认为，"需要"是人和动物的共性物质体。但是，单纯的"需要"是短暂的，当它开始跨入象征界之际，便以"要求"的形式出现，以语言编织的网络形式出现。正是在"需要和要求相疏离的边缘地带，欲望逐渐成形"①。"需要"本身无比简单，但它一旦通过语言来表达，则会出现增殖。看看那再简单不过的例证。当婴儿饥饿而向母亲索取食物时，这一需要再简单不过了，但是一旦通过语言形式表达出来，"索取食物"这种需要就出现了增殖。婴儿不再满足于简单的食物获取，还在于寻求母亲那暖人的爱。这种"要求"并不出现在"需要"当中，其本身也无法得到主体的满足，例如母亲提供的不过是具体食品，而不是主体渴望的爱。正如拉康所言，"因为欲望是由语言支配的……因而它必然是大他者（Other）的欲望"。② 在这里，主体表达欲望（或者说提出要求）的方式总是隐喻式或者转喻式的，欲望总是

① Jacques Lacan, *Ecrits*, trans. Bruce Fink, New York: W.W.Norton & Company, 2006, p. 689.
② Jacques Lacan, *Ecrits*, trans. Bruce Fink, New York: W.W.Norton & Company, 2006, p. 525.

符号秩序中的欲望,那它注定也是大他者的欲望,主体不过是站在大他者的位置来欲望。简言之,拉康看到了横立在主体与客体之间的欲望。

齐泽克正是沿着这一路径,在主客体之间引入了第三客体——欲望客体。在齐泽克编写的《不敢问希区柯克的,就问拉康吧》一书中,米拉登·多拉认为,在希区柯克的电影中,"一个主题暗含在结构层面上——不是对二元化的着魔,而是恰恰相反:所有二元性都基于一个第三方。在这种镜像关系中,第三个元素作为污点同时被排除和引入,二元性围绕这一客体运转,它填补了排除所造成的裂缝,使缺席者出场"①。从根本上讲,故事反复表现的二元关系,不过是第三客体流通的背景。看看由非行导演执导的《全民目击》就很清楚了。电影中,"女星被谁所杀?"的所有故事情节都围绕着一个未被看清的"死角"来展开,主人公正是通过操作"死角",实现了故事情节的反转。主客体之间的这种二元性和形式上的对称,最终只不过是客体流转的背景。"死角"这一场地表面上是故事的焦点和症结,其实质不过是主体表达爱的场域。"死角"不过是主体空洞的假设,一个毫不相干的"客体",并无实质内容,但又始终绕之不去。脱离了欲望客体或者欲望客体被看清,主客体的二元关系也将随之消散。就此而言,主体之间的互动关系必然依赖于第三客体——欲望客体,它既崇高又神秘,既是主客体关系的联结者,又可能是破坏者。在希区柯克的电影中也是如此:"一个是没影点,它本身无关紧要,但促发了无限的换喻过程;第二个有着浓密而不透明的在场,被赋予了崇高而又致命的实质,它是拉康(追随弗洛伊德和海德格尔)所称的原质(das Ding)的召唤。"②这样一来,齐泽克就在主客体关系中锚定了第三客体——欲望客体。但是,这里还有两个前提性的问题未被解释清楚:一是欲望如何形成? 二是欲望客体如何被客观化?

其一,齐泽克在《有人说过集权主义吗?》一书中,解释了欲望客体之成

---

① [斯洛文尼亚]斯拉沃热·齐泽克编:《不敢问希区柯克的,就问拉康吧》,穆青译,上海人民出版社2007年版,第37页。

② [斯洛文尼亚]斯拉沃热·齐泽克编:《不敢问希区柯克的,就问拉康吧》,穆青译,上海人民出版社2007年版,第50页。

因。让我们先来看看齐泽克讲述的那个"弃儿出美人"的故事吧。生活在普罗旺斯的"罗锅"让·德·弗洛里特,继承了母亲在农村的土地,他带着爱妻和女儿(玛农)一起回到家乡。村里的凯撒(富裕的老光棍)与其侄儿厄戈兰为了获得让·德·弗洛里特的土地,堵死了他土地上的水源。村里的人当然都知道,但谁也不愿意说,因为"不管闲事"。让不得不像骡子一样到远处运水,最后死于一次爆炸。让的妻子不得不把土地卖给了凯撒和厄戈兰,当然凯撒和厄戈兰很快就发现了水源。十年之后,让的女儿已出落成美丽的牧羊女,被厄戈兰和一个年轻教师看中。厄戈兰出于对玛农的爱慕,承认了加害让的罪行。现在轮到玛农报复了,她切断了全村的水源。厄戈兰的爱被玛农拒绝后,也自杀了。玛农和教师喜结连理。但此时凯撒却从一个瞎眼女人口中得知,原来让的母亲就是凯撒的至爱,在与凯撒一夜风流之后,凯撒去服兵役了。让的母亲不愿承认对凯撒的爱。当得知自己怀上凯撒的孩子时,写信给凯撒,遗憾的是信未到达凯撒的手里。未收到回信而绝望的她选择了从楼梯上滚下去,幸而未死,之后便生下了让·德·弗洛里特。齐泽克以这个故事为例,按照精神分析的"三代人"思路解读了欲望客体形成的过程。他认为欲望客体的产生也经历了三个阶段:一是有缺陷的象征性交换。让母亲的书信并未到达凯撒之手,致使让的母亲得出了"假结论"。二是不合格者的身份。由于象征性交换的缺陷,主体被剥离于大他者(让成为弃儿)。三是欲望客体的产生(玛农出落成美丽的牧羊女)。很清楚,如果从第一阶段到第二阶段是"珍宝变废物"的话,那么从第二阶段到第三阶段则实现了"废物变珍宝"的逆转。从故事来看,欲望客体本身就是一个圆圈式轮回,主体对欲望的努力从毫无意义的事件中获得了意义。

其二,在《享受你的症状——好莱坞内外的拉康》一书中,齐泽克从声音的角度回答了欲望如何被物质化和客观化。齐泽克认为,拉康在关于焦虑的研讨班上提到了蒙克的《尖叫》①,目的在于说明声音的客体状态。换言之,他

---

① 尉光吉认为齐泽克的记忆有误。他认为拉康在关于焦虑的研讨班上并未提及蒙克的《尖叫》,而是在 1964—1965 年的"精神分析的重要问题"中才提到。

把声音看成是一种欲望客体的例证,主体的欲望同样可以通过声音被物化或客体化。"作为客体的声音恰恰是'卡在喉咙里'的东西,是不能爆发出来的东西,它无法释放自己并因此进入主体性的维度。"①在这里,"不能爆发出来的声音"——沉默的声音,被齐泽克看成是客体的声音。欲望正是那种沉默之声。沉默之声证明了主体对享乐的坚持,而一旦沉默之声被发出,就意味着欲望已经被选择了。歌声之内容就是对欲望的直接呈现,是对超我(superego)状态的直接展示,而其载体正是歌声本身。声音作为物质化载体承载了欲望客体,因而歌声不过是欲望的歌声,是欲望的物质化和客观化。如齐泽克所言,"歌声的状态是一块污点的状态,它物质化了乱伦的享乐,而尖叫——简单地说——是对这个污点的一种惊恐的反映"。② 这又回到齐泽克的意识形态"幻象"。幻象本身就是一种客观存在,它结构了现实;欲望同样如此,欲望本身就是客观真实,具有现实性,而现实的一切仅仅是欲望的载体,只不过欲望通过载体的传播获得了自身的固定性和现实表达。

诚然,齐泽克找到了在主客体关系中所缺少的东西——欲望客体,但所有问题并非就此了结。他认为,幻象经常被定义为主体欲望的实现场所。幻象提供了主体欲望所需要的坐标,为主体欲望锚定客体,锁定欲望主体在幻象中的位置。精神分析关于"欲望"的基本观点就是,欲望并非先天存在,而是通过"幻象"中介被后天构建的。这是不是可以说,存在一个欲望被成功构建起来的零界点呢? 齐泽克认为,答案是否定的。他认为欲望的成功构建并不在于它的"完成"状态,而在于自我的繁殖和循环运动。"我们以为'事情本身'在不断地拖延,其实不断拖延这个行为,正是'事情本身';我们以为自己在寻觅欲望,在犹豫不决,其实寻觅欲望和犹豫不决这个行为,本身就是欲望的实现。"③很明显,齐泽克区分了欲望的目的和目标,欲望的目的是欲望的完成状

① [斯洛文尼亚]斯拉沃热·齐泽克:《享受你的症状——好莱坞内外的拉康》,尉光吉译,南京大学出版社 2014 年版,第 146 页。
② [斯洛文尼亚]斯拉沃热·齐泽克:《享受你的症状——好莱坞内外的拉康》,尉光吉译,南京大学出版社 2014 年版,第 149 页。
③ [斯洛文尼亚]斯拉沃热·齐泽克:《斜目而视:透过通俗文化看拉康》,季广茂译,浙江大学出版社 2011 年版,第 11 页。

态(即欲望的实现),而欲望的目标则是一个满足欲望的过程。就在达到欲望的目的(实现欲望)的过程中,欲望的目标已经被实现了。换言之,满足欲望的过程就是欲望实现本身。

齐泽克把欲望客体引入主客体关系当中,赋予欲望客体现实性和客观性,并把欲望的完满状态看成是一个动态构建的过程。正如我们确定拉康精神分析的核心那样,如果非要在齐泽克意识形态理论中寻找一个核心的话,这个核心依然是"欲望"。

(三)齐泽克意识形态理论的功能旨趣

齐泽克为重塑意识形态在当今社会隐秘的指导地位,在以欲望为阐释对象来构建精神分析式的意识形态理论的同时,也发挥了意识形态的不同功能旨趣。概括来说,齐泽克的意识形态理论具有缝合旨趣、表征旨趣和重塑旨趣。

首先,齐泽克意识形态理论具有缝合功能旨趣。从拉康到齐泽克,意识形态的基本作用在于填补空缺,并最终让主体体验到一致性。缝合的基本步骤可以概括为制造分裂、填补缺口与缝合时刻。齐泽克认为,拉康的想象—象征—实在(The imaginary-The symbolic-The real)"三位一体"的精神分析结构,本身就内藏了分裂。换言之,"三位一体"的分析结构中存在着有待被缝合的缺口。这个缺口就是实在(The real)和现实(Reality)之间的裂缝。从前文我们可以知道,现实被符号化,而实在未被符号化。实在和现实通过对抗获得了自身的确定性。同样,由于实在抗拒符号秩序的同化,这样一来,实在只能被排除在现实的符号秩序之外,坐落在象征界之外。基于实在的符号化抗拒,实在与现实之间的连接成为"不可能"。这就是齐泽克不遗余力所做的事情:要在实在与现实之间锻造一处裂缝。齐泽克曾用一个来自斯特劳斯的案例来说明这一裂缝确实存在。在南非,斯特劳斯要求来自同一土著村庄的居民画出自己心中的村庄布局,然而却得到了风格迥异的两种答案:一种是以神殿为中心来分布房屋群落;另一种是被无形边界分割开来的房屋群落。何以如此?齐泽克认为,这是由于共同体内部存在着某种创伤性内核,它永远对抗、不可调和。创伤性内核阻止居民把它体验为完美无缺的整体,而象征秩序的作用就在于掩盖这一内在的非一致性。这样说来,现实(象征秩序)不过是实在界之脸庞。正如法比奥·维基(Fabio Vighi)和海科·芬德纳(Heiko Feldner)在《齐泽克:超越福柯》一书中所言:"齐泽克把作为裂缝与自我外化的社会现实概念化,其赌注在于,现实本身就基于某些排斥或非一致性的现实,正如我们所知的,现实并非一切。"①这样一来,齐泽克就在实在与现实之间"修筑"了一道鸿沟。

当然,说齐泽克"修筑"了实在与现实之间的鸿沟,并不准确,因为这条鸿沟天然存在,只不过精神分析学家发现了这道鸿沟。鸿沟的存在给实在界"原质"的外逃,留下了狭窄的通道。精神病的"征兆"就从这里找到了缘由。因为"原质"的外逃是对现实的干扰,是对正常符号秩序的破坏。精神病人的症结不正是符号秩序的紊乱吗?因而,这道裂缝必须被填补,填补裂缝的正是精神分析中的"幻象"(fantasy)概念。幻象是一种防御结构,它如同电影屏幕上凝结的影像,防止了创伤性场景的爆发。这样一来,拉康的"想象—象征—实在"的结构就被进一步填充。齐泽克把拉康的"实在—象征"结构,发展为"实在—幻象—象征"的结构。通过幻象的遮蔽或填补功效,个体体验到象征秩序的一致性,符号现实的稳定性得以保全。不仅如此,实在界的深远和创伤性内核,在被幻象填补的同时,幻象也掩藏了个体的欲望动因。我们在现实中感受到的现实不过是幻象性的。个体不再直面欲望动因,而是直面幻象。幻象为主体提供了欲望的脚本。幻象填补缺口,而填补的结果是主体的诞生。通过前文,我们知道主体是由两部分构成的,一部分是空主体(The void),另一部分是符号秩序。空主体经过符号性阉割,把符号秩序纳入主体的有机组成范畴,主体才能成为现实的主体。换言之,主体是由符号后天构建的主体。这样一来,主体就摆脱了对自我的碎片性认识,体验到世界的一致性和自我的完整性。简而言之,幻象的填补时刻意味着,主体不再把图像体验为"我",而

---

① Fabio Vighi and Heiko Feldner, *Zizek: Beyond Foucault*, New York: Palgrave Macmillan, 2007, p. 27.

是把"我"体验为图像。齐泽克的意识形态思想的重要特征就在于此：主体不再是先天的，而是像符号秩序那样，是被幻象后天结构的。因此，齐泽克强调对意识形态的重新书写，即"回到缝合"，齐泽克意识形态的缝合意蕴也在此被体现出来。

其次，齐泽克意识形态理论具有表征功能旨趣。诚然，意识形态具有缝合之功效，但是这种被缝合的意识形态是如何被体验到的呢？换句话说，意识形态是如何被表征出来的？从幻象对大他者的缝合中，我们可以看到，幻象之于主体在很大程度上是为主体提供欲望的脚本。主体对于原始欲望的追求，被意识形态幻象排斥了。主体体验到的欲望不过是欲望在幻象中的呈现。这就如同电影屏幕那样，电影屏幕只不过是对原始影像的呈现形式，本质上并非原始情景。换句话说，欲望是本质，幻象是对实在界欲望的表征。正如齐泽克在《自由的深渊》(The Abyss of Freedom)一书中说的那样："人们应该肯定丑陋的存在论原始性：在其令人厌恶的存在中，美是一种对丑陋东西的防卫——或者毋宁说是对简单(tout court)存在的防卫，因为恰如我们将要看到的，丑陋的东西最终是(真实之)存在本身的残酷事实。"①简单来讲，实在界的恐怖之物正是被意识形态幻象所表征。不仅如此，要清晰认识齐泽克意识形态的表征面庞，还离不开精神分析学中的"症候"概念。意识形态通过幻象的缝合，构造了一个被主体感知为一致性的社会。然而，由于穿越幻象的失败，我们不得不对幻象采取"症候式阅读"，即通过幻象这种形式来了解幻象的本质性内涵——恐怖的实在界。幻象本质上"什么都不是"，即幻象为空无，因而幻象的本质只能通过意识形态症候被表征出来。这样一来，我们既知道了意识形态幻象的表征内容——实在界之原质，又知道了它的表征方式——意识形态症候。齐泽克的意识形态思想也就获得了表征功能的意蕴。

最后，齐泽克意识形态理论具有重塑功能旨趣。从齐泽克意识形态的缝合时刻来看，缝合意味着主体的诞生。这是不是可以说，齐泽克的意识形态还

---

①　齐泽克引用马克·卡曾斯的"丑人"来讨论谢林的"丑陋之物"。其目的是要用丑人来隐喻实在界的恐怖，但齐泽克认为，这种恐怖却最为真实。参见[斯洛文尼亚]斯拉沃热·齐泽克：《自由的深渊》，王俊译，上海译文出版社2013年版，第35页。

具有第三重旨趣——意识形态的重塑功能？我们知道拉康对精神分析之终结做了一个界定，即"主体性贫困"（subjective destitution）。这就是说，主体不再把自己首先假定为主体，而是通过维护实在与现实之间的裂缝，消除自己的主体身份。"没有这种取消的姿态，就没有主体性"①。主体能不能成为主体关键就落在主体的再造过程。笛卡尔说"我思故我在"，就是要在思考着的我的反思中重新找到主体。齐泽克和笛卡尔构建主体的方式是一样的，就是要采用一种"无中生有"的方式来重塑主体。这里就出现了一个至关重要的节点，从无到有是怎么实现的？齐泽克的答案是：依赖否定性。齐泽克从黑格尔那里找到了灵感，他说："……在精神分析中，'否定'意味着主体将其存在的某些实质内容压抑到无意识之中，而'否定之否定'就是被压抑者的回归。"②主体通过清空实在之内容，以否定要否定的对象来确立自身。换言之，主体的"否定"是一种自我指涉。这就如同"没落时代"同时意味着"时代进步"那样，主体的自我否定正是建构主体自身的策略。因此，可以肯定地说，齐泽克意识形态思想具有重塑功能，它遵循一种"无中生有"的主体再造逻辑。

三、齐泽克意识形态功能思想界说

齐泽克的意识形态具有缝合、表征和重塑三重功能旨趣。但是，仅仅弄清楚齐泽克意识形态功能思想"是什么"并不足够，我们还需要考察齐泽克意识形态功能思想的"切入点""怎么样"以及"为什么"等问题，即弄清楚齐泽克意识形态功能思想的理论视角、基本素材和目的指向。

（一）齐泽克意识形态功能思想的理论视角

从卢卡奇开始，西方学者为恢复无产阶级的革命意识就在想尽办法挖掘

---

① ［斯洛文尼亚］斯拉沃热·齐泽克：《敏感的主体——政治本体论的缺席中心》，应奇等译，江苏人民出版社 2006 年版，第 35 页。

② ［斯洛文尼亚］斯拉沃热·齐泽克：《敏感的主体——政治本体论的缺席中心》，应奇等译，江苏人民出版社 2006 年版，第 86 页。

主体的心理动因,而从弗洛伊德自我、本我与超我到拉康想象、象征与真实一以贯之的理论主题正是心理意识主题,这也成为整个后现代主义理论的基点。佩里·安德森在探讨"后现代性的起源"时说:"用心理学术语可以这样说,由于服务经济的缘故,我们脱离生产和劳动的现实如此之远,以至于生活在人为刺激和电视体验所造就的梦幻世界中:绝没有先前文明里的那些对大的形而上问题的专注,不存在有关存在和生活意义这些基本问题,这一切显得那么遥远和毫无意义。"①安德森的阐释正好指出了齐泽克意识形态功能思想的理论视角——心理视角。齐泽克在《图绘意识形态》中借用拉康的话说,"你们有些人也许还记得,我们是以人类行为的一个特征开始的,这种特征由一个比较心理学的事实说明"②。这个事实正是拉康的"镜像阶段"。

拉康认为,6 个月大的婴儿事实上并不能认清镜中身体的碎片化形象。但是,6—18 个月期间,一旦镜像被婴儿掌握,这种行为马上会产生一系列动作上的反映:儿童开始模仿镜像,在模仿动作中,他顽皮地体验着镜像的虚运动与被反射的环境的关系,以及这个虚拟情结(virtual complex)与它复制的现实的关系,包括孩子自己的身体、外貌甚至其他临近事物。拉康的"镜像阶段"直白地表达了人类观念形成的心理机制,也更精妙地展现了齐泽克意识形态功能的形成原因。起初,儿童自我与镜像存在一定距离,两者间的对抗造成了天然的裂缝。只有当儿童设想某种映像发生在他身上的变化时,这种映像才被他认同和接受。在此,恰恰又是意识形态填补了裂缝,使孩子将自我与镜像体验为一致。意识形态完成自我与镜像的缝合功能。齐泽克还认为,意识形态的缝合意义更在于它揭示了一个力比多(libido)动因。换言之,推动意识形态发展的根本原因在于力比多,或者说是拉康说的"欲望"。由此看来,意识形态之所以能在镜像阶段完成缝合,本质在于"欲望动因"。意识形态不过是占据了"欲望动因"的位置。这样,意识形态就获得了表征欲望的可能

---

① 〔英〕佩里·安德森:《后现代性的起源》,紫辰、合章译,中国社会科学出版社 2008 年版,第 54 页。

② 〔斯洛文尼亚〕斯拉沃热·齐泽克等:《图绘意识形态》,方杰译,南京大学出版社 2002 年版,第 123 页。

性,并在最后实现孩子对自我形象的心理重塑。

弗洛伊德说:"如果一门心理学,它致力于探讨个人的先天倾向、本能冲动、动机和目的,直到他的行动以及他与他最亲密的人的关系,如果这样一门心理学完成了它的任务,澄清了与其相互联系的所有问题,那么它会突然发现,自己面临着一个新的尚未解决的任务——群体心理。"①如果说精神分析的起点是个体心理,那么他们的更大精力则放在了将个体心理推及社会。在谈及拉康欲望动因时,齐泽克说,欲望动因"不仅是个一直留到现在的问题,而且还是一个人类世界的本体论结构。这个本体论结构与我们对偏执狂知识的反思是一致的"②。很显然,在齐泽克那里,由个体心理而生的意识形态同样适用于社会心理。社会心理告诉我们,不要认为自我是以感知—意识—系统为中心的,或者是由"现实原则"组织起来的,这一原则不过是表达了科学主义对知识辩证法的强烈敌意和巨大偏见。在很大程度上,我们要从社会心理的结构中去理解被曲解了的自我,而那正是本我存在的地方。

现在我们可以通过回到勒庞的《群体心理学》来看齐泽克的意识形态功能思想。在勒庞那里,无论组成心理群体的个体是谁,他们都会被转变成一个群体。这一事实使得他们拥有一种集体心理(col-lective mind)。这种集体心理使得他们以完全不同于他们每一个人独处时的方式进行感觉、思维和行动。心理群体是由异质因素形成的暂时性存在,他们以重组的方式构成一种新的生命形式,而其局部又各具特色。社会意识形态将个体整合进群体,从而使得个体获得了本身不具有的群体特征。推动这一进程的依然是"潜意识"。现在我们可以来谈谈齐泽克激进政治行动策略的切入视角。齐泽克认为,个体与群体之间或者群体与群体之间存在隔阂,这种隔阂必须由意识形态来加以缝合,并进而使个体在社会意识形态的整体框架中获得身份定位。然而,要实现意识形态的社会整合功能,那就必定有联结他们的某种东西存在。这种东

① [奥地利]弗洛伊德:《弗洛伊德心理哲学》,杨韶刚等译,九州出版社2014年版,第26页。
② [斯洛文尼亚]斯拉沃热·齐泽克等:《图绘意识形态》,方杰译,南京大学出版社2002年版,第124页。

西正是齐泽克"说不清道不明"的崇高客体。崇高客体具有无性特征,它不过是群体对抗的缓冲,它实现了大写的革命行动的最高整合和支撑。群体心理的内在分裂催促群体不断进行革命,作为整合革命的霸权(掌握领导权)就成了政治行动的合理策略。这一原因直接解释了齐泽克政治行动观的激进策略。

通过想象向实在界的符号入侵,齐泽克持续遭遇实在界,不断地在写实与错觉之间摇摆。可以说,齐泽克通过拉康"三界说",在一定限度上模糊了个体心理与群体心理之间的理论界限。齐泽克采用一种剥离又返归的逻辑方式,把个体心理推及社会,批判现实与意识形态的二元对立状态,从主体维度揭示了意识形态功能的发生机制,强调了意识形态与社会现实的一致性和整体性。因此,齐泽克从个体与社会的心理视角切入意识形态功能的重大意义,就在于从原点上挖掘了意识形态功能的生成逻辑和条件,解释了意识形态功能在个体(个别)内部生成的正当性,确证了意识形态功能由个体推及社会的合理性,并最终完整地阐释了意识形态功能的发生机制。

(二)齐泽克意识形态功能思想的三个典型

诚然,齐泽克以心理视角切入意识形态功能,那齐泽克又会以何种"素材"分析意识形态功能呢? 从齐泽克已出版的著作来看,涉及的主题囊括了哲学、文化、政治、经济、意识形态、心理学等众多领域。总的来说,齐泽克思想体系的基本特征是以精神分析为范式,从经济、政治和文化三大领域来研究意识形态。这就是说,如果要从他的思想体系中提炼出具有典型性的案例来,就必然聚焦在经济、政治和文化领域。我们也确实能在这三个领域中发现他用以分析意识形态的经典类型。

在《意识形态的崇高客体》一书中,齐泽克借助于马克思的商品拜物教理论,展开了经济领域中的意识形态功能解析。他说,正如我们知道的那样,当思想意识到量的决定作用前,数量关系已存于货币运行之中。商品也是如此,表面上它取材于"不变实体",实际上却与自然属性背道而驰。我们在实际的商品交换当中,商品似乎越来越不依赖于物质实体,而是依赖于商品的本性。

但是,对于商品而言,它的"本性是一个假定,它是由有效的交换行为暗示出来的——换言之,商品的本性都是它'好像'(als ob)具有的性质"①。这就是说,我们知道商品与物质客体并无二致,但我们却认为它的本性是因崇高客体而得到保证。但是,"假定并没有忘记,这个崇高客体的假想性的存在是如何地依赖符号秩序(symbolic order):不可毁灭的、免于磨损和毁坏的'躯体之内的躯体',总是由某种程度的符号权威的保证来支撑的"②。在这里,人们把商品的物质性与其抽象性之间的分裂体验为一致性,向主体暗示了好像商品的本性就在它的物质性当中。这正是意识形态幻象在商品经济中的缝合作用,它把非一致性解释为整体。然而,我们并不能直接地从单个的商品交换行为中得到这一崇高客体。它唯一存在的位置是在商品交换这种形式当中,而不是存于内容。换言之,对于商品中的崇高客体而言,只能采取症候式阅读才能有所进步。是商品之形式暗示了商品之崇高,崇高蕴藏于商品形式之中,一旦忽视形式(即背离症候式阅读),我们就一无所获。就此而言,商品成了商品之崇高的意识形态表征。通过症候式阅读,我们还能发现,对于商品拜物教而言,它把商品身上原始的人与人之关系,降格为物与物之关系。而商品拜物教正是采用一种对人与人之关系的否定,让它依赖于物与物之关系的呈现效果,商品背后的人与人之关系才能得以重新建构。这与"主体性的贫困""无中生有"的逻辑完全一致,其结果正是商品的原始本性得以恢复。因此,意识形态的缝合、表征与重塑三大功能都能在商品拜物教之中发现身影。

齐泽克意识形态功能的第二类典范是政治领域中的集权主义。对此,齐泽克以《有人说过集权主义吗?》一书进行了专门论述。他说,"绿茶是抗氧化剂的天然资源,可以中和人体内一种被称作游离基的有害分子",这不正是可以说,"集权主义这一概念就是主要的意识形态抗氧化剂之一吗"?③ 齐泽克

---

① [斯洛文尼亚]斯拉沃热·齐泽克:《意识形态的崇高客体》,季广茂译,中央编译出版社2002年版,第24页。

② [斯洛文尼亚]斯拉沃热·齐泽克:《意识形态的崇高客体》,季广茂译,中央编译出版社2002年版,第25页。

③ [斯洛文尼亚]斯拉沃热·齐泽克:《有人说过集权主义吗?》,宋文伟、侯萍译,江苏人民出版社2005年版,第1页。

认为,集权主义以普遍性为旗帜,遮蔽了它对不平等的曲解,并从意识形态这个视点开始,遮蔽了现实中流行的"现实抽象"。换言之,集权主义正是采取了填补解构有机社会而留下的空隙,才获得其霸权地位。而保守主义者与后现代主义者共同拥有了这一特点。保守主义者在面对政治分裂时的共同呼声不正是对集权制式的呐喊吗?后现代主义以多样性解构有机社会,不正是在为集权主义开辟道路吗?因而,集权主义本身就是缝合分裂后的结果,只不过在这里,原因与结果倒置了。再来看看与集权主义"相对立"的自由主义吧。今天的自由主义强调解放、个性张扬,这就有了出版自由、言论自由等离散性的自由。然而,齐泽克认为,越是自由,就越集权。自由中的集权必须要采用症候式阅读才能发现。社会越是自由,社会中的矛盾就越发增加,自由不过是增加了社会内部之间的对立项。这样一来,社会越是对立,作为调停者的集权主义就越发的难能可贵。新自由主义正是声称"任何激进的解放政治计划都必定会以某种集权统治或控制的形式告终"①。换句话说,集权主义作为中介,调停了自由主义正在制造的社会分裂。集权主义成了一种权宜之计,如同饮鸩止渴一般。但是,我们并不能在自由主义中发现集权主义的影像,只有在用症候式阅读来窥测自由主义时,我们才能发现这一影像。新自由主义的那句经典台词不就是说自由的本质即为集权吗?这样来看,集权主义就成了自由主义的表征。当然,事情还要继续。自由主义起初对集权主义否定与抗拒,到最后却用集权主义来解救自身。这不得不说是自由主义的自我重塑。它以更隐蔽也更滑稽的集权式逻辑,锻造了一种自由的伪态。从社会分裂开始,到中介的调停,再到认同集权的症候,最后实现集权主义,不正是分裂—缝合—表征—重塑的逻辑吗?因此,在集权主义那里,依然能够找到齐泽克意识形态的缝合、表征与重塑三大功能。

　　再来看看齐泽克意识形态功能的第三类典范——大众文化。要探寻齐泽克意识形态功能在大众文化中的作用,需要我们把大众文化这一宏大叙事,离

---

① [斯洛文尼亚]斯拉沃热·齐泽克:《有人说过集权主义吗?》,宋文伟、侯萍译,江苏人民出版社 2005 年版,第 5 页。

散为三个次级问题:如何看待高雅文化、低俗文化与大众文化之间的相互关系? 齐泽克的大众文化体现了什么? 齐泽克建构了一种什么样的大众文化? 首先,拉康对婴儿镜像阶段的解读认为,主体完成镜像之旅后,主体的欲望开始从最初的低级"需要"转变为高级"要求"。齐泽克认为,这同样适用于文化领域。在高低文化间进行互文性解释,可以在同一文本身上获得不同的理解。换言之,高雅艺术与低俗文化之间,是一种互动的关系。齐泽克认为,高雅艺术的自我构建是失败的,它只能通过低俗文化的迂回来反射性地构建自身。低俗文化亦如此。从根本上来说,齐泽克试图改变高雅文化与低俗文化之间的主客体关系,把主客体关系置换成主体间关系,置换的结果则是大众文化的产生。大众文化缝合了高雅艺术与通俗文化之间的裂缝,不再把文化理解为对立,而是互动。其次,我们再来看看齐泽克对"泰坦尼克号"事件的解读。他认为,泰坦尼克号事件的冲击力,不在于其物质力量,而在于其符号性。"它被当作一个'符号'来解读,当作日益接近的欧洲文明大灾难的浓缩了的隐喻性再现来解读。"①换言之,事件背后是一个"神秘的支撑",而泰坦尼克号的文化视点就是整个欧洲文明。因此,在齐泽克看来,大众文化并非文化本身,而是对不同时代和文明的症候式反映。我们只有对大众文化进行症候式解读,才能发现大众文化形式背后所蕴藏的某物。更明确地说,大众文化(无论是高雅的还是通俗的)是主体更高的"要求",是不同文明的症候式表征。最后,齐泽克的大众文化实现了文化上的"否定之否定"。他认为,不同文明间的文化都具有一个排他的"原质",即文化上的异质因素。但这并不拒绝文化上的融合,异质因素的存在反而是必须的。A 的成立必定以对抗非 A 为前提。这就再次回到"自我指涉"上来。因此,可以这样来看齐泽克的大众文化,它是一种依赖否定性的存在而确立自身的文化形式。就此,我们就回答了刚开始离散的三个次级问题,也正是对这三个问题的回答,体现了齐泽克文化领域中存在的意识形态缝合、表征和重塑三大功能。当然,齐泽克意识形态功

① [斯洛文尼亚]斯拉沃热·齐泽克:《意识形态的崇高客体》,季广茂译,中央编译出版社2002年版,第99页。

能在三大领域中的解析,并非三言两语就能解释清楚,其内容上的广博与逻辑上的复杂性必须要以更为全面的方式来探究。这就为笔者以后的研究留下了更为艰巨的任务。

(三)齐泽克意识形态功能思想的目标指向

齐泽克致力于资本主义经济、政治、文化的全面批判,那么,齐泽克的批判到底意欲何为? 在弄清楚齐泽克意识形态功能思想"是什么""怎么样"的同时,更要清楚齐泽克"为什么"批判,即弄清楚齐泽克批判的目标指向何在。

东欧社会主义的失败与苏联的解体被资本主义社会解释为社会主义的全面崩溃,资本主义社会所倡导的现代性被误解为现代社会的宰制性力量。然而,齐泽克却在《敏感的主体——政治本体论的缺席中心》一书中说,"把全球资本当作无条件的真实会忽视自然现实,(这样一来)也就会无情地藐视和毁灭具体的生活世界,从而威胁着人性幸存的残余"[1]。鉴于此,西方左派理论家借用不同资源、融合各派理论,倡导"抵抗政治",试图在艰难中突围。他们试图通过"去政治化"的策略来消除源于他者的压迫。温蒂·布朗就在其《伤害的状态》(*States of Injury*)一书中明确地说,要想去除现代社会的伤害状态,那么"女人可以想象没有男人,美国黑人可以想象没有白人,而工人可以想象没有资本家"[2]。"抵抗政治"的斗争逻辑十分明确:面对现代性的宰制性力量,他们采取直接"去政治化"的策略与之对抗。但是,齐泽克却并不主张简单的"抵抗政治"。他认为,一种合理的政治策略"永远不存在脱离内容的纯粹形式,或永远不存在脱离了具体内容的普遍性,也永远不存在脱离历史特殊性的普遍历史性"[3]。后现代"抵抗政治"的错误就在于他们抛弃了政治的经济基础支撑,把当代政治建立在虚空能指的基础上,把政治看成是先验的,也是经

---

[1]　Slavoj Zizek, *The Ticklish Subject*: *The Absent Centre of Political Ontology*, London and New York: Verso, 2008, p.27.

[2]　Brown Wendy, *States of Injury*, Sanford, CA: Stanford UP, 1996, p.36.

[3]　孔明安:《普遍性问题与后现代政治学的困境——兼论齐泽克对拉克劳普遍性概念的批判》,《哲学研究》2012 年第 7 期。

验的产物。因此,在齐泽克的政治观念中,"抵抗政治"并非一种完全合理的政治策略。我们已经可以初步地看到齐泽克意识形态功能思想指向政治的苗头,只不过在采取何种政治策略之间批判和摇摆不定。齐泽克在评价《敏感的主体——政治本体论的缺席中心》时就说,该书"首先是一种论战性的政治干预,提出了我们如何在一个全球资本主义及其意识形态的补充,即自由民主的文化多元主义的时代重构一种左翼的反资本主义的政治谋划这一棘手问题"①。

现在,我们需要通过三个步骤来勘定齐泽克的政治观。

其一,齐泽克通过对"对抗"概念的"反对抗化"解释,对当代政治观念做了调和性的政治谋划。一方面,"抵抗政治"试图反对政治的经济本质,绕开经济对政治的限定。齐泽克也认为,经济与政治之间的内生性对抗必然造成经济与政治之间的异质。另一方面,齐泽克认为,经济与政治作为两种异质的"主人能指",两者之间的对抗是可以通过"主人能指"的剩余意义来完成幻象性缝合并达至完满状态。即是说,社会意识形态对"对抗"的幻象性认同实现了经济与政治从"对抗"到"反对抗"的扭转。齐泽克的"崇高客体"这一概念恰恰就是"认同"与"反对抗"的另一种表达。齐泽克认为,面对当代"抵抗政治"的革命性话语以及所谓的批评性实践,我们恰恰需要的是"反革命"。他一再强调,我们不应去质疑共产主义在当代的现实意义,而应该去考察和分析作为政治实践工具的共产主义在今天出现了什么困境。为此,齐泽克说,"我们不应梦想革命在别的什么地方存在。相反,关于过去,关于今日世界之左翼运动,我们必须持无情的批判态度"②。可以看到,齐泽克在坚持对抗性政治事件的同时,又对刚性"抵抗政治"策略做了柔性处理,企图对不同政治观念进行调和。

其二,齐泽克通过拉康精神分析理论中"对象a"③和"症候"两个概念,重

---

① [斯洛文尼亚]斯拉沃热·齐泽克:《敏感的主体——政治本体论的缺席中心》,应奇等译,江苏人民出版社 2006 年版,"导论"第 4—5 页。

② [斯洛文尼亚]齐泽克:《今天作为一个革命者意味着什么?》(齐泽克在伦敦马克思主义大会上的发言),2009 年 7 月。

③ 拉康的"对象a"(object a)是一个悖论性客体,既是主体内在的东西,又是主体外在的事物。值得注意的是,这个 a 必须为小写且为斜体。小写代表它只是一个阴影,斜体代表它始终受到想象的歪曲。

新规定了经济在现代资本主义政治中的地位。齐泽克认为,经济就是一个令人难以捉摸的"对象a",它标志着自身与"身外之物"的一种间距,同时它也支撑着"身外之物"。如果说在拉康精神分析理论中,"对象a"规定了一切,那么在齐泽克的政治观念中,经济就规定了政治。由此,齐泽克得出结论:经济是政治斗争的动因。同时,齐泽克认为,"政治存在"根源于"经济并非一切"。经济领域与政治领域的斗争是两个不同的"主人能指"。不同"主人能指"的缝合式显现就是齐泽克所谓的"症候式表达"。"主人能指"的缝合是神秘的,它只能通过"症候式表达"才能显现不同"主人能指"的剩余意义。齐泽克通过设定意识形态缝合功能的动因——"对象a"和表征功能的显现方式——"症候",锚定了经济在现代政治中的基础地位。

其三,齐泽克通过对革命主体的欲望化阐释,重塑了一种安提戈涅式的欲望政治观。从拉康《精神分析的伦理学》对古希腊悲剧"安提戈涅"的分析来看,到底是克瑞翁还是安提戈涅代表了革命的一方,我们会得出摇摆不定的答案。但是,可以肯定的是两者都在为正义而战,只不过克瑞翁是从城邦秩序出发来维护城邦正义,而安提戈涅则从心理欲望出发自愿为城邦正义牺牲。在齐泽克看来,表面上是国王克瑞翁按照城邦法律赋予安提戈涅罪责,但是实际上,安提戈涅早在内心欲望层面已经把自己看成城邦正义的污染者,因而坦然赴死。推动安提戈涅牺牲的正是拉康所谓的"死亡驱力"。即,作为革命主体的安提戈涅遵从的是心理秩序而非城邦秩序,而心理秩序的依据恰恰源于主体欲望。安提戈涅的自我心理定罪赋予了城邦正义的合理性。因此,克瑞翁作为城邦话语秩序的代表,他维护城邦正义的真正依据是来自安提戈涅的欲望动因。但是,安提戈涅破坏了城邦秩序,她作为城邦秩序的污点而被排除在政治秩序之外。正是通过排除污点,城邦秩序得以加固。可以看到,齐泽克通过对"安提戈涅"的欲望化阐释,试图抛弃政治的社会历史化阐释,虚化政治的经济动因;他转而求助于心理欲望的历史化解释,用拉康的"对象a"置换经济动因,试图重塑一种新的政治观——欲望政治观。

现在我们可以清晰地看到齐泽克意识形态功能思想的演进逻辑。齐泽克以拉康精神分析为理论工具,以心理——个体心理和群体心理——为视角,从经济领域的商品拜物教、政治领域的集权主义和文化领域的大众文化中挖掘素材,试图揭示意识形态缝合、表征和重塑三大功能的发生机制,并将其运用于当代政治实践。在政治话语分析与政治观念批判中,齐泽克意识形态功能思想的目标取向直指安提戈涅式的欲望政治。

第二章　齐泽克意识形态功能
思想的构建基础

阻碍意识形态功能有效发挥的因素,既有理论障碍,也有现实挑战。为满足时代发展的要求,必须积极应答意识形态功能发挥失常的难题。齐泽克着眼于时代发展、反思时代问题,借用不同学科、不同理论,挖掘实践行为的心理元素,试图在揭示各种意识形态的内在局限与矛盾的同时,构建独具特色的齐式意识形态功能思想。因此,齐泽克意识形态功能思想是理论与实践、历史与现实以及不同学科资源相结合的综合表现。可以说,要准确把握齐泽克意识形态的各种功能及其独特的内在结构,必须廓清齐泽克意识形态功能思想的理论与实践基础。

一、齐泽克意识形态功能思想的哲学基础

西方后工业社会的一些理论家在无视意识形态的现实有效性的同时,也在逐步解构意识形态的哲学基础,齐泽克对此展开了无情的批判。国内学者对齐泽克哲学思想表现出极大兴趣,不仅因为它声势浩大,也因为它的独特与新颖,这也恰恰是齐泽克意识形态功能思想的构建基础之一。格里芬在《超越解构:建设性后现代哲学的奠基者》导论中说:"当前,至少有两种完全不同的哲学类型被称为是'后现代的'(postmodern)。在一种类型中,偏重的是解构(deconstruction);而在另一种类型中,尽管也施行了很多解构,但偏重的则是建构(construction)。后一种类型的后现代主义一直被正式地称为'重构性

的'(reconstructive)以便更清楚地表明预设了一种解构性的要素。"①齐泽克就属于后者。

(一)同一性的张力:特殊性、普遍性与具体普遍性

齐泽克的意识形态缝合功能定义了意识形态询唤的幻觉——大他者总是已经在看着我们、招呼我们的幻觉——的中心对称对应物(inverse-symmetrical counterpoint)。但是,齐泽克指出:"我们并没有注意到,正是因为在回溯中将偶然性逆转为必然性,我们才'自发地'认为大他者(上帝、祖国等等)已经选择我们作为它的接受者:并不是因为我们被选择为召唤的接受者,是因为我们在其中认出了自己——识别的偶然行为反过来制造了自己的必然性。"②大他者依靠特殊性(偶然性)与普遍性(必然性)之间的逆转保障了意识形态缝合功能的实现,使主体最终体验到世界的一致性。那么,意识形态大他者超越特殊性与普遍性之间的外在关系,超越偶然条件和概念内在之间的关系,是怎样实现的呢? 齐泽克给出了这样的答案:"通过把概念设想为目的论的必然性,它渗透于内在逻辑并调节条件的明显的外在集合,这就与通常的观点相一致:在'辩证法'中,必然性通过偶然的集合实现自身。"③

1. 特殊性

齐泽克借用格雷马斯式的"符号矩阵"说明了普遍性是如何源于特殊的偶然性,如图 3 所示。

主语和谓项之间的关系被齐泽克定义为不可能性的范畴,对特殊性的反思判断实现了主语和谓项广泛一致的可能性,只不过普遍可能性在根本上依赖偶然性。在拉康精神分析"三界说"中,不可能性的地位正是实在的,而普遍可能的或必然的是象征性的,想象是"可能"的事物领域,征兆对想象、象征

---

① [美]大卫·雷·格里芬等:《超越解构:建设性后现代哲学的奠基者》,鲍世斌等译,中央编译出版社 2002 年版,第 1 页。
② [斯洛文尼亚]斯拉沃热·齐泽克编:《不敢问希区柯克的,就问拉康吧》,穆青译,上海人民出版社 2007 年版,第 228 页。
③ [斯洛文尼亚]斯拉沃热·齐泽克:《因为他们并不知道他们所做的——政治因素的享乐》,郭英剑等译,江苏人民出版社 2007 年版,第 154 页。

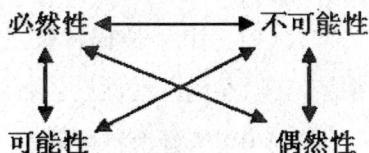

图 3

和实在三个向度的联结和浮现却又完全偶然。我们头脑中出现的伟大的历史人物——拿破仑,法国革命从共和形式转向个人专政的进程将必然性引入自身的内在逻辑,仿佛拿破仑正是那样的个人的必然性。在齐泽克看来,必然性只不过恰好在拿破仑身上实现了这个必然性的真身,而实现的过程却由一系列偶然的、特殊的条件来保障。偶然性并不与必然性相对,必然性不过是自身及其对立面的包含性的统一体。换言之,作为结果的必然性恰恰形成于一系列偶然的外在条件,这些偶然性从最后结果的角度反思性地被视为必然性。要理解普遍性是如何源于特殊的偶然性,只是关于作为主体的实体主旨的一种变体。只要偶然性蜕变成深层必然的表现形式,我们就仍旧停留在物质层面——实体必然性。相反,只有从实体必然性的自身反思与追溯进行考察,我们才能理解普遍性是如何源于特殊性。因此,必然性只是一个关于偶然性的拼凑物如何把最初条件转码为自我复制的内在的必然环节的结果,因为必然性的实现是极其偶然的。

偶然性对必然性的突破展示了主体对偶然性的“误认”。齐泽克借用芭芭拉·约翰逊(Barbara Johnson)的话说,正如“一封信总是抵达它的目的地,因为它的目的地就是它所达到的任何一个地方”[1],一个人将自身误认为意识形态召唤之对象。当主体把自身误认为意识形态大他者(国家、上帝等)召唤的对象时,主体就自动地误认为自身已经成为大他者。但是,齐泽克指出,主体将自身误认为意识形态召唤之对象本身就极其偶然,主体误认的事情不过是将偶然性纳入历史必然的框架,并让主体体验到最彻底的必然性。

---

① 转引自[斯洛文尼亚]斯拉沃热·齐泽克:《享受你的症状——好莱坞内外的拉康》,尉光吉译,南京大学出版社 2014 年版,第 17 页。

为此,齐泽克说偶然性具有决定作用。在《一千零一夜》中,主人公极为偶然地走进了一个沙漠洞穴,洞中三个年长智者被主人公的突然闯入惊醒。于是智者说道:"你终于来了,我们在此等候你已三百年。"仿佛看似偶然的事情背后却被必然"命定"。这种"命定"是由符号网络中的位置和占据该位置的偶然因素之间的一种短路造成的。无论何方神圣,只要它发现自己处于结果的位置,它就成了必然。因为必然性不是由其肯定的性质决定的,而是由它发现自己处于必然位置的极其偶然的事实决定的。精神分析理论总是通过对偶然性的遭遇来表达自身的必然性。在此,偶然性成了那个构成必然性的总体框架的内容,必然性作为总体框架,它以偶然性部分为内容。必然性总是阐释性的,它通过掩盖作为内容的偶然性,力求使框架保持可见轮廓。相反,精神分析的不可思议的力量恰恰是还原必然性的根本偶然的成因,让在封闭意义系统中追求日常生活的主体遭遇一个毫无意义的偶然细节,而它正是主体体验到的肯定意义的根本的、偶然性的来源。即偶然性决定了必然性。当然,偶然性对必然性的决定并非一蹴而就,而是通过不断重复这一逆转才得以实现。"历史包含着未来,包含着我们革命行动的未来,借助于重复,它能够回溯性地重获过去"①。在线性"时间流域",过去总是被压抑的,在单子的偶然断续时刻出现的正是现在对过去的直接回响。对单子偶然断续时刻的重复,过去的历史运动被置于必然性的括号之内。因此,齐泽克说,革命实现了"老虎跳进过去"是因为在革命中重复自己的过去"来自未来"。总的来说,主体将作为起源的偶然性误认为必然性,又通过对这一行动的不断重复,齐泽克实现了从特殊性到普遍性的转换。

2. 普遍性

在齐泽克那里,无论如何普遍之物都将内在地分裂为特殊之物,只不过它以自身的反思行动将特殊误认为普遍,从而把偶然因素囊括在内。全球化的精确意义是后政治逻辑现象的名称,它的悖论在于:"没有政治的诉讼,'没有

---

① [斯洛文尼亚]斯拉沃热·齐泽克:《意识形态的崇高客体》,季广茂译,中央编译出版社2002年版,第191页。

部分的部分'以及作为普遍性替代物而提供或展示自身的脱节的实体之过程,也就没有普遍性本身。"①后政治程序拉开的序幕正是政治化的姿态。尽管非裔美国失业者的诸多困难可以被叙写为最特殊的特征,被关注的主体无一不在某种程度上感到特殊处境的正义。肯定某件事"出差错",又把特殊"错误"转换为"普遍错误"的替代物,普遍性被暴露于一系列特定不正义中的特定个体。因此,对于普遍性来说,存在和定位的唯一方式是在其对立面的幌子下,作为过渡"非理性"念头而出现。显然,只有返归到特殊性场景中,我们才能重新锚定普遍性。

　　然而,齐泽克并非完全张扬特殊性而将普遍性抛之脑后。齐泽克指出,无论左派还是右派都有自己悬置政治的方式,我们应该在尊重特殊性对立的同时,保留普遍性的位置。"右派悬置"承认对政治的侵犯,但是通过参照某些更高的国家利益使其正当化,把先前的政治侵犯看成是为国家至善所作的痛苦的必要牺牲;"左派悬置"认为激进的政治方式是社会生活的特征,认为对特殊性的必要偏袒是有效普遍性的唯一方式。显而易见,右翼政治逻辑是要为普遍性牺牲特殊性,而齐泽克更青睐左翼政治逻辑。他说,左翼的"接受"行为将对立的特殊性看成是内在于普遍性本身,也就是说,只有普遍性本身分裂为相互对立的特殊性,左翼的观点才变得可能。右翼为普遍性牺牲特殊性的逻辑仅仅停留在普遍性的表层结构,所以右翼为获得普遍性而绝对排斥特殊性。但是,普遍性的内在结构却显示了特殊性的部分,在普遍性的内在结构上展现了特殊性与普遍性的共生关系。因此,"可以微弱地宣称(并且认同)内在排除/排斥点,具体肯定秩序的对立面,作为真实普遍性的唯一点"②。

　　但是,普遍性的结构远比它看上去的样子复杂得多。齐泽克追随拉康实在、想象和符号的三位一体结构,将普遍性划分为"真实普遍性""虚构普遍性"和"理性普遍性"三个层次。"真实普遍性"意在将主体命运置于全球市场

---

　　①　[斯洛文尼亚]斯拉沃热·齐泽克:《敏感的主体——政治本体论的缺席中心》,应奇等译,江苏人民出版社 2006 年版,第 229 页。

　　②　[斯洛文尼亚]斯拉沃热·齐泽克:《敏感的主体——政治本体论的缺席中心》,应奇等译,江苏人民出版社 2006 年版,第 254 页。

关系的复杂网络境遇之中;"虚构普遍性"重在规定意识形态霸权,它允许主体与社会团体保持一定距离的同时,把自身作为自由主体;"理性普遍性"主要体现行动需求,是一种过量,它推动对现存符号秩序(真实普遍性)的永恒反抗。显然,"真实普遍性"是偶然性的突破场域,它依赖主体对"理想普遍性"的内在渴望来推动偶然性突破必然性,最后又以"虚构普遍"即意识形态大他者的综合作用使偶然性被缝合进必然的框架。因此,普遍性的三个层次从来都不是稳定、固定的,恰恰相反,它们是逻辑互动的。在此,我们涉及的正是齐泽克独具特色的"具体普遍性"。

3. 具体普遍性

语言学之语法的巨大作用是揭示并使我们明白:在其他方面要遵守的普遍规则,仍然需要一种特殊的例外,即普遍性与特殊性是相辅相成的。齐泽克总结说,有关普遍性与特殊内容的关系存在三种主要的说法:一是中立的普遍性对特殊内容的漠视,如笛卡尔的我思;二是马克思主义的或批判意识形态的"症候"解读;三是拉克劳所说的普遍性是空的,它总是被偶然的、特殊的内容填充和支配。就第一种说法而言,我思仍然是一种未完成方案,它总是排斥社会历史中的特殊物质,它的结局不会被彻底思考,直至结束。齐泽克认为第二种说法发现了普遍性之下暗含的特殊性,提倡消除特殊差别的普遍化姿态。因此,特殊性和普遍性并非中立,而是代表两种不同模式。拉克劳的说法将大量特殊内容和霸权之间的斗争置于普遍性这个战场。拉克劳允许普遍性先天无内容,其内在的所有积极内容都是霸权斗争的偶然性结果。因此,拉克劳指出,必须"从马克思主义的本质主义转向对社会行动者和它的'任务'之间偶然的、比喻的、隐喻性的—换喻性的联系的'后现代主义'认知"[①]。拉克劳的政治行动与实际任务之间并无直接联系,相反,两者之间的直接联系完全依赖于偶然成因。拉克劳的霸权逻辑正是齐泽克"具体普遍性"的基本雏形。

齐泽克说,"拉克劳的霸权概念事实上接近于黑格尔的'具体普遍性'概

---

① [美]朱迪斯·巴特勒、[英]欧内斯特·拉克劳、[斯洛文尼亚]斯拉沃热·齐泽克:《偶然性、霸权和普遍性——关于左派的当代对话》,胡大平等译,江苏人民出版社2003年版,第94页。

念,在其中特别的差别与构成类自身的差异发生重叠;而在拉克劳的霸权中,在社会和它的外部限制,即非社会(社会联系的瓦解)之间对抗性的鸿沟被绘制到一个社会内结构差别上"①。在此我们要清楚地说明黑格尔"具体普遍性"的两层含义。黑格尔"具体普遍性"的一层含义是说,普遍性与特殊性的关系如同类和它的亚种之间的关系,亚种始终是否定类的普遍特点的要素。当我们坚称特殊性作为普遍性的切点时,普遍性就开始以这个切点为基建立自身。黑格尔"具体普遍性"的另一层含义是说,普遍性并非特殊性的中立结构,而是与特殊性相分离并在特殊性的伪装下肯定自身的。每一种普遍性都将以一种特殊的方式被扰乱,所以普遍性被特殊性否定、回转、摆脱。因此,在齐泽克看来,总体包含多个个体,而具体的个体又总是反对总体;普遍包含多个特殊,而特殊又总是反对普遍。

有了特殊事例对普遍性空无的填充,"普遍性是'具体的',它是特殊形态的结构,这正是因为它永远不能获得一种适应其概念的形态"②。普遍性的空无正是意识形态大他者,具体普遍性通过伪装成操纵社会的大他者获得了积极的存在形态,将社会不可能的完满性在意识形态领域扭曲地再现——客观化。当社会不可能的完满性(特殊性)在肯定的必然的要素(普遍性)中再现,先前的不可能性便被隐藏。特殊性与普遍性之间的回返和轮换形成一种新的结构形态——"具体普遍性",它综合了特殊性与普遍性,在两者之间保持适当的张力,这便是意识形态缝合功能基本的哲学逻辑。

(二)欲望意识形态:精神分析中的现象与本质

齐泽克的意识形态表征功能思想试图揭示自体与他人之间关系的精神表象(或表征,mental representations)。他认为,个体自身的冲动与诉求被内在客

---

① [美]朱迪斯·巴特勒、[英]欧内斯特·拉克劳、[斯洛文尼亚]斯拉沃热·齐泽克:《偶然性、霸权和普遍性——关于左派的当代对话》,胡大平等译,江苏人民出版社2003年版,第98页。

② [斯洛文尼亚]斯拉沃热·齐泽克:《敏感的主体——政治本体论的缺席中心》,应奇等译,江苏人民出版社2006年版,第117页。

体所修饰,而不仅仅是体验外部符号世界的忠实复制品。在齐泽克那里,内在客体被看成是一种心理存在,它远不止精神表象那么简单,更确切地说,它是一个无比活跃且充满了原始魔力的独立角色。正如米尔顿等人所言:"内在客体的形成,部分地来源于外在关系体验的内化,反过来,它们随后又会影响我们体验外在关系的方式。"①意识形态表征的过程与内在客体的作用密切相关,在这里,符号化的现象世界被齐泽克转化为内在的心理本质。

1."意义——事件的纯粹表面"

德勒兹在《意义的逻辑》中力图把物与词分开,一面朝向物质实体,另一面朝向语言(或者纯粹的意义之流)。同样地,林奇的世界基本上就是由身体的深度器官对表皮的不断侵犯——内在与符号秩序之间的张力来构建。齐泽克和林奇、德勒兹一道把焦点置于词——意义领域,认为纯粹的意义系统是物质世界异质性的结果,它是与物质肉身完全不同的符号化结果。不难发现,他们都试图把现象从实在中解救出来,并将之归于意义之流,从而构造出一个独立的层次——意义系统。正如齐泽克所言,"对象仅仅由它们的性质、这样存在来规定,而与它们的真实存在或者甚至它们的可能性无关——在某种意义上,它们从现实中'飞出来'了"②。在此,齐泽克从身体机器、现实事件中抽离出意义系统(或意识形态系统),把人的情感从物质肉身中剥离出来。我们与之打交道的大众文化不正是把全部一致性都集中在那个幽灵般的表面吗?它是一系列脱离了实体支撑的纯粹事件——结果,即现象。

黑格尔在《实在哲学》(*Realphilosophie*)中说,人就是空洞的虚无,它在它的简单性当中包含着诸多表象和图像,尽管它还没有被直接地显现或到场。③就物与言词之间的关系而言,齐泽克认为言词从颜色、形状、价值等来谈论物是对物的肢解,它把经验的有机世界还原为符号,从而导致了物的死亡。物通过言词的象征化命名确保了物成为在场的缺席。换言之,现实是被虚构出来

---

① [英]米尔顿等:《精神分析导论》,施琪嘉等译,中国轻工业出版社 2005 年版,第 41 页。
② [斯洛文尼亚]斯拉沃热·齐泽克:《快感大转移——妇女和因果性六论》,胡大平等译,江苏人民出版社 2004 年版,第 159 页。
③ Donald Phillip Verene, *Hegel's Reollection*, Albany:Suny Press,1985,pp. 7-8.

的。"虚构征服现实的这一颠倒毋宁证明了我们所谓的'现实'的固有的存在论空无"①。因此,主体对世界的体验只有通过符号虚构的指涉才能获得存在的一致性。符号秩序(或意义系统)成了人的物质肉身联系内在客体的唯一通道。因此,现实受制于纯粹的意义系统。从人与其情感来说,情感是身体机器的结果,但它同样也是一种情感结果意义上的结果,同样是本质外露的现象,这个结果同样具有自己的本真性和自主性。值得继续追问的是,作为现象的意识形态的本真性到底为何?

2."描述主义与反描述主义"

"无论是描述主义还是反描述主义,它们都意在获得一套有关指涉功能的一般理论"②。因此,两者的基本问题是如何指示它们示意的客体。齐泽克认为,描述主义在逻辑上确定了内涵对外延的优先性,例如"杯子"意为杯子,原因是杯子具有"杯子"一词所包含的意义;而反描述主义则用"原初命名"这一行动来解释能指与所指之间的衔接,例如杯子之所以为"杯子",原因是它已经对"杯子"完成了原初命名,即使原初命名被证明是一次错误行动,词与物之间的衔接依然会被保留下去。然而,就描述主义来看,即使考古学家发现了一种动物化石,它满足有关麒麟神话的一切条件,我们依然不能说麒麟曾经存在;而就反描述主义来说,即使一种实体具有归之于黄金的一切标志,它也不是黄金,因为它毕竟不是黄金那种东西。因此,齐泽克认为,描述主义在原创词的意义的同时,丧失了凌驾于一切词(意义、意识形态等)之上的大他者;反描述主义通过"原初命名"行动来描绘意义与现实之间的因果关联,却忽视了内在的客体成因。

齐泽克说,与描述主义和反描述主义生死攸关的恰恰是"满足欲望"的方式。即使一个客体具有意识形态幻象化的欲望客体的全部特征,我们依然对此感到失望,因为它毕竟不是欲望的实际指涉。那么什么东西能综合描述主

---

① [斯洛文尼亚]斯拉沃热·齐泽克:《享受你的症状——好莱坞内外的拉康》,尉光吉译,南京大学出版社2014年版,第72页。

② [斯洛文尼亚]斯拉沃热·齐泽克:《意识形态的崇高客体》,季广茂译,中央编译出版社2002年版,第126页。

义和反描述主义呢？精神分析理论选择了带有力比多内容的欲望客体。言词描述系统仅仅是对物的抽象化、意识形态化，然而意识形态不过是事物自身本真性的外显现象。无论是描述主义还是反描述主义都必然要去揭示被描述客体的欲望本真。能赋予现象客体同一性的唯一方式是，被描述的客体被捆绑在同一能指上，它构成了客体同一性的内核。主体为避免遭到原始欲望的威胁，就会通过言词描述搭建的外在意识形态系统来封住内在的欲望本质，防止实在界的入侵。意识形态作为症候式表达欲望的现象，无论如何都将欲望置于意识形态的本质地位。显而易见，齐泽克认为作为表象的意识形态的本质就是内在的欲望客体，意识形态是对欲望客体的表征和反应。那么，我们是否能用"现象反映本质"的观点来简单地理解齐泽克呢？答案是否定的。

3."拯救表象"

齐泽克指出，赛博空间打开了无穷开放的表象空间，相反，它也正好掩盖了对内在本质的极端囚禁。在电影《X档案》中，并不能清楚地回答是外星人还是政府代理人正在干扰我们的日常生活。答案必须设定为开放性的，因为一旦得知入侵日常生活的真正局势——外星人入侵或者政府代理人利用外星人入侵来加强控制力——整个《X档案》构建的符号宇宙就将面临解体或崩溃。这就意味着作为符号权威的意识形态从来不能去考察它的肯定内核，它只能作为一个宣称其全部力量的症候才具有有效性。换言之，意识形态从来不允许欲望客体的直接入侵，欲望必须被悬置。如此一来，欲望只能被隐性地铭刻在符号网络的位置，由符号网络症候式地担保欲望的缺席存在。在此，我们得到了齐泽克（或者扩大范围来说是精神分析理论）的一个悖论性结论：表象以欲望为内核，但在占有欲望本质的同时又将失去它。

在这里，"失去欲望内核"是至关重要的。黑格尔说，当信仰失效时，维持信仰的表象存在就显得至关重要。齐泽克指出，"唯一可以拯救表象的方式就是你自己要承认你的罪行"。欲望作为意识形态的支撑，它被意识形态召唤来牺牲自己以拯救无能为力的表象，从而使"大他者并不存在"这个事实得以继续被掩盖。"得到欲望内核"是作为现象的符号秩序向本质力量的过渡和转移,而"失去欲望内核"是本质力量向符号秩序的撤退。我们可以说,意识形态为获得牢固根基需要欲望内核为支撑,同样,为了意识形态符号秩序的表象存在我们又必须失去它。在此,作为本质的欲望内核和作为现象的意识形态两者间的转移与撤退发生了巧妙的重合。总的来说,齐泽克认为我们并不能单纯地用"现象反映本质"的观点来说明意识形态表征功能的要点,我们必须在现象中理解本质,又在本质中探讨现象,在两者的互动阐释中挖掘意识形态表征的快感。有学者认为,齐泽克的意识形态是反本质主义的,认为齐泽克在现象和本质之间所做的转换最后把空当成了意识形态的内核,从而抛弃了意识形态本质论。但是,与其说齐泽克抛弃了本质,不如说齐泽克需要意识形态的无性本质。

(三)否定量的回溯:肯定与否定的辩证逻辑

迪特·亨里希(Dieter Henrich)所谓的"自我反思"极力将"我"划分成主体的我和对象的我。一旦我们承认这一事实,就需要摆脱这样一个困境:我在自我反思行动中并没有清晰地呈现自我反思的内在结构。自我反思的结构性阐释的缺失必然导致主体的我和对象的我的模糊同一。如此一来,要么意识形态的自我反思成为多余,要么摧毁并重塑现有的意识形态观念。因此,阐释自我反思的内在结构就显得十分必要。齐泽克认为,意识形态从来就是反思性的,它必须在肯定与对立面的结构性作用下完成"否定之否定"的逻辑重塑。

首先,齐泽克认为,被经验为"现实"的意识形态的肯定性是被一个过程虚构性地构建的。按照拉康的术语,意识形态必须是从实在到象征的过渡中被表达的。前文已经清楚地说明了齐泽克的意识形态是现象世界或者符号世界,它在以内在的欲望实在界为支撑的同时又必定将其抛诸脑后。因此,意识形态必须通过平衡实在界与象征界之间的对抗来维持自身的存在。齐泽克在谈及谢林的"开端问题"时说:"在恰当的开端处存在着一种决断,一种决定行为,通过区分过去和现在,决断的决定行为解决了先前本能之旋转运动的不能忍受的张力:真正的开端是从'封闭的'旋转运动到'开放的'进步,从本能到欲望的道路……"①按照齐泽克的观点,我们必然把经验的意识形态理解为一条动态道路,它并非在实在界与象征界之间存在一个用以标志意识形态开端的零界点。真正赋予意识形态肯定性的恰恰是从实在界到象征界的转码过程。因此,赋予了意识形态肯定性的正是平衡实在与象征之对抗的过程。但是,齐泽克认为,意识形态的肯定性力量需要作为唯一根据的另一力量为背景才能肯定自身。可以说,意识形态的一切肯定性力量都是对自身的肯定,那么在自身的肯定性之外存在的另一力量就被齐泽克定格为否定性力量。换言之,齐泽克认为,否定性力量作为肯定性力量的背景,它必然是被需要的。

其次,否定量以其结构性作用赋予意识形态肯定性。自然科学中的燃素便是"否定量"的一个绝佳例证,燃素把我们经验上对光的真实性质的认识和矛盾实体化。这个例证的基本操作是把否定性放到实在性之前。就拉康的"三界说"来看,欲望的实在界作为与象征界对抗的另一面,总是被锚定在象征界之前,其基本功用就是填补对抗留下的结构性空白。因此,齐泽克说,"犹太人的历史现实被利用来填补在此之前就已经构造好的意识形态空间,而那个空间同犹太人的历史现实根本就没有内在联系"②。仿佛意识形态要无障碍地产生功用,就必须同与之对立的对象产生一定联系。例如法律的存续天生就依赖于违法犯罪活动,悬置违法,法律也就解体了。意识形态与其对立面、符号秩序与欲望的实在界有效地上演了一幕戏剧。在此,意识形态在宣称自身就是意识形态的同时,掩盖了一个既定事实:象征界总是指向对抗的实在界,意识形态的基础就是宣称自身的非意识形态性。可以说,否定自身正是肯定意识形态的迂回表达。齐泽克已经不再把肯定量和否定量当成是相互对立的内容,而是从形式结构的位置来看待两者的意义。简单来说,意识形态利用了与自身相对的否定量来确证自身的肯定性,这一切都跳出了内容而将内容置于排列有序的形式的位置。齐泽克十分明确地说:"意识形态否定量的

---

① [斯洛文尼亚]斯拉沃热·齐泽克:《自由的深渊》,王俊译,上海译文出版社 2013 年版,第 27 页。
② [斯洛文尼亚]斯拉沃热·齐泽克:《幻想的瘟疫》,胡雨谭、叶肖译,江苏人民出版社 2006 年版,第 92 页。

空间就体现在集合和排列的区别上,那也就是说,在最基本层面上,意识形态利用了不同成分的简单集合同由这个集合可以形成的不同排列间的区别。"①那么,我们不得不继续追问齐泽克,否定量是如何对意识形态起到肯定性作用的?

最后,否定量以填补结构空白的方式对意识形态回溯性地施以肯定的效果。关于这一点,后文将加以详细阐释,在此笔者仅以齐泽克对马克思《资本论》的说明为例证。齐泽克认为,马克思的《资本论》在谈到社会主义的"解放者的解放"时用了一次黑格尔的"否定之否定"。马克思的第一步是说,生产工具在私有制的框架内发生了变化,在那里,多数人的解放意味着生产工具从多数人流向少数资本家。第二步是取消私有制实现人的全面解放,从而走向社会主义。令人感兴趣的地方在于从肯定到否定的空白,即第一步到第二步的中间状态。这个中间状态包含着某种对抗,它意味着资本主义始终不能实现自身的肯定性投射。正因如此,从私有制走向公有制的中间状态恰恰是更加"稳定的"生产模式的叠加和结合点。中间状态这个结合点展现的要点并不是资本主义与社会主义的对抗,它恰恰表现了资本主义自身发展需要社会主义来填充资本主义完成自身过渡留下的结构性空白。一旦公有制以私有制的背景形式出现,所有制框架开始变得完整,资本主义便可以在一个整合的框架内顺利地转向社会主义。显然,马克思并非是从私有制的逻辑延伸中得到的答案,而是从结果,即从制度形式进行反思性考察后得出的结论。换言之,当我们从经验的角度窥测意识形态时,已经将其置于结果的位置、置于形式的位置。当我们再去考察意识形态否定量时,已然是对否定量的回溯。因此,齐泽克认为,黑格尔的"否定之否定"是自我指涉,它意味着否定量以填补结构空白的方式对意识形态回溯性地施以肯定的效果。

齐泽克重塑意识形态的三部曲,其核心有二:其一,他不再把意识形态否定量单纯地理解为肯定量的对立面,而是将其作为肯定量的积极形式;其二,

---

① [斯洛文尼亚]斯拉沃热·齐泽克:《幻想的瘟疫》,胡雨谭、叶肖译,江苏人民出版社2006年版,第99页。

他不再从内容的层面来赋予肯定量或否定量意义,而是以结构形式来整合肯定与否定之间的对抗。这样一来,我们便不难理解齐泽克的"激进民主政治"策略。在他看来,对抗性政治必不可少,不但不能消灭政治对抗,相反,政治之间的对抗越激烈越能说明民主政治的有效性。

二、齐泽克意识形态功能思想的心理学基础

从卢卡奇到齐泽克,国外马克思主义理论家一直致力于挖掘阶级主体的心理意识。意大利著名学者鲁伊基·肇嘉(Luigi Zoja)说,"毋庸置疑,我们所生活的时代已经导致在集体心理层面所发生的变化有着令人眩晕的加速度"①。齐泽克就试图在令人眩晕的意识形态世界里找到一条激进的心理解放道路。探讨齐泽克意识形态功能思想,无论如何都离不开心理学。无论是弗洛伊德的日常心理研究,还是拉康、荣格、弗洛姆的集体心理研究,抑或个体心理学研究,想必都为齐泽克意识形态功能思想提供了必不可少的理论资源。因此,笔者将从个体、日常生活与社会三个方面揭示齐泽克构建意识形态缝合、表征与重塑功能思想的心理学基础。

(一)个性化主体的精神病式误认

20世纪以来,在资本逻辑的延伸境遇中,自由主义越发爆棚。从人学角度来讲,自由主义的旗帜性口号便是宣称个性张扬,倡导主体发展的差异化和个性化特质。关于"个性",著名心理学家弗洛伊德、拉康、奥尔波特等都为其提供了良好的理论基础和不同理解。心理学对"个性"内涵的争议首先表现在个体性与社会性上。荣格认为,代表一个人的态度、思想、心理反应的人格恰恰体现了人的异质性特质,个体具有的人格就是个性。奥尔波特却说,个性具有社会性的内涵,个体心理受社会条件的制约,致使"个性"倾向于社会总

---

① 〔意〕鲁伊基·肇嘉:《父性:历史、心理与文化的视野》,张敏等译,中国社会科学出版社2006年版,第13页。

和的内涵。显然,对"个性"的理解进入了"零和博弈"的游戏。按照齐泽克的观点来看,个性与社会性并非决然相对,个性恰恰遮蔽了这样一个事实:个性是对需要最彻底的社会性的极端化表现。个性可以理解为群体差异,这样一来,我们便不难理解 N.C.科恩强调的阶级之间的差异。那么齐泽克是如何"修筑"主体个性化与社会化之间的双向通道,并由此构建起意识形态缝合功能的心理学基础的呢?

齐泽克认为,个性化主体首先是对马克思的人的本质的完美突破。我们先来看看希区柯克的电影《三十九级台阶》。在电影中,警察追捕"有罪的"汉纳构成了一个闭合的圆圈,而汉纳追捕真正的罪犯构成另一个闭合圈,奇怪的是两者发生了重合。齐泽克说,汉纳被官方意识形态这个大他者误认为是有罪的,但是,有罪的身份早已被观众转移到真正的有罪者身上。电影终归只是电影,我们应当去何处寻找这种现实的大型参照系呢? 齐泽克的回答是:当今获得了支配地位的"病态自恋者"。在此,齐泽克将人分为"自治的个人""组织人"和"病态自恋者"。"自治的个人"很明显是原始的个体,值得一提的是"组织人"。"组织人"类似马克思在《关于费尔巴哈的提纲》第六条中对人的本质的定义,"人的本质不是单个人所固有的抽象物,在其现实性上,它是一切社会关系的总和"①。"组织人"即社会化的人,由于个体对社会群体生活的期待,个体的自我理性被外在化。但是,"病态自恋者"完美地打破了"组织人"的自我理性框架。在社会关系中,主体不仅仅服从某一单一的符号律令,而且要遵守众多规则。对自恋主体(narcissistic subject)而言,社会关系只是战场,它只在那里充当角色,而不是真正接受符号性委任。拉康的欲望实在界与象征界的关系理论不正是对这一观点的阐释么? 在那里,人并不服从现象,而是内在欲望的现象化、外在化。因此,自恋主体的个性化是病态的,它以遵从内心原初欲望的方式,在社会关系中将自我理想外化了。

然而,自恋主体的个性化难以被符号秩序接受,因而具有"不可能性"。从个体来说,爱情之于人是为满足欲望;从社会关系来说,爱情需要承担责任。

---

① 《马克思恩格斯文集》第 1 卷,人民出版社 2009 年版,第 501 页。

在某种意义上,承担责任是对欲望的压制。因此,纯粹的恋爱者无法接受将爱情放入牢笼之中。齐泽克以《西北偏北》为例说,罗杰·桑希尔本是一个纯粹的"病态自恋者",突然间,他被无缘无故、莫名其妙地贴上了"卡普兰"的能指,这种遭遇形成的冲击力颠覆了他的自恋精神机制。或许身处符号秩序的主体早已接受了符号性委任的事实,但对于自恋主体而言,他始终在符号秩序中抗争,试图将原初欲望极力地展现出来。因此,齐泽克说,"使'病态自恋者'癔症化的方式是把某种符号性委任强加于他,而这样的符号性委任并不基于被委任者的实证属性"①。所以,对自恋主体来说,符号性委任基本丧失了有效性。现在可以十分明确地说,个性化主体之于社会化主体、自恋主体之于"正常"主体之间的区别是原初欲望和符号性委任之间的区别。既然自恋主体与符号性委任之间是对抗性关系,对于自恋病症,咨询师到底是如何完成心理治疗的呢?

齐泽克认为,完成个性化与社会化对接的关键环节是误认。对于自恋的个性化主体而言,我们可以把这样一种观念——尽量不要冒犯他人的幻象空间,要尊敬他人以自己绝对特定的方式组织起来的意义世界——当成齐泽克意识形态的格言。内在欲望成为支撑个性化主体绝对特定的快感内核。但是,瓦解个性化主体的根基,努力造成"主体性贫困"不正是精神分析的目标吗?"要知道,只有经历了'主体性贫困',主体才能与他基础性幻象拉开距离,而基础性幻象是他的(符号性)现实的终极支撑。"②换言之,治疗主体自恋的心理病症的方式首先是动摇自恋主体脚下的根基,即将其欲望内核无情地阉割掉。咨询师极力纠正主体对欲望的"自恋"情节,(即使欲望是原初的真实存在)它也必须被符号性委任掩盖,以便使主体被纳入"正常的"符号秩序并获得符号认同。心理治疗因而被设想为自恋主体的符号化,被设想为对想象性踪迹的符号整合。显然,咨询师的操作手法是误认性的,他们努

---

① [斯洛文尼亚]斯拉沃热·齐泽克:《斜目而视:透过通俗文化看拉康》,季广茂译,浙江大学出版社2011年版,第179页。
② [斯洛文尼亚]斯拉沃热·齐泽克:《斜目而视:透过通俗文化看拉康》,季广茂译,浙江大学出版社2011年版,第269页。

力在自恋主体的内心构筑起符合众多律令的符号空间,并使自恋主体将其当成真实。欲望被符号秩序压抑,主体把经验到的符号世界当成真实。现在,主体不再直面心理欲望,而是通过符号世界来表现欲望,符号秩序被主体误认了。

我们回到主体的个性化和社会化。一方面,个性化是主体主观能动性的体现,它反映了主体的真实想法和需求,而这正是推动主体施展拳脚的内在动因;另一方面,极端纯粹的个性化(即主体完全地从自我理想出发)必然导致精神异端,在一定程度上,主体的自我理想必然遭到社会排斥。就"符号秩序被主体误认"这一解决方案来说,改变自我愿望与社会理想的排斥状态的方式是让主体对社会理想加以更深刻的认识,以便使自我诉求与社会律令达成一致。就此而言,齐泽克一方面以个性化为基础,保留个性化与社会化的对抗性特质;另一方面又以"误认"为基本手法,用社会律令规制主体的个性化发展,试图打通主体个性化与社会化之间的通道。可以说,齐泽克对自恋主体"误认"环节的精神分析,对意识形态缝合功能起到了重要作用。

(二)日常生活心理病理学的潜意识欲望

对心理学稍加考察便知,弗洛伊德在挖掘人的潜意识方面作出了巨大努力,这对精神分析探讨主体与自身之他者的关系至关重要。在弗洛伊德看来,主体的无意识可以划分为前意识和潜意识。前者是意识的储备材料,具有向意识转变的可能;后者被意识压抑,不具有进入意识领域的可能性。但是,弗洛伊德认为潜意识才是人的精神活动的深层基础,其中隐藏着各种永不停息的本能冲动和永不满足的欲望,它对人的全部行为起作用。潜意识欲望起作用的方式十分特别,齐泽克以神经质患者为例说道,"神经质患者必须奉献出自己的快感,从而使自己被符号秩序接纳"[1]。换言之,潜意识正是通过自我"牺牲"来发挥作用。"把心理生活划分成意识和潜意识的,这是精神分析所

---

① [斯洛文尼亚]斯拉沃热·齐泽克:《幻想的瘟疫》,胡雨谭、叶肖译,江苏人民出版社2006年版,第42页。

依据的基本前提；并且只有这种划分才能使精神分析了解那些在心理生活中既重要又普遍的病理心理过程"①，这也奠定了齐泽克意识形态表征功能思想的心理学基础。

其一，弗洛伊德对心理压抑的潜意识说明为齐泽克意识形态表征功能思想提供了框架原型。心理学证明，日常行为过程或观念中存在非常强大的动力观念。弗洛伊德心理哲学进一步指出，存在一个与动力观念相抗衡的自我，它阻止观念变成有意识的。他把这些观念在成为意识之前的状态称为压抑（repression），并在分析压抑性力量的过程中被理解为抵抗（resistance）。自我通过压抑的方法不仅把某些心理倾向排除在意识之外，而且禁止它们采取其他直接的表现形式或活动，唯有通过梦的形式才能得到迂回表达。显然，弗洛伊德对意识做了对抗性理解，即潜意识与意识的存在是对抗性的。从齐泽克思想来看，实在界与象征界之间的关系如同潜意识与意识那样，两者之间是对抗性的，象征界往往阻止实在界对符号秩序的入侵。但是，象征界并不能完全取消实在界的基础作用，它只能将其压抑在符号秩序之下，致使实在界成为一种隐性存在。但是，实在界总是试图突破象征界，扰乱符号世界的正常秩序。为平衡对抗，同时满足实在界与象征界之间的突破和压抑，便需要一个超出两者之外的大他者，意识形态便出现了，它填补了对抗留下的结构性空白。在此，齐泽克与弗洛伊德相契合。

其二，心理暗示的力比多机制为意识形态表征欲望的基本框架奠定了基础。我们先来看看弗洛伊德对群体心理本质的论述，他说：

让我们记着，权威们并没有论及任何这样的关系，与这种关系相一致的东西显然被隐藏在暗示的屏障（或银幕）后面。我们的假设一开始就从当下流行的两种思想那里得到支持。首先，一个群体显然被某种力量结合在一起：这种结合的本质除了归之于把世界上的一切结合在一起的爱的本能外，还能更好地归之于什么别的力量吗？其次，如果个人在一个

---

① ［奥地利］弗洛伊德：《弗洛伊德心理哲学》，杨韶刚等译，九州出版社2014年版，第1页。

群体中放弃他的独特性,让群体其他成员通过暗示影响他,那么给人的印象是:他的确是这样,因为他感到有必要与其他成员融洽而不是对立——以至于他也许毕竟是"为了爱他们"。①

显而易见,弗洛伊德把群体的心理本质归之于"爱的本能",但是爱的本能受到压抑,唯有通过群体的其他成员的暗示才能被唤起。弗洛伊德用了取自情绪理论的另一个表述:力比多。力比多指称与一切东西有关的本能力量,它是一切事物的结合点和原初本性。这样一来,弗洛伊德就将力比多(爱的本能)置于本质地位,意识成了力比多的外化现象。拉康的精神分析理论不过是用"欲望动力"替换了弗洛伊德的力比多(爱的本能)。齐泽克接续拉康的观点指出,意识形态的欲望内核"有着浓密而不透明的在场,被赋予了崇高而又致命的实质,它是拉康(追随弗洛伊德和海德格尔)所称的原质(das Ding)"②。欲望客体被齐泽克定性为本质,意识形态是对欲望的表征。不难发现,力比多机制奠定了齐泽克搭建意识形态表征框架的基础。

其三,弗洛伊德对普通神经质、梦的实例等病例的分析为齐泽克意识形态表征功能提供了心理病理学说明。一般而言,神经质(nervousness)在心理病理学上的基本特征表现为性格敏感,主体过分关注自我身心反而造成了主体心理的不稳定性和善变。一方面,神经质主体的诸多行为都来自病人的自我判断,它受潜意识的支配;另一方面,性格敏感意味着神经质主体往往无法按照自己的期望来实行一个合理的计划;材料本身往往会有若干事物突然插入,主体被它吸引而改变初衷。在此,弗洛伊德用"症状"一词说明了在神经质主体内外发生的机转。他说:"实际的精神官能症和精神神经病的症状都起源于原欲;这也就是说,症状乃是原欲之变态用法,也便是原欲满足的代替物。"③原欲成为本质性力量,症状则是原欲的综合性反映。症状可以给那压

① [奥地利]弗洛伊德:《弗洛伊德心理哲学》,杨韶刚等译,九州出版社2014年版,第40页。
② [斯洛文尼亚]斯拉沃热·齐泽克编:《不敢问希区柯克的,就问拉康吧》,穆青译,上海人民出版社2007年版,第50页。
③ [奥地利]弗洛伊德:《弗洛伊德心理哲学》,杨韶刚等译,九州出版社2014年版,第137页。

抑的自我趋向以许多满足,"而且以症状的形成来解决心理的冲突,是一种很方便的方法,最符合快乐原则的口味;因为症状可使自我不再有精神上的痛苦"①。在此,我们看到了齐泽克所谓的意识形态症候的身影。主体通过意识形态症候遮蔽了欲望的实在界,并在这个过程中获得快感。

原欲(或者自我趋向)同症状的关系的另一个实例便是梦。在日常生活中,我们试用己意来诠释梦的"不引起联想"的特定原素,并设法用自己的资源来翻译它,若非如此,梦便毫无意义。换言之,梦的分析者必须赋予某一单独的梦的原素以确定意义,如此操作才能赋予梦的形式与梦的原素连贯性。弗洛伊德说,"我们把爱的原素和梦的解释间的固定不变关系,称为一种象征(symbolic)的关系,而梦的原素本身则成为梦的隐意之潜意识的象征"②。象征关系不仅可以说明梦可以成为潜意识的象征,还可以说明象征只是梦的隐意之特别成分。总的来说,梦是间接表达原欲的形式,它反映了主体真实的身心动向。我们不得不说,弗洛伊德揭示的梦与潜意识之间的象征关系正是齐泽克意识形态与原初欲望之间的表征关系。

诸多伟大的心理学家都揭示了日常生活中心理压抑的潜意识、主体心理暗示的力比多机制,这为齐泽克意识形态提供了基本的表征框架原型、奠定了意识形态的欲望基石。不仅如此,大量的日常心理病理学病例也为齐泽克意识形态表征功能思想提供了实证性的分析材料。当然,日常生活心理病理学的贡献并不仅限于此,但就齐泽克意识形态表征功能思想来说,它已经在一定程度上奠定了意识形态表征欲望的心理学基础。

(三)现代人的精神问题

弗洛伊德在《释梦》前写了一段引言:Flectere si nequeo superos Acheronta movebo——即使我不能令众神折服,至少也要把阿刻戎河搅得天翻地覆。弗

---

① [奥地利]弗洛伊德:《弗洛伊德心理哲学》,杨韶刚等译,九州出版社 2014 年版,第133 页。

② [奥地利]弗洛伊德:《弗洛伊德心理哲学》,杨韶刚等译,九州出版社 2014 年版,第223 页。

洛伊德的潜意识理论确实起到了这样的效果。笔者前文主要从个体潜意识的角度来谈齐泽克构建意识形态功能思想的心理学基础，但它最多只能奠定分析个体意识形态的心理学基础，这还远远不够。要让潜意识在普遍世界中产生同样的效果，心理学必须完成从分析个体心理到解码群体心理的机转。事实上，心理学已经表现出趋向于分析集体心理的骚动。著名心理学家荣格说，"心理并不是个人的，它来源于国家，来源于集体，甚至来源于人类"，"正像在我这个单独的个人身上，黑暗可以召唤出给人以帮助的光明一样，在一个民族的精神生活中，黑暗同样可以召唤出能够给人以帮助的光明"①。但是，对于那种把潜意识世界和意识世界之间的关系确认为十分融洽的说法，心理学并不赞成，大部分心理学家认为两者始终保持对抗状态。荣格对现代人的精神治疗，就意图把对抗性纳入群体心理分析，并重塑意识形态。关于这一点，我们需要对荣格的"现代人的精神问题"进行讨论。

荣格认为，任何重要的东西一旦在我们的意识生活中失去价值并因而枯死在那里，它就会在无意识中建立起一种相应的补偿——处于现代境遇中的人几乎看不见它，它是最隐秘、最脆弱的东西，是一些只在夜晚开放的花。当然，荣格所谓的"相应的补偿"就是指潜意识（或称无意识）。虽然现在还不能彻底地把无意识纳入现代理性的世界秩序当中，但这并不妨碍我们去设想这样一个侧面：无意识早已根植于现代人的心灵内陆，它可能一直存在，并在一切文化中都是如此。值得庆幸的是，心理学的发展表明，现代人正在把自己的注意力从外部物质事物转向自己的内心生活，并期望从那里获得某种外部世界不曾给予的东西。显而易见，荣格试图说明在现代人的精神底层存在潜意识。只不过，当现代人开始向内在心理源头返流时，却发现潜意识已经被沉埋在"淤泥之下"了。好在心理内容已经部分地冲击到表面，凸显在意识领域。荣格说："在任何时候，只要存在着某些外部形式，不管这些形式是理想的还是仪式的，只要它们充分表达了灵魂的憧憬和渴望，就像在一个仍然具有生气

---

① ［瑞士］卡尔·古斯塔夫·荣格：《精神分析与灵魂治疗》，冯川译，北京联合出版公司2014年版，第234页。

和活力的宗教中那样,这时我们就可以说心理是外在的。"①这里需要立刻补充的是:这一点本身就值得注意,因为心理生活并非总是只能从"内在的"方面去发现,它还是外在的。潜意识在外在表象世界的掩护下并不引起人们的注意,此时,现代人可以义正词严地说并不存在潜意识。以上分析试图说明两点,一是潜意识存于现代人的心理底层,二是现代人的潜意识被表象世界遮蔽了。有了这两个结论性观点,就可以开始诊断"现代人的精神问题"了。

何为现代人?在荣格看来:"只有心理上处于最高等级的人,他们的意识才反映了最近几个世纪的生活。在这一意义上,只有我们所说的现代人生活在现在,只有他才具有真正的现在意识,只有他才发现从前的生活方式已经令他生厌,而过去时代的价值追求,除了从历史的角度看,已经不再能够吸引他的兴趣。"②换言之,现代人是那些对此时此刻有着清醒意识的人,他们必须抛弃"过去",趋向于最崇高的意识。正如前文多次说过的那样,只有当一个人超越了潜意识阶段,并自愿承担符号世界委任给他的各种职责后,他才能获得现代意识、获得对世界一致性的体验。在这里,心理学意义上的现代人的精神问题出现了。一方面,现代人越朝着现代意识发展,他就越远离原始的充满生机和野性的潜意识——与潜意识这个母体相脱离;另一方面,所谓的现代人又喜欢以"古董人"的身份自居,他企图通过强调心理隐藏的潜意识来平衡现代意识与潜意识相决裂而产生的负罪感,避免因自身分裂而成为伪现代人。事与愿违,一旦内在要求(潜意识)与外在现实(现代意识)发生冲突,现代人的心理活动就会受到阻碍,心理障碍便会立刻出现。此时,我们才发现心理是一种与现代意识相抵触的东西,它与现代人的立场互不相容。因此,现代人的精神问题就是:为获得现代意识,在需要潜意识之际又从根本上否定了它。正如荷尔德林所言,哪里有危险,拯救便在哪里应运而生。那么心理学是如何对现代人的精神问题进行灵魂治疗的呢?

---

① [瑞士]卡尔·古斯塔夫·荣格:《精神分析与灵魂治疗》,冯川译,北京联合出版公司2014年版,第225页。

② [瑞士]卡尔·古斯塔夫·荣格:《精神分析与灵魂治疗》,冯川译,北京联合出版公司2014年版,第221页。

我们暂且以荣格对精神分析治疗方案的说法来回答。他说:"精神分析是一种医疗上的干预,一种旨在揭示和显露无意识心理内在,并将其整合到自觉意识中去的心理技巧。"①一方面,灵魂必须作用于灵魂,通往潜意识之门必须被打开。从荣格的回答来看,精神分析并不直接对自觉意识进行治疗,而是作用于潜意识。道理很简单,既然潜意识与意识互相对抗,那么就把潜在的心理内容引向意识表面。但是,在最终对待潜意识的态度上,弗洛伊德和荣格产生了分歧。弗洛伊德认为,潜意识与意识之间的对抗是无益的,潜意识被引向意识表面的目的是要消灭意识,彻底摧毁精神病症的种种心理根源;而荣格则认为,潜意识与意识之间的对抗十分有益,保留潜意识才能维持对抗框架。因此,荣格认为,一种本能的抵抗保护了我们,使我们不至于陷入"走得太远"的意识,也正是由于本能的抵抗,才能满足现代人温和而有节制的意识拓展。当然,无论两者的差异多么巨大,它们都旨在把内在的潜意识引至表面。

另一方面,潜意识必须被整合进更大范畴的意识。一旦精神分析将病人的某些终极的、严峻的、一直予以回避的欲望敞露出来,病人并不能立刻得到一个回答潜意识欲望的满意答案。相反,他会因直面潜意识欲望而显得万分惊恐,正如外科医生还未做好充分准备就要应对切开身体那一瞬间可能会发生的任何事情一样。但是,敞露潜意识欲望势在必行,因而精神分析师需要做的是去考虑如何应对直面潜意识造成的不安和焦虑。在此,精神分析师解决问题的方式是建设性的而非破坏性的。在他们看来,既要敞露潜意识欲望,又要避免承担敞露后产生的严重后果,病人就只能依靠建立一个既能包含潜意识欲望又能平衡对抗的大他者。拉康对"着火的孩子"的分析不正说明了这一点吗?他必须在一瞬间重构一个新的屏障来防止符号世界的崩塌。

可以说,治疗现代人的精神问题的方案十分辩证,这也恰恰为齐泽克重塑意识形态提供了辩证方案。齐泽克把实在界的潜意识欲望作为否定量,并以否定量为依据来确定意识形态的肯定性;他不是从内容的角度而是从形式的

①　[瑞士]卡尔·古斯塔夫·荣格:《精神分析与灵魂治疗》,冯川译,北京联合出版公司2014年版,第1页。

层面去理解否定量和肯定量,这不正是潜意识与意识共同构成的对抗性框架吗? 整合潜意识欲望又能平衡对抗的大他者,不正是齐泽克意识形态重塑功能的最终结局吗? 精神分析的辩证治疗方案不正是齐泽克意识形态重塑功能遵循的"否定之否定"的辩证逻辑吗? 鉴于此,本书认为,齐泽克意识形态重塑功能思想也有其独特的心理学基础。

三、齐泽克意识形态功能思想的实践基础

有过系统精神实践活动的拉姆·达斯(Ram Dass)在超越个人心理学协会年会上曾说:"我们所能作的有助于外部世界的最重要的事是系统地进行内心的努力,从而使心理和精神发生深刻的转化。如果人人都这样作,世界就会发生变化。"①达斯意在强调实践过程中心理因素之于外部世界的强大作用。齐泽克与达斯类似,他试图揭示经济、政治、文化等一切实践行为的心理动因。换言之,心理学意义上的社会实践行为是齐泽克构建意识形态功能思想的基础之三。

(一)结构精神分析学的电影文化话语实践

从历史的角度看,电影在一定程度上促进了异质态文化间的交流与理解,因而是一种强有力的文化宣传媒介。鉴于此,电影开始被理论界关注。意大利学者基多·阿里斯泰戈在称赞阿诺尔德·豪塞尔的杰出贡献时说:"他(阿诺尔德·豪塞尔)把电影作为他的历史学、社会学的评论研究的对象,而且还不止于此,更进一步,作为他的前著《艺术史》的结论,把电影这面旗帜高高树于各种现代艺术之上。"②关于电影的一系列理论著作随之涌现,例如德国学者鲁道夫·爱因汉姆的《电影作为艺术》(杨跃译,1981年)、美国学者诺埃

---

① [美]欧文·拉兹洛、斯坦尼斯拉夫·格罗夫,[英]彼得·罗森:《意识革命:跨越大西洋的对话》,朱晓苑译,社会科学文献出版社2001年版,第86页。
② [意]基多·阿里斯泰戈:《电影理论史》,李正伦译,中国电影出版社1992年版,第5页。

尔·伯奇的《电影实践理论》(周传基译,1992 年)、法国学者安德烈·巴赞的《电影是什么》(崔君衍译,2008 年)等。显然,伴随电影的蓬勃发展,一大批理论学者开始置身电影理论研究,他们将电影作为理论研究的对象和理论阐释的场域。拉康及其后继者齐泽克也不例外。在《斜目而视:透过通俗文化看拉康》中,齐泽克就大量借用希区柯克电影来分析大众文化问题,《享受你的症状——好莱坞内外的拉康》引证好莱坞电影之处更是随处可见。电影在齐泽克的意识形态思想中发挥了巨大作用。那么电影到底有何"迷人"之处,以至于让齐泽克投入巨大精力?

　　首先,从符号学来看,电影具有语言的结构和意义。法国符号学家克里斯蒂安·麦茨在《电影语言》一文中,一直宣称电影与符号学存在某种关联。在他看来,电影叙事不是毫无干系的个别字词,它更接近语言的陈述。蒙太奇式的电影剪辑——从分镜到语意的组合——产生了语言机器的效应,电影剪辑的最终效果意味着想象的符号结构。正如南野所言:"电影的表达包含了视与听两个层次,(运动的)图像与口语共同构成影像的(表意)符号,不论蒙太奇或长镜头都具备全部的语言(符号)性质。"[1]麦茨正是坚称这样一种观点:电影只有实现对白与影像之间的互转并被认为是一种语言时,它才开始说话。一旦电影开始通过语言言说,其原始意义就会超出语言本身而趋向于表达语言之外的符号意义。简言之,电影开始从"语言"转向"言语"。日常的电影叙事通常被认为是非符号的,恰恰相反,电影作为思想交流的一种手法,它实际上具有"实实在在"的意指倾向。精彩绝伦的阿伦·雷乃电影不正是一种遵循语言规则的符号学发声吗?借用麦茨的话语来说,"可以在他们(电影导演)身上明显地看到从电影语言系统转向电影语言意义的痕迹"。因此,符号学视界中的电影具有语言的结构和意义,这一点也得到结构精神分析学的承认。

　　其次,从精神分析来看,电影是精神的自动装置。学界的观点是,电影与弗洛伊德所说的"梦的形式"类似。正像阿尔特曼所言,梦与电影具有共同的

---

[1]　南野:《结构精神分析学的电影哲学话语》,人民出版社 2012 年版,第 141 页。

退行状态,这恰恰是两者最为重要的特征。所谓退行状态不过是一种让位或压抑的状态——电影原初的创作过程让位于电影表达的额外意义,梦的形式压抑潜意识。从观影来说,电影镜像模式虚构了想象的符号范畴,而虚构的影像相当于魔幻的梦境。虚构的电影情景在观影过程中被观众挪至自身的心灵感受和现实生活中,电影虚构的情景都被观众毫无保留地接受了。从梦来看,在梦境中做梦的主体总是把梦的情景理解为"现实",潜意识通过梦境直接表达了主体的内在愿望。显然,观影情景与梦的机制具有相互关联性。不仅如此,学界还指出,电影具有结构性,它符合精神分析强调的精神结构。电影具有符号意义,同时它又与梦的结构类似。换言之,电影具备了精神特质。显然,已经不能再从"经验现实"来理解电影,必须将其置于思维领域。但是,思维总是无法脱离实在的躯体,"电影正是通过躯体(而不是通过躯体的中介)来完成它同精神、思维的联姻"①。这也意味着电影躯体必然是电影精神特质的仪式化。如同观影者并不直击电影的意义,而是直视酩酊大醉、忍受剧痛、抵抗疾病等影像。即便如此,电影图像还是不能离开电影的精神特质,正所谓电影具有主题意义,离开主题的电影必然是无趣的、毫无意义的散乱图像堆砌。主题意义充当了躯体的内在本质,它被电影躯体仪式化地表现出来。这与精神分析强调欲望的符号化恰相一致,在那里,即便欲望被遮蔽,它依然持续存在并在不知不觉中起作用。

最后,从哲学来看,电影已然成为一种哲学话语。就电影具有主题意义而言,电影叙事超出了电影本身。因此,电影哲学并不是"电影关于哲学",而是"关于电影的哲学"。德勒兹写道,"电影拍摄的不是世界,而是拍摄我们对世界的信仰"②。相信许多人都曾观看莱昂纳多主演的《盗梦空间》,电影经常在梦境与现实之间来回反转,而主人公用以区分两者的唯一根据就是那个不停旋转的陀螺,停止旋转的陀螺才能确证自身的现实存在。该电影叙事企图让观影者必须在梦境与现实之间作出选择,为了跳出选择的旋涡,需要拉康或

---

① [法]吉尔·德勒兹:《时间—影像》,谢强等译,湖南美术出版社2004年版,第299—300页。
② [法]吉尔·德勒兹:《时间—影像》,谢强等译,湖南美术出版社2004年版,第271页。

者齐泽克的介入。在他们看来,远离选择的旋涡似乎只需要说,"你看,主人公在梦境与现实之间徘徊"。即,无论在现实领域还是在梦境中,观影者都会在虚拟与现实之间摇摆不定。主体必须悬置与电影有关的一切内容,跳出电影并将自身置于旁观的大他者位置。大他者是一个更大的意识范畴,处于大他者位置的主体能清楚地区分梦境与现实。如此一来,电影不再是电影本身,而是对隐性大他者的书写。大他者赋予主体存在的意义,信仰保证世界的永恒存续。就此而论,电影并不是哲学观点的现象化,就其固有属性而言,它本身就具有哲学的性质。

电影已然是一种独特的意识形态话语。它关涉阶级、种族、性别差异、文化等一切与意识形态相关的话题,开始展露出意识形态效果。博德里在《基本电影机器的意识形态效果》中写道,"在电影制作与放映中运作的意识形态机制仿佛集中于摄影机与主体的关系之中"[1]。在电影的镜像框架中,意识形态幻象填充在摄影机与主体想象之间,它在电影制作和上映的过程中发挥作用。当我们说电影试图表现现实世界而虚构意义时,它便参与构成意识形态话语。事实如此,在一定程度上电影已经作为意识形态的阐释机器,它在赐予观影者视觉冲击的同时,完成了某种意识形态隐喻。影片《酷热时分》通过展示意识形态之间的斗争把电影的意识形态机器作用展现得淋漓尽致。当然,"关于电影从观看转为解读,其含义是视觉领域必定表示着不在者的存在。这样电影世界才既属于再现范畴又实现着意指的功能,电影的再现的场景形成能指,不在者成为其所指"[2]。因此,电影叙事暗含一种缝合的逻辑。观影者首先从碎片化的电影图像中获得共鸣,蒙太奇式的操作再将支离破碎的影像整合进意义之流,大他者的出现标志着电影最终改造了观影者的固有观念。回到齐泽克来,他不正是通过开发和缝合剩余意义,不动声色地将现实缝合到意识形态来获得满足的吗? 显然,齐泽克看到了电影的符号性、精神结构以及固有的哲学性质,那么他在分析意识形态问题时大量引证好莱坞电影便不足

---

① 转引自李恒基、杨远婴主编:《外国电影理论文选》下册,生活·读书·新知三联书店 2006 年版,第 564 页。

② 南野:《结构精神分析学的电影哲学话语》,人民出版社 2012 年版,第 188 页。

为奇了。

(二)社会象征行为的无意识叙事

在处理整体对各因素的关系方面,莱布尼茨的"表现"概念支配了黑格尔的全部思想模式。黑格尔哲学把所有问题都归结为一个内在本质,而整个现象世界都是这个内在本质的象征化叙事。同样,弗洛伊德精神分析学的一个主要特点,就是把日常生活中丰富而随意的具体经验现实,归纳或者重写为无意识的社会象征行为,因为只有通过把它以象征行为叙事的方式表现出来,了解无意识才成为可能。正如詹姆逊认为的:基础和上层建筑的关系应视为在意识形态或象征领域内解决更基本矛盾的一种综合行为,因为这些矛盾在政治或社会—经济层面上被连接起来。通过对这种象征的有力重构,我们可以进入组织文本、作者和历史语境的整体网络。[①] 拉康用象征整合实在,齐泽克用意识形态整合欲望现实。精神分析将父母不可预知的暴力内化为孩子内在的原始关系,一旦孩子初为人父/母,他/她便自动地陷入类似的暴力体验当中。我们可以再次引用米尔顿等人的语句:"内在客体的形成,部分地来源于外在关系体验的内化,反过来,它们随后又会影响我们体验外在关系的方式"[②]。前文提到,拉康的实在界由两部分组成,一种是未经符号化的原初欲望,另一种是经过符号化而未被符号化的对象a 。显然,对象a 就是内化而来的内在客体,它一方面源于社会象征行为,另一方面又与之对抗,意识形态恰恰是调停两者的中介。不得不说,社会象征行为把无意识重新协调统一起来,社会象征行为是对无意识的总体叙事。关于这一点,我们可以在经济、政治以及文化等一切社会领域中找到根据。

首先是消费象征行为的无意识叙事。在一批理论家看来,消费行为表面凌乱,实则秩序井然,它实实在在地遵循象征化程式。在消费的理性模式中,消费行为与新型生产力的出现以及一种生产力高度发达的经济体的垄断性调

---

① [美]弗雷德里克·詹姆逊:《政治无意识:作为社会象征行为的叙事》,王逢振、陈永国译,中国社会科学出版社 1999 年版,"前言"第 9 页。

② [英]米尔顿等:《精神分析导论》,施琪嘉等译,中国轻工业出版社 2005 年版,第 41 页。

整相适应,因而是一种特定的社会化模式。我们可以列举鲍德里亚(一个不那么受齐泽克欢迎的人)的例子,他说:

消费者的需求和满足都是生产力,如今他们和其他(比如劳动力等)一样受到约束并被合理化。从我们阐述过(或将要阐述)的各个方面来看,消费都表现为对我们所经验过的意识形态的颠倒,表现为一种约束范畴:

1. 在结构分析层面上,它受到含义约束的支配;

2. 在(社会经济政治)战略分析中,它受到生产约束和生产周期约束的支配。①

消费行为并不允许消费者思考生产力问题,消费被生产力驯化。如果说意识形态以经济(生产力)为基础,那么消费的象征行为恰恰把这一点颠倒地表现出来。毋庸置疑,消费行为被鲍德里亚认作象征行为,它无意识地接受生产力的规训。消费象征行为是生产力的一种无意识叙事。

其次是政治象征行为的无意识叙事。詹姆逊从两个基本命题出发——一个是"作为政治无意识的历史",另一个是"作为叙事的历史"——在两个命题之间如有魔法地不断变换,并最终把《政治无意识:作为社会象征行为的叙事》的结论定格为:象征行为叙事的本质在无意识,两者遵循乌托邦和意识形态的辩证法。其间,他对阿尔都塞的"表现性因果律"大加赞赏。他认为,阿尔都塞的"表现性因果律"在最完整的意义上将具体的文化制品、历史事件、政治行为整合进一个有序排列、秩序井然的宏大象征网络。在此,我们可以通过截取其中部分结论来说明政治无意识的象征叙事模型。詹姆逊说,至于分期化,其实践显然被标示为"历史主义的阿尔都塞的基本概念指向所包围,可以承认,关于历史或文化时期概念的任何有益的试用都不由得给人一种轻率的总体化印象,一个浑然一体的现象网络,其中每一种现象都以自己的方式'表达'同一的内在真实——一种世界观或一种时代风格或标着所论'时期'

---

① [法]让·鲍德里亚:《消费社会》,刘成富、全志钢译,南京大学出版社2000年版,第74页。

之经纬的整个结构范畴"①。占据结构性位置的具体象征行为总是对内在真实的表达。一个关键例子可见于国家理论:生产力的基础结构发生变化便会迅速地改变整个上层建筑,国家纯粹是经济的附带现象。因此,詹姆逊说,政治象征行为是一种无意识叙事。但在马克思以前,我们并没有注意到这一点,或者说我们对此毫无意识,马克思贡献的伟大之处便是将其暴露出来。

最后是文化象征行为的无意识叙事。关于"文化无意识"一说,中国学者的认识稍晚于西方,1988年李述一在其论文《文化无意识——一种新的精神领域的研究报告》中说,"我试图提出'文化无意识'这个概念……文化无意识就是指这样一种无意识,它不是人先天的、自然本能的产物,而是后天的、人的文化活动的结果。"②就精神分析而论,虽然李述一的定义略显粗糙与不当,但如果我们把弗莱的文化"额外意义"等同于李述一所谓的"结果",仅就这一点来说,李述一对"文化无意识"的定义也许会表现出可取性。北美著名批评家诺思洛普·弗莱(Northrop Frye)对"文化无意识"的书写体现在《批评的剖析》一书中。一些学者认为,弗莱通过考察远古神话的人性关怀建构了文化核心,但他始终置身于古代文化境遇。本书以为事实并非如此,弗莱真正重视的并不是古代文化,也不是后世文化,而是两者之间的相关性。他认为,后世文化对远古文化的潜在继承恰恰体现了"文化无意识"。在《生食与熟食》中,斯特劳斯说,"一个民族神话的总和是一种文化话语系统"③。如果用弗莱补充斯特劳斯,那么文化话语系统是这样的:它扎根于远古神话,后世文学是对古代文化的继承,两者日趋弥合并最终意指在它之外的人性关怀。换言之,所有的文化形式共同搭建了一个文化象征系统,文化象征系统又产生了一个新的意义,即人性关怀。当我们逻辑返归时,任何一种文化形式都将被认为是对文化象征系统额外意义的叙写。

显而易见,大批学者都认为社会象征行为是对无意识的书写。弗洛姆的

---

① [美]弗雷德里克·詹姆逊:《政治无意识:作为社会象征行为的叙事》,王逢振、陈永国译,中国社会科学出版社1999年版,第18页。

② 李述一:《文化无意识——一种新的精神领域的研究报告》,《哲学研究》1988第2期。

③ 转引自王逢振等编:《最新西方文论选》,漓江出版社1991年版,第143页。

"社会无意识"、鲍德里亚的"消费无意识"、荣格的"集体无意识"、詹姆逊的"政治无意识"、伊格尔顿的"文学意识形态"等,例证不胜枚举。他们的共同目的是在一些凌乱现象中挖掘本质,他们的共同观点是把无意识当成社会象征行为的终极关怀。回到齐泽克,他说:"把象征秩序视为第一性很明显是唯心主义观点,它根本上就是神对自然秩序进行干涉的一种新版本;而第二种描述——把象征秩序的出现视为对某种荒谬的真实域中的过剩的回答——是唯一恰当的唯物主义解决方案。"①换言之,齐泽克同样认为欲望的实在界与现实的符号世界是一种象征关系,象征秩序在遮蔽真实欲望的同时完成了对真实欲望的象征化叙写。当我们探讨齐泽克意识形态表征功能时,无论如何都绕不开这一关键环节。可以说,实践过程中象征行为对无意识的叙事奠定了齐泽克意识形态表征功能思想的现实基础。

(三)国家间政治实践的反思性重塑

从总体看,21 世纪的国际政治依然处于和平发展态势之中。但是,我们并不能就此否认政治关系的内在对抗性。一方面,马克思说,"一切阶级斗争都是政治斗争"②,显然我们并未进入超阶级社会,无产阶级与资产阶级之间的斗争依旧存在。另一方面,政治关系不断变革、政治内容不断充实以及政治形式富于变化等意味着政治形态趋于多样化,阶级意义上的政治斗争已经不能涵盖所有的政治斗争形式。柏拉图在《理想国》中把政治冲突分为两类,一类是国内冲突,另一类是对外冲突。结合马克思学说和当前政治冲突形式,我们可以在并不精细化的层面把国内冲突理解为马克思的阶级斗争,把对外冲突理解为国家间政治冲突。在此,笔者暂且悬置国内政治斗争而把焦点放在国际政治斗争身上,即从国际关系的角度来思考国家间政治实践的对抗性。

国家间政治实践的对抗性学说由来已久。关于国家间政治实践的对抗性,最远可追溯到古希腊哲学家、政治学家柏拉图那里。他在《理想国》中就

---

① [斯洛文尼亚]斯拉沃热·齐泽克:《易碎的绝对——基督教遗产为何值得奋斗?》,蒋桂琴、胡大平译,江苏人民出版社 2004 年版,第 86 页。

② 《马克思恩格斯选集》第 1 卷,人民出版社 2012 年版,第 409 页。

试图通过取消国与国之间对抗的合理性来构建非暴力的有序的国际政治关系。亚里士多德也继承了这一点,不同的是柏拉图倾向于描绘乌托邦式的理想图示,亚里士多德则更倾向于政治斗争的写实。无论理想还是写实,研究国家间政治实践对抗性的后继学者都络绎不绝,马基雅维利、帕雷托、马克斯·韦伯、西梅尔等人都沿此道路不断前行。现代意义上的"政治冲突"从罗伯特·达尔的《多元主义民主的困境》(尤正明译,1989年)开始,他认为"涉及国家政府的冲突就是政治冲突"①。在《现代政治分析》一书中,他又进一步分析了政治斗争现象中的水平差异问题。书写政治对抗性的著作汗牛充栋,诸如柏伊姆的《当代政治理论》、李普塞特的《一致与冲突》(张华青等译,1995年)、扎尔米·卡利扎德和伊安·O.莱斯合著的《21世纪的政治冲突》(张淑文译,2000年)等,他们一致认为研究政治对抗性对解决政治矛盾具有十分重要的意义。从人学角度来划分,一些学者主要从人的外在来考察国家间政治实践的对抗性,而另一些则以人的内在心理为基础考察政治对抗的内生性,例如弗兰克·巴内特(Frank R.Barnett)等人的《政治冲突与心理运作》(*Political Warfare and Psychological Operations*),拉克劳、墨菲的《领导权与社会主义的策略——走向激进民主政治》。

从结构精神分析来看,后马克思主义对差异化政治进行的对抗性阐释表现出巨大冲击力。此处先摆明拉克劳的观点:现代政治是多元决定的。他在评论阿尔都塞时说:

> 多元决定这一概念在象征领域构成,而且在此之外没有任何意义。因此,阿尔都塞说每件事物存在于社会多元决定基础上所具有的非常丰富的潜在意义是社会把自己构成为象征性的秩序这一主张。象征——也就是多元决定——社会关系的特质,因此意味着它们缺乏使自己还原到固有规律必然要素上的根本精确性。并不存在两个水平:本质和不同的表面现象,因为不存在确定使象征会成为次要派生意义的根本精确意义的可能性。社会和社会代表没有任何本质,而且他们只是由伴随着确立

---

① [美]达尔:《多元主义民主的困境》,尤正明译,求实出版社1989年版,第58页。

某种秩序的相对不稳定的固定形式组成。①

我们从黑格尔的"总体"来看,理念是一个总体,它异化为外在的零碎现实,零碎现实都是对"理念总体"的反映。黑格尔的总体不过是组合零碎现实的总体现象,按照拉康的说法,它不过是象征秩序。在阿尔都塞看来,黑格尔把多元现实都还归于理念这一个本质,缺陷之处在于忽视了碎片化现实自身独有的特定本质。换言之,"本质"并非独一无二,相反,它是多元的。阿尔都塞与黑格尔的不同之处恰恰在此,阿尔都塞的理论从根本上承认多元决定。这里暂且承认拉克劳、墨菲的多元决定具有可取性,我们把视角转向齐泽克的"视差"。"视差之见"恰恰继承了"多元决定论"。在齐泽克看来,事物的肯定性本质及与之排斥的否定性本质是被同时需要的。何以如此? 在齐泽克看来,事物的肯定性并不能通过自身得到确证,相反,它只能通过在自身之外并与之对立的它物来确证。这一点前文早已明确,后文还将继续。很明显,齐泽克把本质划分为肯定性本质和否定性本质,本质的差异化形态具有了多元决定的模型和逻辑。齐泽克在区分肯定量与否定量的同时将二者赋予形式意义,即他把二者放入一个结构框架当中,通过占据结构框架中的位置来确定二者的意义。总体的结构框架也具有了(否定与肯定的)对抗性特征。

视角转向"政治对抗",通过肯定"政治否定量"的意义,齐泽克标示出国家间政治实践的对抗性。我们来看看齐泽克对"恐怖战争"的描绘,他叙写道:

> 反恐战争是一场奇怪的战争,在那里,敌人一旦进行简单的自我防卫和反击,他们就被认为已经犯罪。一个新的群体出现了,但他们既不是敌方士兵,也不是普通罪犯。基地组织恐怖分子并非敌方士兵,而是"不受法律管辖的作战者",但他们又不是一般人所谓的罪犯。美国坚决反对把对世贸中心的袭击视为与政治无关的犯罪行为。一句话,反恐战争的本意是打击恐怖分子,而戴着恐怖分子面具出场的,恰恰是政敌的形象,

---

① [英]恩斯特·拉克劳、查特尔·墨菲:《领导权与社会主义的策略——走向激进民主政治》,尹树广、鉴传今译,黑龙江人民出版社 2003 年版,第 105—106 页。

被排除在固有政治空间之外的政敌的形象。①

还可以在齐泽克对塔利班、"基地"武装组织、"9·11"事件等例子的分析中找到类似说明。毋庸讳言,政治空间中存在两种力量,一种是"自我的"政治,另一种是政敌。政敌是受打击的对象,反恐的目的正是打击恐怖主义。我们需要继续追问的是:对象的"敌人身份"/恐怖主义身份是如何被确认的呢?显然,"反击"时刻才是敌对身份被确认的时刻。换言之,美国在打击恐怖主义之时,并没有真正确认敌对势力的恐怖主义身份,相反,首先进行攻击的前提条件恰恰需要"对象进行反击"来确立。牺牲意义是意义的最终保证。当我们不再把讨论主题限定在反恐战争,而是从国家间政治实践来进行讨论时,结论显而易见。在政治空间中,必须存在不同本质的对抗性政治形态,以此为基础,他们才能通过彼此确证自身的身份和意义。在此,无论是拉克劳、墨菲还是齐泽克,他们都坚称政治对抗的积极功能。既然国家间政治实践是对抗的,是否意味着不可能存在斗争被调停的状态呢? 答案显然是否定的。

政治重塑是调停对抗性政治实践的策略。拉克劳、墨菲调停多元决定的最终办法是将政治上的多元话语纳入霸权范畴。霸权,一个可以容纳差异政治形态的范畴,允许政治对抗的范畴。在其中,多元政治皆能发出声响。正如齐泽克所言,"激进—民主大业的目的是重新协调/重新界定包容与排除之间的界限,以便促使符号领域(symbolic field)越来越多地向那些被公共话语的霸权配置排除在外的人的声音开放"②。看看资本主义对社会主义的借鉴和吸收就不难理解了。资本主义(不对其进行本质分析的话)已经不再是原始意义上的资本主义,无论是政府的宏观调控,还是社会福利制度,它都在不断吸收社会主义制度的优越之处。在资本主义领域内,社会主义赢得了一席之地,开始被接受。显而易见,资本主义并非在自身之内而是借鉴自身之外的内容来完成自身的重塑,它最终达到了缓和矛盾的效果。齐泽克正是建基于大

---

① [斯洛文尼亚]斯拉沃热·齐泽克:《欢迎来到实在界这个大荒漠》,季广茂译,译林出版社 2012 年版,第 107—108 页。

② [斯洛文尼亚]斯拉沃热·齐泽克:《欢迎来到实在界这个大荒漠》,季广茂译,译林出版社 2012 年版,第 113 页。

量对抗性政治实践活动,通过对不同政治元素的重新定义,完成了意识形态重塑功能的整体框架。因此,可以认为国家间政治的对抗性实践是齐泽克构建意识形态重塑功能思想的现实基础。

第三章 齐泽克意识形态功能
思想的主要内容

　　齐泽克试图拉开意识形态与现实之间的距离,把现实还原为意识形态,颠倒社会存在与社会意识之间的唯物辩证关系,并赋予意识形态外在的客观性。在齐泽克看来,意识形态不过是以符号秩序的方式填充了现实内部的缺口。现实世界是符号体系的外化,符号体系才是现实世界的支撑,消解现实世界是对世界本质(符号本质)的回归。因而,意识形态缝合了分裂现实之间的裂缝。但是,意识形态仅仅是纯粹的意义表面,对意识形态的享乐就是对原初欲望的享乐。意识形态以欲望为内核并以意识形态症候的方式表征欲望。不仅如此,原初欲望与现实符号秩序的先验对抗性决定了大他者的存在。它以否定为基础,通过回溯性逻辑确证了肯定性身份。通过大他者调停正反双方之间的对抗,齐泽克完成了意识形态重塑功能的基本理论架构。显而易见,齐泽克的意识形态具备了缝合、表征和重塑三重功能。

一、齐泽克意识形态的缝合功能

　　"缝合"(suture)概念并不是齐泽克的独创术语,而是一个医学(外科手术)术语。该术语被广泛应用于哲学、政治学、社会学尤其是精神分析学领域。拉康在其精神分析学中就运用了该词汇,但由于种种原因①被中断了,之

---

　　① 关于"缝合"概念的历史渊源可以参阅刘昕亭的《作为政治批评的缝合式批评:齐泽克研究》,(南开大学博士学位论文,2013年),在该文第一章"回到缝合"中有比较详细的阐述。

后被米勒重新启用。在米勒看来,"缝合"概念意指整合能指客体与意指结构的创伤性关系。在这个缝合的伤口上,它把剩余意义全部抛入实在界。后来,"缝合"概念也在后马克思主义(post-marxism)提倡的"激进民主"策略当中得到应用。① 拉克劳和墨菲说,缝合一词"用于指明基于话语联结的主体生产,意在表明主体与他者(符号秩序)之间的非一致性,正是这个非一致性阻止了他者成为一个闭合存在"。② 但是,齐泽克认为,拉克劳的"缝合"概念是对精神分析学中的"缝合"概念的误用,并提出了他对"缝合"概念的定义。齐泽克认为,"缝合"概念应当被定义为"具体的普遍性"。原因在于,"缝合"是关涉特殊性与普遍性之间缺口的问题。如其所言:"在黑格尔意义上,'具体普遍性'的基本矩阵发挥了缝合功能:作为外部特殊性,它能够通过自身的变化生产出其他特殊性,尽管这些特殊性并不纯粹。"③换言之,齐泽克的"缝合"概念意在重新处理普遍性与特殊性、分裂与同一之间的辩证关系,这一处理清晰地呈现了齐泽克意识形态的缝合功能。

(一)意识形态缝合现实的起因

缝合的前提是存在裂缝。从前文的分析来看,齐泽克显然看到了现实的分裂情势,但这种分裂并非齐泽克直观的结果,而是从拉康精神分析式的分裂主体中得来的。换言之,齐泽克的"分裂"之说在理论上经历了"主体的分裂"和"现实的分裂"两个步骤。

1.分裂的两类主体

拉康通过描绘婴儿的镜像认知,确立了主体从想象到形象的调换维度。

① 可参见[英]恩斯特·拉克劳、查特尔·墨菲:《领导权与社会主义的策略——走向激进民主政治》,尹树广、鉴传今译,黑龙江人民出版社 2003 年版。值得注意的是,根据中文版译文来看,在该书当中,拉克劳多用"连结"一词来指称"缝合",在周凡的《后马克思主义导论》中则用了"接合"来替代"连结"。从精神分析学来看,笔者以为还是"缝合"一词更为恰当。齐泽克对"缝合"概念的集中运用主要体现在其著作《恐惧的实在界眼泪》(The Fright of Real Tears)中。

② Ernesto Laclau and Chantal Mouffe, *Hegemony and Socialist Strategy: Toward a Radical Democratic Politics*, London and New York: Verso Press, 1985, p.107.

③ Slavoj Zizke, *The Fright of Real Tears*, London: BFI Publishing, 2001, p. 33.

拉康认为,主体由语言塑造。主体通过语言的阉割将无意识欲望排除在主体之外,从而拉开了无意识欲望与语言主体之间的距离,这就把主体与其内容割裂开来。一旦主体进入实在阶段,主体的所有根基性内容都被掏空,成为一个"不可能"的主体。因此,在拉康的主体理论中,主体从想象到形象的调换是以主体自我与外在形象之间的分裂为基础的。齐泽克的意识形态主体思想恰恰源于拉康的主体理论,我们可以从齐泽克的意识形态主体思想中尝到拉康分裂主体的味道。

齐泽克认为,可以从实在界与象征界之间的裂缝中发现主体分裂的原因。在齐泽克看来,主体的形成必然经历象征(符号)秩序的阉割,并在真实与象征之间制造一处缺口,从而拉开原初快感与符号秩序之间的距离,以确保意识形态主体在这一缺口上不断演进。莫雷说,齐泽克把主体生成的过程当成是"一个不断自我异化和自我分裂的过程"①。一旦主体的意识形态身份得到确立,也就意味着主体原初快感的丧失。"真实的缺失"正是齐泽克意识形态主体分裂原因的确切表达。苏平富在其《意识形态的秘密:"他者的短缺"或"真实的缺失"——齐泽克意识形态理论初探》一文中也说明了这一点。不同的是,他认为在齐泽克那里,"主体的分裂是符号(包括意识形态)的功能性产物,而分裂的存在又为意识形态的存在提供了可能性,因为异化或分裂需要某种意识来弥合"②。综观齐泽克的意识形态理论,主体的分裂为意识形态幻象提供了基础,而意识形态幻象又进一步促进了主体的分裂(实在与象征的分裂),所以正是主体的分裂搭建了主体与意识形态幻象之间的互动关系。就此看来,主体的分裂既是结果又是动因。

但是,齐泽克认为,主体的分裂并非外在而是主体与自身的内在分裂,而内在分裂是由主体的位置变化造成的。齐泽克通过两类侦探小说——古典侦探与硬汉侦探小说,清楚地说明了主体分裂的内在性。在古典侦探小说中,

---

① 莫雷:《穿越意识形态的幻象——齐泽克意识形态理论研究》,吉林大学博士学位论文,2009 年,第 76 页。

② 苏平富:《意识形态的秘密:"他者的短缺"或"真实的缺失"——齐泽克意识形态理论初探》,《哲学研究》2006 年第 8 期。

"侦探的'合理解释'的主要功能,就是使我们免于遭遇由这场景展示出来的我们欲望的实在界(the real of our desire)";而在硬汉侦探小说中,"侦探丧失了他能够分析假象并驱散其魔力的距离"。① 换言之,在古典侦探小说中,侦探往往置身于故事之外;而在硬汉侦探小说中,侦探往往身处于追逐与打斗的故事之内。因此,主体有两种存在位置:主体外在和主体内在。"侦探与精神分析师的同族关系就是建立在这个外在性上的"②。主体只有通过自己的外在位置才能揭示隐藏于主体之内的那些讳莫如深的"隐秘意义"。因此,意识形态主体的分裂不再是关于不同主体间的分裂,而是有关同一主体与其自身的分裂。不仅拉康把主体看成是语言阉割的结果,齐泽克同样如此。齐泽克认为,主体为获得主体身份,必须以抛弃原初欲望和接受符号化为基本前提。然而,主体越是努力进入符号秩序就越是分裂,也就越远离自我。真我失于语言,主体不过是真我在象征秩序中的形象代言,这正是主体内在分裂的逻辑。

　　主体的分裂必然出现两个主体,一是符号化主体,二是纯粹主体。纯粹主体不仅是远离符号秩序,就其空洞性而言,它与原始的空主体已经大相径庭。纯粹主体是一种经过符号化又抛弃符号秩序的一种空主体,它已成为一种绝对的崇高。纯粹主体已经不再是一个能指符,而是一个抵抗符号化的客体,是一个剩余的残留物。对此,齐泽克总结道:

　　　　当主体的在场被暴露于符号支撑的外部,他作为符号共同体的一员就"死去"了,他的存在不再由符号网络的某一位置所决定,而是物质化了空洞的纯粹虚无(Nothingness),他者(象征秩序)身上的空隙,而这个空隙,被拉康用德语规定为 das Ding,物(the Thing),抵制符号化的享乐的纯粹实体。拉康对崇高的定义恰恰是"一个上升到了物之尊严的客体"。③

────────────

　　① [斯洛文尼亚]斯拉沃热·齐泽克:《斜目而视:透过通俗文化看拉康》,季广茂译,浙江大学出版社 2011 年版,第 105 页。
　　② [斯洛文尼亚]斯拉沃热·齐泽克:《斜目而视:透过通俗文化看拉康》,季广茂译,浙江大学出版社 2011 年版,第 106 页。
　　③ [斯洛文尼亚]斯拉沃热·齐泽克:《享受你的症状——好莱坞内外的拉康》,尉光吉译,南京大学出版社 2014 年版,第 13 页。

剥离符号秩序的纯粹主体只不过依附于主体肉身,它已成为象征界中一具能言说的"干尸"。基于此,齐泽克说,在阿尔都塞的意识形态国家机器中缺失了一种"消隐的中介","阿尔都塞'未考虑到的'是,已经存在着一种离奇的主体,它先于主体化的姿态"①。这个"消隐的中介"正是幽灵式存在的纯粹化的崇高物。总的说来,无论是齐泽克还是拉康,他们都"非法地认同了空洞、鸿沟,而正是这些东西破坏了主体同主体自身的自我同一性"②。不仅如此,齐泽克把分裂的两类主体说成是"两类差距"。"这两个差距是:主人—能指与'普通'能指系列(S_1 与 S_2)之间的差距,以及能指(S)的真正领域与对象的残留物/剩余物即对象a 之间的更加根本的差距。"③主体被分裂为两个"真我",一方面它描述主体理想、尊严与命理的轮廓,是主人—能指;另一方面它是对象的残留物,即对象a 。正是在两种主体之间,意识形态才有了被建构并反射性地赋予主体以主体身份的空间。

2. 分裂的两种现实

符号化主体只不过是一个空洞的外表、一个屏幕,而以对象a 为实证性内容的纯粹才最为"真实"。显然,齐泽克的符号化主体指向客观现实,而纯粹主体直接指向主观现实。齐泽克通过对帕特里西亚·海史密斯的短篇小说《黑屋子》说明了这一点。故事是这样的:在美国小镇上,当地居民聚集于酒吧,谈论附近山城上一座神秘的"黑屋子"。据传说,黑屋子里有鬼魂出没,任何企图闯入的人都会死于非命。当一位年轻工程师来到小镇,听说了黑屋子的故事后,第二天晚上就去黑屋子一探究竟。他以万分惊恐之心进入其中,却只发现了几个破烂不堪的残留物。他再次回到酒吧,向居民告知了一切。人们惊骇万状,在工程师转身离去之时,一个人杀死了他。齐泽克解释道,"黑屋子"对于小镇居民来说是投射怀旧欲望、记忆的真空地带(empty scene)。

---

① [斯洛文尼亚]斯拉沃热·齐泽克:《快感大转移——妇女和因果性六论》,胡大平等译,江苏人民出版社 2004 年版,第 75 页。

② [斯洛文尼亚]斯拉沃热·齐泽克:《快感大转移——妇女和因果性六论》,胡大平等译,江苏人民出版社 2004 年版,第 76 页。

③ [斯洛文尼亚]斯拉沃热·齐泽克:《易碎的绝对——基督教遗产为何值得奋斗?》,蒋桂琴、胡大平译,江苏人民出版社 2004 年版,第 46 页。

年轻工程师犯下的错误是"弥平了现实与幻象空间的鸿沟,因而也取缔了那些男人拥有的空间,而只有借助于那个空间,他们才能表述自己的欲望"①。换言之,"真空地带"必须呈现出迷人的虚空的现实轮廓。这样一来,齐泽克就把现实划归两类:一是客观现实——幻象空间本身,即真空地带;二是主观现实——幻象空间的主观填充物,即符号空间。

主观现实,"是被我们的主观透视扭曲的实体性'现实'"②,主体只不过是在现实中打扮成主观的角色,这些主观角色构成了社会宇宙的现实。因而,现实不过是主体的主观幻觉,主体只有在梦中才能与欲望的实在界对面相迎。"如此幻觉的成立,依赖于某种'抑制'和对我们的欲望之实在界的忽视。"③峰回路转,主体对现实的主观性认知虚构出主体施展欲望的符号现实,因而主观现实不过是同小说一样被结构起来的虚构的梦幻故事。

与主观现实不同,就客观现实而言,"小客体是由欲望引入所谓的'客观现实'","这是对小客体(即欲望的客体—成因)的完美描述:从某种意义上讲,小客体即欲望设置出来的客体"。④ 尽管小客体本身以虚无(nothingness)的姿态存在,但是以某个视点来窥测,它依然能以"某物"(something)的形态呈现。如同黑屋子,即使它一无所有,但它依然以神秘的幻象空间形象锚定了主体的内心成像。换言之,虚空的客观现实可以导致以"某物"为内容的主观现实,即"无中生有"。一旦空无以某物的形态出现,也就同时赋予空无以实存形态,并支配着实实在在的"物质"生活和实践。如此一来,客观现实也就作为一种鲜活的现实性力量而存在。值得注意的是,齐泽克并非制造了现实的主观性与现实的客观性之间的标准对立,而是把客观现实界定成一种客观

---

① [斯洛文尼亚]斯拉沃热·齐泽克:《斜目而视:透过通俗文化看拉康》,季广茂译,浙江大学出版社2011年版,第14页。

② [斯洛文尼亚]斯拉沃热·齐泽克:《斜目而视:透过通俗文化看拉康》,季广茂译,浙江大学出版社2011年版,第19页。

③ [斯洛文尼亚]斯拉沃热·齐泽克:《斜目而视:透过通俗文化看拉康》,季广茂译,浙江大学出版社2011年版,第28页。

④ [斯洛文尼亚]斯拉沃热·齐泽克:《斜目而视:透过通俗文化看拉康》,季广茂译,浙江大学出版社2011年版,第20、19页。

的主观现实。齐泽克借用邓奈特（Daniel C.Dennett）的语言①说道：

> ……当然幻像在定义上不是"客观的"（在"存在独立于主体感知"这样的质朴意义上）；然而，它也不是"主观的"（在"存在还原为主体有意识地经历的直觉"这样的意义上）。更确切地说，幻像属于"客观地主观"的这样一个奇异的范畴——对你来说似乎是客观的、真实的方式，即使它们看起来并不是向你所展示的那种方式。②

从最彻底的精神分析学来说，齐泽克的两类现实是象征界与真实界的对立，是经验现象的主观性现实与作为调控现象体验的客观机制——对象a之间的对立。现实不过是意识的一种功能性构建物，其本质为无意识；而真实就是以梦、口误等为突破口的无意识欲望。齐泽克对现实和真实做的对立性分析可以通过"烧着的孩子"和"庄周梦蝶"得到说明。齐泽克认为，"烧着的孩子"证明了当个体的不合道德、不合社会法则的非真实姿态被暴露在外在的强烈刺激下时，主体为了冲淡或者削弱这一刺激性力量给个体造成的巨大惊恐，就会迅速地构建一个梦的场景用以逃避这一刺激的入侵。同样，"庄周梦蝶"的理论涵射并非在于庄子——作为一个人，做了一个梦，并在梦中变为一只蝴蝶；其真实涵射在于一只蝴蝶做了一个梦，在梦中这只蝴蝶成为庄子这个人。即，庄子实际上是一个"把社会实际的分裂和纷争整合成具有完整意义的现实秩序，是一个构建起庄子现实世界的耦合点，即幻象"③。蝴蝶的梦境成了庄子的现实，它结构并支撑了庄子的现实。意识形态幻象作为真实与现实的中介，横立于两者之间，它既防止实在界的过渡，又阻止象征界的入侵。因此，齐泽克制造的客观现实与主观现实之间的分裂和拉康实在界与象征界之间的对抗在本质上是相契合的。

3. 现实分裂的成因

关于客观现实与主观现实的分裂，齐泽克借用卡夫卡的《审判》和斯特拉

---

① 需要说明的是，邓奈特是在一个纯粹否定的语境中使用的，而齐泽克则是在肯定的意义上使用了邓奈特的表述。

② ［斯洛文尼亚］斯拉沃热·齐泽克：《易碎的绝对——基督教遗产为何值得奋斗?》，蒋桂琴、胡大平译，江苏人民出版社2004年版，第79页。

③ 韩振江：《齐泽克意识形态理论研究》，人民出版社2009年版，第151页。

斯的话语说道，"m^1与m^2相互补充，代表着两种匮乏模式（modes of lack）：一种匮乏是非完整性之匮乏（lack of incompleteness），一种匮乏是非一致性之匮乏（lack of inconsistency）。"①既然现实并非有机相融，那么它就在拼拼凑凑之间存有裂缝。齐泽克认为，造成分裂的原因主要有三：语言的先天暴力、实在界与象征界之间的内在"对抗"、欲望。

首先，我们可以在《暴力：六个侧面的反思》中找到造成分裂的原因之一——语言的先天暴力。齐泽克说："欧洲文明发现自己容忍不同文明的生活方式相对而言更容易，而这正是建基于那个它的批评者指摘为弱点和失败的东西，换句话说，建基于社会生活的异化。异化所指的意思之一，即距离被编织进日常生活的社会肌理之中。"②主体进入社会空间并与他人交往的行为不过是遵守某种外在的机械化程式，主体之间并未分享内在世界，分裂是一定的。齐泽克认为，分裂背后隐藏着"一个基本的语言事实"：语言简化了被指涉之物，并将它简化为单一特征。语言将实物的属性从实物身上剥离，肢解并摧毁了现实的有机统一，它擅自将其局部内容塞进一个最终外在于事物自身的意义场域之中。语言的这一运作方式本身就破坏了现实与意识形态之间的对称关系。另外，例如当我们以"金"命名金的时候，已经通过语言的先天暴力把"金"——一种物质属性——从其自然本质中抽离，并将其投入财富、权力等纯正范畴当中。无论如何，这时的"金"与其实体性都毫无关系。这与资本逻辑的反常暴力在社会异化中发挥的作用如出一辙。"由于语言受到了暴力的感染，这种反常在一种扭曲了符号交流之内在逻辑的偶然'病理学'情况的影响下而出现。"③简单来说，语言的先天暴力造成了现实的分裂。

其次，造成现实分裂的内在原因是实在界与象征界之间的内在"对抗"。我们可以回到帕斯卡尔的"机器"。齐泽克认为："符号机器（'自动机'）的外

---

① ［斯洛文尼亚］斯拉沃热·齐泽克：《斜目而视：透过通俗文化看拉康》，季广茂译，浙江大学出版社2011年版，第260页。斯特拉斯把法律之门称为m^1，把第一次审讯称为m^2。
② ［斯洛文尼亚］斯拉沃热·齐泽克：《暴力：六个侧面的反思》，唐健、张嘉荣译，中国法制出版社2012年版，第53页。
③ ［斯洛文尼亚］斯拉沃热·齐泽克：《暴力：六个侧面的反思》，唐健、张嘉荣译，中国法制出版社2012年版，第55页。

在性并非仅仅是外在的:它同时是这样一个场所,在那里,我们内在的、最'真挚'和'隐秘'的信仰的命运,已经被事先安排和决定了。"①正是隐性信仰与外在"机器"之间的短路,构成了帕斯卡尔神学的颠覆性力量。这里涉及的正是内在性(实在界)与外在性(象征界)之间的分裂。阿尔都塞提倡的意识形态国家机器不正是对这一分裂的综合吗? 意识形态国家机器要考察的恰恰就是作为一种外在的意识形态是如何被主体内化为自身又制造出与主体相对立的意识形态的。帕斯卡尔和阿尔都塞所做的一切,都旨在让我们明白"机器"与"内化"之间存在分裂。齐泽克同样认为,分裂来自实在界与象征界之间的"对抗","对抗"造成了意识形态内部与外部之间的分裂。但是,齐泽克并没有简单地处理内部与外部之间的对抗关系,或者说,他并不是把内部与外部放在一个对称的对立位置来考察的,而是把外部看成是内部"违越"的结果。内部违越是指对象内部的某物,作为对象的对立面超越了对象本身,而对象的确立正是以这种"超出"为基点来构建自身的。正如齐泽克所言,意识形态幻象要发挥功效,"就必须保持'隐匿'状态,必须同它所支撑的表层结构保持距离,其功能是一种内在违越"②。外部对立被齐泽克转换为僭越于自身的内部对立:特殊僭越和以自身反面形象、以普世形象出现的绝对僭越的对立。这样一来,现实分裂——一个创伤性内核——成了构建外部符号性现实的基础和逻辑起点。因此,意识形态也就不能被简单地用作填补对立项之间的缺口。正如齐泽克所言:

> 我们或许在意识中认为我们并没有完全认同于某种意识形态,可恰恰此时,意识形态认同真正地控制了我们。我们尽可以说意识形态并非一切,在意识形态面具之下,我还是个人,可这正是意识形态的具体形式,正是在此时意识形态显示出它的实用效力。……因此,真正的问题并不在于所有的意识形态都具有一个"超意识形态"内核,而在于只有借助于

① [斯洛文尼亚]斯拉沃热·齐泽克:《意识形态的崇高客体》,季广茂译,中央编译出版社2002年版,第61页。
② [斯洛文尼亚]斯拉沃热·齐泽克:《幻想的瘟疫》,胡雨谭、叶肖译,江苏人民出版社2006年版,第23页。

"超意识形态"内核,意识形态才具有可行性。①

最后,现实分裂的根本成因是欲望。拉康精神分析理论一开始就宣称了一种内在的不可解析的创伤性原质——快感。"这样说也不是没有道理,因为为了保护自身,这个地方令存在本身凋零。这个地方就叫作快感,正是因为缺了它,宇宙显得空虚。"②快感无法被符号化,它本身就是对"实在界"③的越轨,在"它"和"我"之间永远隔着一道鸿沟。快感的作用在于为构建现实提供动因,一旦现实的符号框架被初步确立,主体就不能再把它纳入现实的框架内,也就拉开了两种现实之间的距离。历史的形成不正是这样吗? 一方面,欲望动因推动历史进步;另一方面,历史框架一旦被搭建,欲望动因就被排除在历史之外。这样一来,快感就指向历史进程中的非历史内核,但并不能否认它成为社会关系必要支撑的地位。正因如此,齐泽克才说,"就拉康所谈到的'隔离',其中最困难,也是最痛苦的一个方面就是把快感的内核从这一内核在不同意识形态领域中的具体展现中提取出来"④。因此可以说,欲望是造成现实分裂的起点和本质。

从两种主体的分裂到分裂的两类现实,齐泽克试图展现一个宏大缺口——实在界与象征界之间的缺口,这就为意识形态缝合功能设置了前提和动因。通过符号界与实在界之间的置换,齐泽克完成了符号化主体的构建。在这个置换过程中,欲望充当了主体构建的动因,即便如此,一旦主体被构建起来,欲望依然会被主体无意识地隐藏起来。在此,欲望充当了"消隐的中介"。如此一来,主体符号化的过程也就意味着欲望动因的丧失,这一过程正是主体诞生的过程。正如阿尔都塞所言,"主体的缺失也就正好意味着主体的存在"⑤。同时,现实是通过主体的欲望动因构建起来的符号性现实,而非

---

① [斯洛文尼亚]斯拉沃热·齐泽克:《幻想的瘟疫》,胡雨谭、叶肖译,江苏人民出版社2006年版,第26页。

② Jacques Lacan, *Ecrits:A Selection*, New York:Norton, 1977, p. 317.

③ 如果把"实在界"看成是齐泽克意识形态的本体的话,快感正是对存在的僭越。

④ [斯洛文尼亚]斯拉沃热·齐泽克:《幻想的瘟疫》,胡雨谭、叶肖译,江苏人民出版社2006年版,第58页

⑤ Louis Althusser, *Ecrits Sur la Psychanalyse*, Paris:Stock IMEC, 1993, p.166.

现实本身；它只是一个体现欲望大展身手的符号或场所，只不过这个符号被主体当成唯一真实的现实。因此，在齐泽克看来，现实不过是一个空洞符号，它是无意识欲望的投射场所，由欲望来填充。但是，欲望与现实"碰巧"又分裂了。为维护主体世界的一致性体验，分裂的缺口必须被填充，而这个填充物就是意识形态。

（二）意识形态缝合现实的策略

齐泽克认为，意识形态幻象①（fantasy）"隐藏在公共意识形态文本之下，是其不被承认的卑劣支撑。与此同时，幻象也起到屏蔽的作用，可以防止真实的直接入侵"②。即，欲望客体并不直接参与现实生活，而是由意识形态幻象代替欲望客体来完成运作。幻象的基本功能就是创造了依附于实体身上的符号。这样一来，意识形态幻象就因调停欲望成因与符号性现实之间的对抗而发挥了缝合作用。在这里，我们可以清楚地看到幻象是如何彻底地站在欲望一边来支撑现实的。欲望支撑意识形态幻象构建现实的符号秩序并因此成为意识形态幻象最深层次的隐秘内核。在精神分析理论当中，欲望是外在的客观的，这就是说欲望幻象也是客观的。意识形态幻象要缝合实在界与象征界就必然地使客观的意识形态幻象主观化，即进入主体之内并支撑主体的现实感。主体的符号性阉割发挥的作用不正是如此吗？处于镜像阶段的婴儿把图像体验为自我形象，主体把外在的东西体验为主体自身的东西。欲望的幻象化操作可以避免象征秩序直面实在界的侵扰，它直接填补了象征界与实在界之间的巨大缺口。因此，齐泽克说，意识形态幻象"是用来支撑我们的'现实'的幻象建构：它是一个'幻觉'，能够为我们构造有效、真实的社会关系，并因

---

① 中文译者将齐泽克的 *The Plague of Fantasies* 一书译为《幻想的瘟疫》，在书中将"fantasy"一词译为"幻想"，笔者以为并不十分恰当。从齐泽克的思想体例来看，"fantasy"一词译为"幻象"较为合适。因此，笔者在这里给中文译本中的译文做了一个用词上的替换。

② ［斯洛文尼亚］斯拉沃热·齐泽克：《幻想的瘟疫》，胡雨谭、叶肖译，江苏人民出版社2006年版，第77页。

而掩藏难以忍受、真实、不可能的内核"①。就此,齐泽克试图建立意识形态幻象对原初欲望与现实的缝合关系。

周凡在《后马克思主义导论》中用"接合"概念指称"缝合"概念。他认为"接合的最基本含义是:通过一种中介或活动将不同的要素或构件连接成一个整体的实践活动"②。固然可以用"接合"置换齐泽克的"缝合"概念,但值得注意的是,以"接合"实现现实的整体同一有一个先决条件:保持裂缝(对抗)的存在。在齐泽克看来,为了防止现实空间众多能指的浮动与意义的不确定性,必须将浮动能指结构成统一整体。但是,分裂又必须存在,它不能被"抚平"。在这里,齐泽克的理论逻辑似乎前后相悖。事实并非如此,齐泽克认为,现实存有裂缝并不意味着分裂的永恒性。相反,裂缝的存在可以是一种"缝合"式的遮蔽存在。"缝合"不等于"抚平","抚平"旨在消除裂缝,而"缝合"恰恰是要在保持裂缝的同时实现整体同一。

那么齐泽克到底如何实现分裂现实的同一呢?齐泽克说,意识形态"'缝合'发挥着集聚的功能,借助于此种功能,意识形态因素的自由漂浮被终止和固定了——也就是说,借助于此种功能,它们成为意义的结构化网络的一部分"③。换言之,缝合分裂现实必然依赖于某一链接,即齐泽克所谓的缝合"纽结点"(nodal point)。如其所言,"意识形态空间是由非绑定、未捆死的因素构成的,是由'漂浮的能指'构成的,他们的同一性是'开放的',完全依赖于他们与其他因素之间的链接——即是说,它们的'字面'含义依赖于他们隐喻性的剩余蕴涵(surplus-signification)"④。齐泽克把意识形态缝合分裂现实的纽结点锁定为"隐喻性的剩余蕴涵"。就是说,他并不把纽结点看成是一种符号现实,而是当作过剩的意义,一种不能被言说、不能被象征化因而只能是隐喻性

---

① [斯洛文尼亚]斯拉沃热·齐泽克:《意识形态的崇高客体》,季广茂译,中央编译出版社2002年版,第64页。

② 周凡:《后马克思主义导论》,中央编译出版社2010年版,第94页。

③ [斯洛文尼亚]斯拉沃热·齐泽克:《意识形态的崇高客体》,季广茂译,中央编译出版社2002年版,第122页。

④ [斯洛文尼亚]斯拉沃热·齐泽克:《意识形态的崇高客体》,季广茂译,中央编译出版社2002年版,第122页。

的符号性剩余。

关于纽结点的符号性剩余蕴涵,齐泽克有一个具体而清晰的表述。他说,"一个人的内容,'他是什么',将取决于外在的意指网络(signifying network),该意指网络为他提供符号性认同点(points of symbolic identification),授予他某些符号委任"①。在这里,齐泽克赋予了意识形态缝合分裂现实的纽结点第一层含义:纽结点为天生乌有,它的实证性等待符号性的填充。这就是说,在意识形态的众多漂浮能指当中,它必须以某个纽结点来锁定滑动的意义。例如,个体是一个生态主义者,他既可以是国家取向的生态主义者,也可以是社会主义的生态主义者。主体是何种意义的生态主义者,取决于他在某一视点上的价值取向。个体相信国家干预的作用,个体就被固定在国家取向的生态主义者行列;个体把生态破坏归因于资本的残酷掠夺,他就被锁定在社会主义的生态主义者队伍之中。纽结点锁定了漂浮的能指。"但这种锁定只有在下列条件下才是可能的:某一能指——拉康所谓的'太一'(One)——'缝合'了整个领域,并通过体现它,完成了其统一性。"②这就是说,纽结点是空能指,是"太一",这并不难理解。

但是,纽结点是不是就被认定是实在界与象征界对抗后的剩余呢?如果纽结点就是对抗后的剩余,它就是一种未被符号化的某物,它又怎么可能对已经被符号化的东西加以缝合呢?齐泽克说,"分析的首要使命,是在既定的意识形态领域中,分离出同时决定了其整体之前景的特定斗争——用黑格尔的术语说,分离那个成了自身普遍的种的属"③。显然,齐泽克认为意识形态缝合现实的纽结点一定是经过符号化的某物,因为它一定要依赖象征符号网络来缝合现实之间的裂缝。纽结点经过符号化,又反射性地成为自身的属。满足纽结点所需要的所有条件只有一个,那就是对象a。对象a存在于实在界,

① [斯洛文尼亚]斯拉沃热·齐泽克:《意识形态的崇高客体》,季广茂译,中央编译出版社2002年版,第65页。
② [斯洛文尼亚]斯拉沃热·齐泽克:《意识形态的崇高客体》,季广茂译,中央编译出版社2002年版,第123页。
③ [斯洛文尼亚]斯拉沃热·齐泽克:《意识形态的崇高客体》,季广茂译,中央编译出版社2002年版,第123—124页。

它满足了纽结点为空无的条件,满足了纽结点经过符号化的条件,满足了纽结点经过符号化而未被符号化的条件。对象a 正是一种符号性剩余,它隐埋在意识形态幻象之中,是一种隐喻性的符号剩余。它是意识形态的崇高客体,它被象征秩序构建起来却又反射性地成为象征秩序的根基。由此,齐泽克赋予了纽结点第二层含义:意识形态缝合分裂现实的纽结点就是对象a 。如此一来,对象a 就被确立在维持现实同一性中的核心地位。

　　诚然,齐泽克以对象a 为依据,试图实现意识形态对分裂现实的缝合功能。但是,对象a 不过是空能指,它以"无"为基本特性。换言之,齐泽克必须以某种"有"来填充对象a 的"无"。齐泽克认为,主人能指增补了对象a ,从而使意识形态实现对分裂现实的缝合功能。在考察这一增补之前,有必要先来澄清几个概念:"能指"、"所指"和"主人能指"。索绪尔认为:"符号由不可分割的两个因素组成:能指(即构成符号的语音与书写标记)和所指(符号表示的概念性意义)。"[①]在语言学中,能指表示音位,而所指是填补音位上的意义,两者结合构成一个完整的能指链条。拉康认为,潜意识就像语言一样构建起来,一切语言表达及其阐释过程无不受到寻求失去的、无法实现的"欲望"——特权能指——的驱使。[②] 正是在这一意义上,拉康将索绪尔的能指概念引入精神分析学领域。能指意指文化领域中的共同意义,或者说能指是一个空洞的、普遍性的虚无。能指要在共同意义中寻求自身的确定涵射,必须由所指来完成。"所指"就成了确定和传递共同意义的某一特定的文化成员。因此,可以将"所指"分析为作用于各种形式的符号指向系统中的符号。从意识形态缝合现实来看,能指就是意识形态,而所指就是对象a 。那么主人能指又是什么呢?齐泽克以一个困乱景象解释道:"在那里,意识形态已经丧失凝聚力。在这种情景中,主人是发明新能指的人。新能指就是著名的'缝合

---

　　① 　[美]M.H.艾布拉姆斯:《文学术语词典(第7版)》,吴松江等译,北京大学出版社2009年版,第285页。

　　② 　参见雅克·拉康的《作品选集》(1977年)。在1972年第48期《耶鲁法语研究》中,拉康解读了埃德加·爱伦·坡的短篇故事《失窃的信》,将其视为能指运作的象征,引起了众多的讨论。以及参见马尔科姆·鲍伊的《拉康》(1991年)。

点',它要再次稳定形势,使形势变得清晰可读。"①换言之,主人能指就是主体为了实现从杂乱无章到井然有序之间的逆转而设定的新的能指。前文我们说纽结点就是对象a,在这里我们又得到主人能指就是缝合点的结论。我们对此加以转换,就得出了一个清晰的答案:主人能指占据了对象a的位置,增补了对象a的空白。

我们知道对象a是经过符号化而未被符号化的某物,是被排除在符号秩序以外的某物。更进一步说,齐泽克认为,"被符号秩序排除在外的,是成双配对的主人能指,作为阴—阳的S_1-S_2"②。换言之,要增补作为纽结点的对象a,同样依赖主人能指,原因在于,主人能指能够赋予对象a确定的意义。如果我们把对象a看成能指,主人能指在此扮演了所指的角色。"在主人话语中,主体的身份是由S_1保证的,是由主人—能指(他的象征头衔——委任权)来担保的,这一能指是对确定主体道德尊严的东西的忠诚。"③换言之,齐泽克把现实看成是由意识形态这个"自我"来命名的,从而肯定了所指对能指——主人能指对对象a——的意义保障作用。但是,能指始终为空,这正是所指发挥作用的地方。上帝的意义是先天的,但却是浮动的,必须以所指替换能指,上帝的意义才能获得确定性表达。在此,所指替代能指,替代能指行动,所指为能指尽的义务不过是使能指外化并消隐。对象a作为雄霸于主人能指之上的超验能指,它的实际意义必须因主人能指才能现实化,两者之间具有富于变化的张力。对此,齐泽克在《自由的深渊》(*The Abyss of Freedom*)中说:"为了意义领域的出现,即为了能指系列指称某种东西(有一种确定的意义),必须存在一种代表'虚无'的能指(某种东西),一种其在场代表意义之不在场(或

---

① [斯洛文尼亚]斯拉沃热·齐泽克:《视差之见》,季广茂译,浙江大学出版社2014年版,第61页。

② [斯洛文尼亚]斯拉沃热·齐泽克:《视差之见》,季广茂译,浙江大学出版社2014年版,第62页。

③ [斯洛文尼亚]斯拉沃热·齐泽克:《易碎的绝对——基督教遗产为何值得奋斗?》,蒋桂琴、胡大平译,江苏人民出版社2004年版,第39—40页。

者毋宁简单地说,代表不在场)的指涉要素。"①例如"定义'马克思主义'的唯一方式是说,这一术语标指通过引证马克思的话而取得了合法性的所有运动和所有理论"②。在此,齐泽克如同变戏法一般,实现了对象a 的"无中生有"。

但是,对象a 的同一性并不由特征簇决定——不由所指决定,而是由"我"自己来"命名"。例如,"因素——拜物所关闭的级差/形式结构只有在替换姿态已经发生的情况下才可能出现。换言之,结构实际上永远是一个能指的结构,是一个被替换为所指内容的能指结构,而不是一个所指的结构"③。能指与所指的替换逻辑暗示出,主人能指意义是回溯性地表现了整个能指链的意义。主体性是由主人能指的回溯性来构成的,个体也在这一时刻获得了主体性。"自我理想的功用——即象征性认同的作用:象征性认同就是认同理想中的一个点,当主体自己的真实生活变得徒然无效、令人厌恶时,主体从这一点观察自身"。④ 象征性认同是个体从主体的位置来看待自身,只有在这一认同境遇下,个体才能获得主体性的维度。这里再次涉及主体性是客观的还是主观的问题。前文我们已有答案,是客观的主观。这就是说,主体性是附加于主体身上的外在客体,但这种附加的外在客体最后被个体转换成自我观念、意识,而成为主观的某物。这就是能指意义的外化与所指对能指意义的图示表现。这一替换和表现类似于弗洛伊德所说的梦的换喻功能。通过梦的换喻,它最终指向一个核心意象——无意识欲望。这就是说,从根本上讲,对象a 才是意识形态缝合现实的核心,作为所指的主人能指不过是对象a 的表象。

如果说齐泽克发现缺口的路径是由小及大,那么他增补缺口的路径则是由大及小。意识形态缝合实在界与象征界之间的缺口,这一宏大叙事经由对

---

① ［斯洛文尼亚］斯拉沃热·齐泽克:《自由的深渊》,王俊译,上海译文出版社 2013 年版,第 54 页。

② ［斯洛文尼亚］斯拉沃热·齐泽克:《意识形态的崇高客体》,季广茂译,中央编译出版社 2002 年版,第 136 页。

③ ［斯洛文尼亚］斯拉沃热·齐泽克:《幻想的瘟疫》,胡雨谭、叶肖译,江苏人民出版社 2006 年版,第 137 页。

④ ［斯洛文尼亚］斯拉沃热·齐泽克:《因为他们并不知道他们所做的——政治因素的享乐》,郭英剑等译,江苏人民出版社 2007 年版,第 14 页。

象a 这个内核而得以加固。换言之,意识形态幻象缝合实在界与象征界、真实与现实之间缺口的纽结点是对象a ,即意识形态缝合的纽结点是对象a 。在拉康看来,主体历经了一个十分凄惨的自我分裂的旅程,分裂是主体对同一性体验的失败。主体同一性的体验依赖于主体之外的某种力量。正如齐泽克所言,"在大他者之外,在异化的符号网络之外,主体获得某些内容,是完全可能的"①。主体的内容由这些例外的东西来填充,这些例外正是意识形态的崇高客体——对象a 。对象a 依靠主人能指对同一性空位的增补,将意识形态幻象变成了"两军交战"(无意识欲望与现实世界)或欲望中转的场地。意识形态对象征与实在的缝合保证了欲望客体在主体、象征网络、现实世界中的顺畅流通,重筑了原初欲望和现实符号世界之间已经垮塌的桥梁,维持了主体对现实世界整体性、同一性的体验。

(三)意识形态缝合功能的经济诠释

我们清楚,取材于物质客体的货币会随时间的推演而改变其物质形体,但在社会有效性中,它表现得"好像"(als ob)取材于不变实体,时间对它无能为力。商品确立自身并不因其使用价值,而是以"崇高物质"制成。"崇高物质"充当了躯体之内的躯体,它以符号权威的物质化肉身支撑了商品价值。通过颠覆商品形式与内容的相互关系,齐泽克引入了一个先于和外在于思想的思想形式:符号秩序。符号秩序正是以概念为基本单位结构而成的抽象网络。市场(market)概念的现实意义旨在表明商品贸易,但这只不过是抽象概念被客观表达的一种形式,真正支撑社会交换行为的是市场的符号秩序,即市场意识形态。市场意识形态以一种被遮蔽的方式填补了商品概念网络与商品内容之间的缺口。"意识形态的向度在本质上深置于现实之中,这种现实将它作为其自身结构的一种不可或缺的特征掩盖了起来"②。我们并不能简单对待

---

① [斯洛文尼亚]斯拉沃热·齐泽克:《意识形态的崇高客体》,季广茂译,中央编译出版社2002年版,第65页。
② [斯洛文尼亚]斯拉沃热·齐泽克等:《图绘意识形态》,方杰译,南京大学出版社2002年版,第369页。

齐泽克的以上论述,必须加以深入分析,来阐明齐泽克经济意识形态缝合功能的四个基本观点。

其一,在现实的商品交换行为中,商品形式与商品内容相分离。一种物质的天然属性不外乎物质肉身,本质上说,并不能在两种物质之间进行复杂的转换。这就必须设想一种物质的共同属性——使用价值。商品因使用价值而具有了交换的基础。齐泽克说,古典政治经济学只对商品形式背后的内容而不是商品形式本身感兴趣,因而注定会失败。马克思则分两步完成了对"商品形式的秘密"的分析,第一步是分析商品内容与商品形式之间的分裂,第二步是通过对商品形式的分析来揭示"商品形式的无意识"。从表面上看,商品价值取决于纯粹运气的、偶然性的相互作用,因而必须去设想隐藏在商品形式本身的隐含"意义"。齐泽克借用艾尔弗雷德·佐恩·雷特尔(Alfred Sohn Rethel)的话,"对商品所作的形式分析,不仅扼住了政治经济学批判的咽喉,而且对解释抽象的、概念化的思维模式的形成,以及解释与此类思维模式共生的脑、体劳动之间的区分,都是至关重要的"[1]。换言之,程序化的商品交换行为已经预先设定了一个概念网络、范畴装置(apparatus of categories)。这个预设的范畴装置暗示了商品形式与商品内容之间的分裂。

其二,经济意识形态真正填补了商品形式与商品内容之间的缺口。齐泽克认为,要处理商品形式与内容之间的分裂,我们必须把处理方法归还到"意识形态",重新确立形式与内容的逻辑论证。在市场交换行为中,人们貌似关心的只是商品的实际效用——以一种使用价值换取另一种使用价值。然而,使用价值之间的交换暗示了商品交换行为的先在性:人们必须首先假定市场交换行为是一种客观真实才能进行交换活动。因此,"商品交换包含了双重的抽象:其一是来自商品的可变品性的抽象,它发生在商品交换的行为中;其二是来自商品具体的、经验的、感性的、特殊的品性"[2]。市场交换行为预示了经济意识形态先于使用价值而存在,它以其抽象性综合了各种使用价值。

---

① Alfred Sohn Rethel, *Intellectual and Manual Labor*, London press, 1978, p. 33.
② [斯洛文尼亚]斯拉沃热·齐泽克:《意识形态的崇高客体》,季广茂译,中央编译出版社2002年版,第23页。

"这里我们再次拥有了意识形态的普适性,即等价和公平的交换,同时又拥有了特定的悖论性的交换,即以寻求工资为目的的劳动力的交换。"①齐泽克说,正如马克思在"物与物的关系"和"人与人的关系"之间进行的逻辑转换,其本质不过是以一种意识形态——"商品拜物教"——统治人或者统治物。经济意识形态与人、物之间的关系不过是黑格尔意义上的统治(Lordship)和奴役(Bondage)的关系。显然,齐泽克的结论是:作为形式的经济意识形态统治了社会经济行为。

其三,在实际的经济行为中,人们对经济意识形态"一无所知"。齐泽克说,"商品所有者在交换关系中所做的,就是实用唯我主义——与他们对商品的所思、所言毫无关系"②。在实际的经济行为中,我们并不思索经济行为的意识形态性,而是对直接的经济行为加以体验。齐泽克对货币的分析准确地说明了这一点:

> 货币实际上只是社会关系网络的化身、浓缩、物化——它被用作所有商品的普遍等价物,这个事实的成立是以它在社会关系的肌质中所处的位置为前提条件的。但相对于个人而言,货币的功能——成为财富的化身——表现为人称"货币"的事物的直接、自然的财富。好像货币已经在其本质上、在其直接的物质现实中,就是财富的化身。③

然而,对经济意识形态的非知正是经济运行的本质部分。交换过程的社会有效性只有在非知的前提下,在人们并没有意识到它的正确逻辑的前提下,才能顺利进行。相反,如果我们"知道太多"、洞悉了社会现实的有效运作机制,经济运行机制恰恰会自行消解。因此,齐泽克说,意识形态是一种社会有效性,是意识形态有效性的再生产,它暗示单个人对他们的所作所为"一无所知"。当今的意识形态发挥作用的方式正是犬儒性的,犬儒性主体对于意识

---

① [斯洛文尼亚]斯拉沃热·齐泽克:《意识形态的崇高客体》,季广茂译,中央编译出版社2002年版,第30页。

② [斯洛文尼亚]斯拉沃热·齐泽克:《意识形态的崇高客体》,季广茂译,中央编译出版社2002年版,第27页。

③ [斯洛文尼亚]斯拉沃热·齐泽克:《意识形态的崇高客体》,季广茂译,中央编译出版社2002年版,第42—43页。

形态与社会现实之间的距离心知肚明，却依然将其抛之脑后。显然，当代犬儒主义的根本问题并不在"知"的层面，而是在"行"的层面。

其四，真正支撑经济意识形态的是"崇高客体"。既然经济意识形态是社会有效经济行为的支撑，那么它自身的确立基础又是什么呢？马克思说，当生产力超过限度就会成为资本主义生产关系进一步发展的障碍，社会主义革命旨在重新调整生产力与生产关系之间的关系，确立新的生产关系、强化生产力的推动作用。齐泽克认为，马克思的"剩余价值"催促着生产力超过一定限度。剩余价值作为生产力发展的动因，严格地对应了拉康的"剩余快感"。剩余价值与剩余快感都是一种结构性的"多余"。如果除去剩余价值，资本主义革命将会被中断；如果固守剩余价值，资本主义又必死无疑。剩余快感作为经济意识形态的结构性剩余，它正是欲望的客体肇因。删除它或者固守它都意味着意识形态的消解与毁灭，它必须在两者之间保持紧张关系，在激烈对抗与不断调停的交替中支撑和推动经济发展。

二、齐泽克意识形态的表征功能

"表征"（representation）概念具有两个基本向度：一是心理向度，二是文化向度。作为认知心理学的关键概念，表征是指外部事物在内部心理活动的再现。表征一方面是对客观事物的反映；另一方面则是心理活动的对象，即心理意义。从文化的角度来看，霍尔认为，表征最简单的意义是指"语言生产意义"。从这一角度讲，表征具有两个相关意义："1.表征某物即描绘或摹状它，通过描绘或想像而在头脑中想起它；在我们头脑中和感官中将此物的一个相似物品摆在我们面前……2.表征还意味着象征，代表（什么的）标本，或替代……"①这就是说，表征涉及的是两个系统：一个是外在的客观系统——表征只是作为描摹客体的副本；一个是内在的心理系统——心理客体。当然，无

---

①　[英]斯图尔特·霍尔编：《表征——文化表象与意指实践》，徐亮、陆兴华译，商务印书馆 2003 年版，第 16 页。

论是描摹副本，还是心理客体，都仅仅是表征的静态图示。霍尔认为，表征更是一种通过文化众成员的活动形成的意义，即表征是一种动态的实践过程的意义结果。对表征概念的这一认识，隐含了一个重要前提，即各种外部事物并不存在任何固定的、最终的或真实的意义。世界的划分、定级和意义制定都与主体相关。简言之，事物的全部意义都来自主体。以上说明，涉及了齐泽克意识形态表征功能的基本要义。

（一）纯粹表象的意识形态

现代符号学大师罗兰·巴尔特（Roland Barthes）建构了"符号"这一概念。他认为，"索绪尔选定了能指与所指，二者的结合便构成了符号。这一主张至关重要，应时刻不忘，因为人们总易于把符号当成能指，而它实际上涉及的是一种双面的现实"①，即实在现实和符号现实。如此一来，巴尔特就从主体的角度设定了一个符号世界并用以规定和刻画现实世界。正如卡希尔所言："我们面对实在世界和动物面对实在世界的方式是不同的，我们是以'第三系统'即符号系统来面对实在世界的，因而是一个新的实在世界，或者说世界是我们通过符号创造的。"②因此，符号学当中的符号并不是主体自我反思心理的结果，而是前提。符号学对双面世界关系的倒置，被让·鲍德里亚（Jean Baudrillard）发展性地继承了。

在鲍德里亚看来，室内家具的结构具有双重性：内在性结构和外在性结构。外在性结构表现为家具的组合及其布局，内在性结构则是通过家具结构展现出来的社会心理符号体系。例如，在父权体制下，室内家具的结构布局以传统及权威的父权制关系为内在支撑。"组合家具的方式是一个时代家庭和社会结构的忠实形象"③。现实的结构受制于象征体系，它将散乱的现实世界

---

① ［法］罗兰·巴尔特：《符号学原理》，王东亮等译，生活·读书·新知三联出版社1999年版，第29页。

② 转引自张天勇：《社会符号化——马克思主义视阈中的鲍德里亚后期思想研究》，人民出版社2008年版，第122页。

③ ［法］尚·布希亚：《物体系》，林志明译，上海人民出版社2001年版，第13页。

刻画为一个整体。即使社会现实的结构被破坏,但其外在结构依然可以被内在的象征体系重建。原因很简单,家具结构的现实性已不再被归于自然属性,而是被归于一个由记号来标示的符号体系。物品(家具)的本质性力量展现在它与真实世界和人之间的准确的适应关系当中。物在物体系中丧失了自我特殊的价值,只拥有作为符号的一般性功能。自然的存在永远被符号超越,这样符号才拥有作为文化模范、时代精神的机会和价值。简单来说,现实不再是现实本身,它已经被符号化,进而搭建起符号体系,"在这样的体系内,自然的存在总被推翻(démentie),这使得它成为一个具有否认(désaveu)、缺席(manque)和(不在场)无罪证明(alibi)性质的体系(就这一点,它比先前所有体系更为逻辑一致)"①。鉴于此,鲍德里亚认为,社会是符号化社会,符号体系已成为不争的事实。

在齐泽克看来,符号体系"只能在阴影中,以半生半死的中间状态,作为某种潜在、含蓄和被唤醒的事物而存在。一旦我们驱散阴影,直面实体,崇高客体就会烟消云散,剩下的只是普通客体的残渣"②。换言之,符号性并非物质实体的固有特性,只不过它通过占据幻象空间的位置产生了某种效应,致使物质实体看起来是那么的像符号体系。"是(being)"与"像(resembling)"的令人发笑的重合,显示了致命的相邻。物质实体像符号体系,那是因为从某种意义上说物质实体已经死去。如此乾坤逆转,其意义涵射在于,物质实体以死亡的方式获得了符号性的重生。"诗人只有失去恋人,才能最终真正得到她。正是因为已经死去,她才在调控着主体的欲望的幻象空间占据了一席之地。"③易言之,符号体系的建立隐含了一个致命的维度,即符号体系的构建与"死亡"密切相关。物质世界以自身的消亡成就了符号体系。同样,符号体系一旦被塑造起来,它就会再起征程,去寻找填补空位的物质实体。符号世界依

---

① [法]尚·布希亚:《物体系》,林志明译,上海人民出版社2001年版,第73页。

② [斯洛文尼亚]斯拉沃热·齐泽克:《斜目而视:透过通俗文化看拉康》,季广茂译,浙江大学出版社2011年版,第144页。

③ [斯洛文尼亚]斯拉沃热·齐泽克:《斜目而视:透过通俗文化看拉康》,季广茂译,浙江大学出版社2011年版,第147页。

附于物质世界,使符号世界看起来就像物质世界一样。因为,它并不直接展现符号的迷人魅力,而是以物质世界的替代来施以行动。因此,齐泽克对传统思维与存在的关系进行了反向建构,不再把符号世界当成现实世界的抽象表达,而是当成抽象世界的现实力量,从而倒置了符号与现实之间的唯物辩证关系。

从物质实体到符号体系再到符号的实体化,齐泽克试图证明主体在抓住符号标记的那一刻就将立即失去它。从斯特劳斯的"符号有效性"(symbolic efficiency)来看,平等自由的现象是一种符号虚构(fiction),它拥有自身的实际有效性——要抵抗将它简化为掩盖不同真实性的单纯幻觉的怀疑主义诱惑。齐泽克认为,我们必须在这里对"表象"(appearence)与"假象"(simula-crum)做出尤为关键的区分。"以拉康术语来讲,假象是想像的(幻觉),而表象是符号化的(虚构);当符号化表象的特定范围开始解体时,想像与实在变得越来越难以区分。"①即是说,假象模糊了想象与真实之间的界限,而这一界限只能在表象中才能得到清晰的呈现。符号体系体现了这一功能,它以自身的表象存在划分了实体与真实的界限。符号体系被现实中的肯定实体掩盖了,并致使主体产生了误认。这正是意识形态填补实在与象征之间缺口时发挥的作用。在此,齐泽克在象征体系与意识形态之间做了一个对接。齐泽克认为,每个人都生活在由符号系统构建的意识形态体系当中。在消费社会中,当把我们摆放在商品面前时,从购买使用功能的角度来讲,我们显然是平等的。既是说,主体平等地拥有商品的使用功能。一旦商品进入符号体系,问题的关节就显露了。奢侈品的主要意义并不在于商品的使用功能,而更在于它的象征性。它表现了个体在社会中的财富、地位和一定的权威。

但是,齐泽克并不认为社会现实的终极原因就是意识形态,相反,他认为意识形态不过是意义的纯粹表面。在《精神现象学》中,黑格尔阐释了一句著名的格言:"超感是作为表象的表象"。黑格尔说,在宗教的教义里,当一个孩童向牧师探寻"主"的面庞时,牧师可以饱含深情地应答:当人们遇到那放射

①　[斯洛文尼亚]斯拉沃热·齐泽克:《敏感的主体——政治本体论的缺席中心》,应奇等译,江苏人民出版社2006年版,第223页。

着博爱与善的万丈光芒的面庞时,不论这张面庞归属谁,请记住,这就是"主"的面庞。齐泽克认为,对此深情指示只做教义上的陈词滥调般的解读就毫无趣味了,我们在其中得到的真理应该是超验可以作为瞬间飞逝的表象、可以作为世间面庞而被辨识。如其所言,"正是'表象'的这一维度把一些现实变体为某物,对于一个简短的时刻而言,它放射出超验永恒,而这在假象的逻辑中已经消失了:在假象中,它变得与实在不可区分,任何事物都在场,并且没有其他超验范围能有效地在其中或通过它而'出现'"①。这里我们再次涉及表象与假象的区分,假象是想象性的,而表象是符号化的。在假象的世界里,真理性与虚假性之间的界限被模糊了。而在表象中,虽然超验真理会在某一神秘时刻从符号世界里一闪而过,但就是在那一瞬间,它辨识了意识形态的真理性。换言之,意识形态并不是永恒的真理,它的真理性是短暂的,除了那一瞬间,它永远都只能作为真理的表象而存在。

齐泽克对梅农②大加赞赏,他从梅农的"对象"出发并认为德鲁兹的《意义的逻辑》定义了身体之实体的不透明深度和意义—事件的纯粹表面之间的对立,或者说德鲁兹试图把现象从实体性存在中解放出来。齐泽克说,这就如同生物学对人体的考察那样,把人体拆分为表面及其掩盖的内脏,它引起了事件表面与符号深度之间的对立。作为分析对象的事件,仅仅由规定它们的性质来定义,而与其真实存在毫无瓜葛。换言之,主体面对的意识形态是一种表象,正如我们只能看到身体的表面皮肤而非内部器官。例如人的情感意义并不显露在身体之中,而是超越身体的结果,它更是一种超越意义。正如齐泽克在《快感大转移——妇女和因果性六论》中指出的那样,"情感是身体机器的

---

① [斯洛文尼亚]斯拉沃热·齐泽克:《敏感的主体——政治本体论的缺席中心》,应奇等译,江苏人民出版社 2006 年版,第 224 页。

② 梅农把对象分为四类:一是具体对象,二是现实中的对象,三是形式可能的对象,四是无法归类的对象。现实中的对象已经摆脱了其具体对象的真实性(客观真实),而只是被主体当作真实来对待。但是,总有那么一部分不能在现实中被主体直接体验,或者说在现实中是不可能的对象,却在形式上能够被窥测到。这就是形式可能的对象,它是现实的一种超越物。"无法归类的对象"就显得更为神秘了,它是一种幽灵性的存在,不能靠近,一旦我们试图抓住它,它就将烟消云散。

结果,但它们同样是一种情感结果意义上的结果,并且作为事件的这个结果的表面具有自己的本真性和自主性"①。道德规范在现实中总是忧郁的,它依附在人的欲望之中,又总是被掩盖在快乐的面具之下。因而,在齐泽克看来,意识形态仅仅是意义的纯粹表象。值得注意的是,齐泽克的意识形态的纯粹表象具有双重意义:一是内部的外化,二是外部的内化。一方面,意识形态作为主体的内在体验,它被外化为现实世界。在日常生活中,我们把意识形态直接当作现实的某物来对待,仿佛它已在现实的某物中实现了自身。但是请记住,我们对意识形态的认可,只不过是对意识形态表现形式的认可,现实的某物只不过是认可意识形态的仪式。意识形态的现实存在就是通过对现实的某物的误认而成为一种纯粹表象的存在。另一方面,意识形态作为一种符号现实,它本身的缺乏被"实在"掩盖了。空洞的意识形态被实在界填充了,实在界之欲望动因并不直接被主体体验,而是被主体屏蔽了。如此一来,欲望动因就被意识形态代替了,主体直接把体验到的意识形态当成了本质性的规定,使其以"好像就是"的形式呈现在主体面前。

我们要继续追问的是,意识形态是通过何种方式来实现表象在场的呢?来看看齐泽克在《享受你的症状——好莱坞内外的拉康》一书中的阐述,他说:

> 如果党在人民眼中从未拥有合法性,那么,又如何解释这样的事实,即上述"魔咒被打破"的时刻仍被经验为一种合法性的丧失?关键在于"大他者"的地位,它是一个"本质性表现"的秩序,虽然民众"从不真的相信它",但他们无论如何表现得好像他们相信了一样,好像党的统治有完全的合法性一样,他们遵从"外在"仪式,在必要的时候做出恰当的宣言,等等。②

在此,齐泽克阐释了两种相互排斥的大他者的隐性代理:一类是在台后超

---

① [斯洛文尼亚]斯拉沃热·齐泽克:《快感大转移——妇女和因果性六论》,胡大平等译,江苏人民出版社 2004 年版,第 160 页。
② [斯洛文尼亚]斯拉沃热·齐泽克:《享受你的症状——好莱坞内外的拉康》,尉光吉译,南京大学出版社 2014 年版,第 54—55 页。

控一切的隐性代理,另一类则呈现为在台后超控一切的隐性代理的反面。如果难以理解的话,可以采用一种更为清晰的话语:以划分大他者的两类代理为基础,我们可以把意识形态主体划分为两类,一类是理应知道的主体,另一类是理应不知道的主体。在意识形态的两类主体之间发生的事,"恰恰是严格意义上的剥离:客体a和我(符号身份)分离,客体从符号网络中脱落,同象征世界保持距离"①。对于党的合法性而言,理应知道的主体从主观现实的角度赋予了党的合法性,理应不知道的主体则是一种对党的合法性在本质上的否定。在现实当中,理应知道的主体掩盖了理应不知道的主体(因为虽然"不是",但又无论如何表现得好像"是"一样),大他者的隐性代理掩藏了隐性代理的反面。这样一来,主体才能总是把现实体验为肯定的某物,而非体验为空无一物的某物。这里发生的事情,正是主体的误认。主体把本质加以掩藏,而把本质的表象当作本质来加以体验,并进而把表象当作本质来对待。意识形态依然如此,也就是说,意识形态的表象在场也是通过误认来表现的。

(二)表象意识形态的欲望表征

如果对象征体系的探讨戛然而止,齐泽克涉及的不外乎是主体对实体范畴的符号性委派,无法解释符号体系本身的肯定性。因为符号秩序本身就是空洞的漂浮能指,若不加以填充和固定,象征体系就将因其空洞而面临崩溃。齐泽克认为,就实体世界仿构象征体系来说,象征体系虽然有着超高的地位,却也存在一个不能被说明的意义指向,必然以一整套阳具意义的体系为基础。易言之,象征体系和实体世界一样,依然是一种意义投射。符号性委派不过是一种形式对另一种形式的委派。齐泽克认为,主体对实体的符号性委派只是委派了符号体系的表层或者说"外端",而象征体系又是以一种从符号繁衍而来的新的意义为支撑的。此时,我们从物之实体得到的就不仅仅是象征体系,还得到了一种新的象征价值。古董在社会生活中已基本丧失了其物质实用

---

① [斯洛文尼亚]斯拉沃热·齐泽克:《享受你的症状——好莱坞内外的拉康》,尉光吉译,南京大学出版社2014年版,第56页。

性,它是对特定社会阶段的符号性表征,因而它的存在是符号性的存在。但是,古董的社会符号性仅仅表征了过去、表征了物,它的存在基础则是符号表现出来的价值。例如,古董具有建构当前文化系统的价值。这种象征价值并非古董先天具有的,也不是符号体系表现出来的,而是超出符号体系之外的剩余。换言之,我们需要进一步深思:意识形态表象表现了什么?

1.表象意识形态的欲望内核

意识形态作为一种表象存在形式,它总是表现得过多。正如鲍德里亚所说,"形式在彼此之间自由地组织,但它们和人初等功能间失落的关系,又总是在记号的抽象化程序中持续存在:那是它们的延伸意义(connotation)"①。换言之,对物之结构的研究,不仅要涉及符号体系,还要涉及一个多少合理而又阐释困难的结构性"意义"。此时的"意义"更为神秘,它超越所有符号性描述,是不同于象征体系的另外一个组织结构。齐泽克同样认为,作为意识形态的象征体系,一旦被搭建并被二次带入实体世界时,客观的意识形态就会受到潜在心理动机的引申,从而产生出说不清道不明的新的意义涵射。新的意义作为一个强有力的心理投射,对于实在结构和象征体系的变化起着能量动员(energy mobilization)的作用。"新的意义"类似于梅农的第四个对象——无法归类的对象,是一种空无的幽灵化对象。作为意识形态的第三类对象——形式可能的对象,就是对第四类对象的某一时刻的表现。可以说,无家可归(无法归类)的对象显然只能在某一时刻作为形式可能的对象的超验物而存在,除此时刻,它是幽灵化的。显然,"超验并非超越现象的肯定实体,而是否定性的内在力量,它使得表象'仅仅是表象',也就是说,它是一种本身并不完全真实的某物,却注定在自我否定的过程中灭亡"②。这就改变了我们对意识形态与真理之间的简单区分。意识形态表象不过是主体对现实的歪曲,而现实则是依赖意识形态这一表象系统搭建的主观体验。打破意识形态这一表象系统,就意味着社会现实的消亡。要想维持主体的现实感,就必然以意识形态表

① [法]尚·布希亚:《物体系》,林志明译,上海人民出版社2001年版,第52—53页。
② [斯洛文尼亚]斯拉沃热·齐泽克:《敏感的主体——政治本体论的缺席中心》,应奇等译,江苏人民出版社2006年版,第224—225页。

象之剩余为依据,即以"实在"为依据。

齐泽克从研究笑话的科学家那里得到这样一个结论:智力始于制造笑话之能力。研究笑话之人,分析完万千笑话事例后,最终会找到一个笑话模本,即"原初笑话"。这就暗示了有一种超越形态的智力把这个原初笑话赋予人。直白地说,这揭示了在符号秩序的幕后存在着一种超控符号秩序的力量,这种力量最终构成了意识形态的内核。拉康的回答印证了这一点,他说,"符号领域总是被禁止、被削弱的,总是漏洞百出的,总是围绕着某个外隐之核(extimate kernel)、某种不可能性(some impossibility)建构起来的"①。从意识形态的表象与内核的角度来看,齐泽克把意识形态分为两类,这就是"意识形态的补充程序":

　　——其中之一是话语性的,即对意识形态文本的"征兆性解读"。它导致了其意义的自发性体验的"解构"——即,它展示出,一个既定的意识形态领域怎样成了异质性的"漂浮能指"的蒙太奇结果,成了他们通过某种"纽结点"的干预而聚集的结果;

　　——另一个意在剥离快感内核,意在说明一种方式,以这种方式——超越意义领域但同时又内在于意义领域——一种意识形态隐含、操纵、创造了用幻象构造出来的前意识形态快感。②

简言之,意识形态是由表象和内核搭建的结构。意识形态表象是符号性的,是一个符号系统,因而是一个符号性的意识形态;意识形态内核则是隐性的原质性的又起着决定性作用的意识形态,是一种前意识形态快感/意识形态原质。从实在界与象征体系的分裂来看,意识形态的原质就是那种在某一时刻将分裂的深渊填平的某物。也只有在这一异乎寻常的天体现象出现时——裂缝被填平的现象出现时,意识形态的内核/原质才能被纳入语言的符号系统。换言之,符号性的意识形态总是围绕着某种创伤性的原质快感才得以建

①　[斯洛文尼亚]斯拉沃热·齐泽克:《斜目而视:透过通俗文化看拉康》,季广茂译,浙江大学出版社2011年版,第57页。
②　[斯洛文尼亚]斯拉沃热·齐泽克:《意识形态的崇高客体》,季广茂译,中央编译出版社2002年版,第174—175页。

立起来,原质快感是符号界(符号性的意识形态)的原动力。"意识形态的能指网络以某种方式控制着我们,这种方式的意识形态结果的最后支撑就是不可感知的前意识形态快感内核。"①换言之,表象的意识形态遮蔽的意识形态内核正是原质性快感。

但是,仅仅说表象的意识形态之内核为原质性的快感,不过是对意识形态内核的一种抽象而又缥缈的认知。在精神分析理论当中,主体必须以语言的形式表达自身的需要,原初意义上的需要就必定受到语言的束缚。在父权制社会中,父亲的名字只不过是社会法律体系的一个象征性标记,这种标记离"父亲"原初情感已越来越远。正是在这个意义上,克莱尔说,死亡本能可以视为构建欲望的母体。当然,原初需要作为能指符号,它在与新的能指保持一定距离的过程中,欲望形成了。正如我们在电影《全民目击》中遇到的那个"死角"那样,欲望作为一个空乏的客体,它流转于各个体系之间,使得各个体系密不可分,又使各个体系看起来像它看上去的那样。欲望就以这样一种暗淡的身影存在着,以意识形态的方式存在着。它把整个社会都变为意识形态的社会,一切现实的某物都以一种额外的意义为支撑,一切现实都是意识形态的。这里有一个关键的转变:主体从欲望转向象征体系。那个被表象意识形态遮蔽的原质性的快感就是主体的欲望。马元龙在对拉康精神分析理论的解读中就这样认为,他说,"人的死亡本能与母亲的欲望,也就是与获得完满的欲望密切相关,这就是人的真实存在,这就是欲望的意义和真理"②。如此一来,我们便在这里真正地确定了隐藏在表象意识形态下的真正内核:欲望。

齐泽克一反常态地认为,作为意识形态内核的欲望并非是由主体的主观想象得来的,而是一种客观的后天构建。即,欲望有其成因,这个原因就是对象a。对象a正是主体在他者形成后留下的剩余快感。换言之,齐泽克认为,一定要先存在一个欲望对象,才能存在欲望主体。这个欲望不是一般主体的想象性欲望,而是作为欲望之因的欲望。这就回到前文对对象a的阐释,对象

---

① 韩振江:《齐泽克意识形态理论研究》,人民出版社2009年版,第210页。
② 马元龙:《雅克·拉康:语言维度中的精神分析》,东方出版社2006年版,第184页。

a 是作为欲望的欲望,是一种经过符号化而未被符号化的剩余快感,是欲望的真正成因。这一点早就在前文中阐释了。主体以欲望的欲望来凝视自身才能获得主体性的维度,抑或说,主体必须站在主体之外来凝视自身才能确证自身。同时,一旦主体性被构建,对象a 就与主体的想象混为一谈。换言之,对象a 如同欲望那样,存在于各个层级,"它既属于想象,又属于实在,同时在象征中也有自己的身影"①。易言之,对象a 徘徊在一切领域,并不归属自身。而作为对象a 之结果的欲望也是如此,欲望并非欲望本身,而是他者的欲望。

为了把意识形态内核相对清晰地表达出来,现在有必要来总结一下前文所述。从以上几方面来看,我们阐释的正是齐泽克对纯粹表象意识形态之内核的四个层级的分析:

在"幻觉"最简单意义上的表象,现实(事物并非它们看上去的那样,一种陈词滥调)的虚假/歪曲的代表/形象。当然,尽管进一步的区分需要引入两种"表象",其中,前者是单纯的主观幻觉(曲解了现实的超验构成秩序);后者作为表象的现实本身的超验构成秩序,它与物自体是相对的。

在符号化虚构意义上的表象,也就是说,黑格尔意义上作为必要性的表象;符号化习俗与头衔(值得尊敬的"法官"等等)的秩序,它"仅仅是一种表象",但是如果我们打破了它,社会现实本身就会解体。

在标志意义上的表象,它标明了存在某物之外的东西(可直接进入现象现实),就是说,超感的表象:只有以超感(作为不可确定的存在,即"现象现实"之下的某物)的形式出现,它才存在。

最后[并且只有在这里,我们才能遇到精神分析的称呼"基本狂热"(fundmental fantasy),同时也是最激进的现象学概念"现象"],在现实中填补了虚空(void)的表象,也就是说,表象掩盖了下列这个事实,即在现象之下,没有什么可以掩盖。②

---

① 马元龙:《雅克·拉康:语言维度中的精神分析》,东方出版社2006年版,第205页。
② [斯洛文尼亚]斯拉沃热·齐泽克:《敏感的主体——政治本体论的缺席中心》,应奇等译,江苏人民出版社2006年版,第225—226页。

简单来说,这四个表象如下:一是现实表象——因为现实本身只不过是符号的外化和对象化;二是符号表象;三是欲望表象——因为欲望作为超出符号秩序之物,它本身也有其成因,这就是表象的最后一个层级——对象a,而对象a只不过是一个无。这就如同"剥洋葱",当我们一层一层地去追寻那个唯一内核时,我们找到的内核只不过是"什么都不是",即我们找到内核的时刻,也是失去内核的时刻。就总体而言,如果非要将内核以清晰的轮廓表现出来的话,无疑这个内核就是"欲望"。原因有三:一是现实的物质世界是最为表层的表象,它不能作为内核;二是符号世界是相对于现实世界而言的,而根据齐泽克的观点,内核一定是超出符号秩序的某物,这就排除了符号秩序作为内核的可能;三是对象a是欲望的动因,即我们以欲望为轮廓时并不排斥对象a作为内核的可能,但是仅把对象a看成是内核的话,它又过于缥缈,因为它本身就是无。为了使内核以"有"的形式呈现(哪怕内核本身就是"无"),欲望就成为意识形态内核的基本轮廓。

亚历山大·科耶夫(Alexandre Kojève)在其著作《黑格尔导读》中说:"人性的欲望必须针对另一个欲望。为了产生人的欲望,首先必须有各种各样的(动物)欲望……仅仅有欲望的多样性还是不够的;动物的每一个成员的欲望必须——或者能够——针对其他成员的欲望。如果人的实在性是一种社会的实在性,那么仅仅作为相互欲求的欲望的整体,社会才是人的社会。"[1]当然,在科耶夫那里,欲望可以被看成是离散性的,在齐泽克这里则是一种对立性的二元结构,即欲望自身与他者的欲望。齐泽克以他者的欲望来囊括在自身欲望之外的各种欲望形式。"由此,必须假定的是,作为受语言规制的一种物种,人之欲望即为他者的欲望"[2]。对此表述有一种递进式的理解,即,人所欲望的也是他者所欲望的。欲望是他者的欲望,这种观点在癔症中表现得极为突出。从杜拉病例来看,杜拉对K夫人的欲望,并非因为她是同性恋者,而是她将自己认同为K先生,即杜拉以自身占据了K先生的位置来对K夫人进行

---

① [法]科耶夫:《黑格尔导读》,姜志辉译,译林出版社2005年版,第6页。

② Jacques Lacan, *Ecrits*, trans. Bruce Fink, New York: W. W. Norton & Company, 2006, p. 253.

欲望。因此,对癔症病人的分析重要的不是去分析患者欲望的对象(K 夫人),而是在欲望的场域中,癔症患者把自己当成了谁(K 先生)。因此,把欲望当成是主体自身的欲望,这一点毫无意义。重要的是,把欲望当成是他者欲望的欲望,即把他者的欲望转换成自己的欲望,同样也将自己的欲望转换成他者的欲望。这也从另一个角度说明了对象 a 之为欲望成因的原因所在。

2. 意识形态表征欲望的基本结构

马克思在《1844 年经济学哲学手稿》中说:"假定一种存在物本身既不是对象,又没有对象。这样的存在物首先将是一个唯一的存在物,在它之外没有任何存在物存在,它孤零零地独自存在着。因为,只要有对象存在于我之外,只要我不是独自存在着,那么我就是和在我之外存在的对象不同的他物、另一个现实。因此,对这个第三对象来说,我是和它不同的另一个现实,也就是说,我是它的对象。"①简言之,存在总是对象性的。齐泽克似乎深谙其道。不同的是,齐泽克认为真正现实的是意识形态,客观的物质世界不过是意识形态的对象化,只不过意识形态的对象化操作使主体把客观世界直接体验为意识形态,客观物质不过是体验意识形态的仪式而已。换言之,意识形态表征最为重要的是对内表征,即意识形态对欲望客体的表征。欲望是意识形态的本质性支撑物,意识形态不过是表现欲望的仪式。因为欲望总是一种不可能、一种创伤。它超越了主体的承受范围,是对主体现实世界的反击。直接呈现欲望意味着符号体系的崩溃和现实世界的混乱,所以必须以一种隐性的、能轻易被主体接受的、符合主体符号秩序的方式来呈现欲望,这就是意识形态。欲望以意识形态图像的形式呈现在主体面前,致使主体把意识形态当成了本真上的欲望动因。欲望以意识形态的形式出现,使意识形态表现为它就是欲望。例如,我们说齐泽克是一个探寻真实的思想家,并不因为他真的找到了真实,而只是由于他经常以现实的事件来探讨一些关于真实的话题,如伊拉克战争、巴黎恐怖袭击、欧洲难民危机等,因而我们说齐泽克是那些探讨真实的思想家的表征。毋庸置疑,意识形态作为欲望的表象,它通过把欲望客体外化为意识形态

---

① 《马克思恩格斯文集》第 1 卷,人民出版社 2009 年版,第 210 页。

的方式表征了欲望客体。

齐泽克在探讨《群鸟》时说道:

> 在一个为鸟威胁的小镇上,有人往汽油上扔了一个烟蒂,引发一场大火。先是一系列简短和"动感十足"的特写和中景,把我们的注意力直接引向故事情节。然后是摄影机后拉和前推,使我们看到小镇的全景……它把我们与下面正在发生的正面冲突隔离开来,使我们置身事外。这种隔岸观火首先产生了某种"抚慰"的效果,它允许我们与之保持所谓的"元语言"距离,并在这个前提下欣赏故事情节。①

简言之,主体就总是通过与欲望保持一定距离来廓清欲望轮廓。一方面,欲望并不是以直接而是以隐性的意识形态姿态加以呈现,欲望总是穿着意识形态袈裟,以意识形态形象来言说。另一方面,意识形态根本不打算让欲望复活,也不想以欲望的名义行事,而是试图占据欲望在实在界中的位置,试图抛弃欲望内核并从根本上替换欲望。如此一来,意识形态与欲望之间的关系就变得十分紧张。正如齐泽克所言:"鸟的骇人形象实际上是'纷争之实在界'(the real of a discord)的体现,是主体间关系中尚未化解的张力的体现。"②齐泽克通过对希区柯克电影的"宇宙论"式的解读说明了这一点。

齐泽克说,人类生活在平静而普通的宇宙世界里,它的运动像固定在铁轨上的火车那样,行驶有序。但是,一旦招致某个偶然的外来因素干扰,宇宙的平衡就会被打破,而这个偶然性因素先天就存在。换言之,宇宙并不平静,它只是让我们将其体验为平静的形象而已。它的平静有序只是一种表象,本质上充满了矛盾与对抗、暗流汹涌。意识形态的常规运行与宇宙运行一样,它的井然有序总是以掩盖欲望内核为目的,充满了欺骗性。欲望对意识形态纯粹偶然的干预随时都有可能使意识形态陷入混乱,欲望随时会从意识形态表象中喷涌而出,欲望喷涌的时刻/符号秩序(意识形态)被破坏的时刻,正是精神

---

① [斯洛文尼亚]斯拉沃热·齐泽克:《斜目而视:透过通俗文化看拉康》,季广茂译,浙江大学出版社2011年版,第166页。

② [斯洛文尼亚]斯拉沃热·齐泽克:《斜目而视:透过通俗文化看拉康》,季广茂译,浙江大学出版社2011年版,第171页。

病生成的时刻。然而,虽然意识形态与欲望之间存在对抗,由于对抗的爆发总是极具偶然性,因而对抗始终处于偃旗息鼓的状态,这才有了意识形态对欲望内核稳定的表征。

总的来说,齐泽克一方面揭示了实在界与象征界之间的对抗特征,另一方面又通过对欲望内核的逃避来调停符号现实与欲望内核之间的对抗。因此,齐泽克说:"快感本身并不是一个直接自发的状态,而是由超我训诫加以维持的:正如拉康反复强调的,超我指令的终极内容是'享受吧!'。"①齐泽克通过"享受内容"将对抗悬置起来,从而确保了意识形态的欲望表征。那么欲望又将以何种方式加以显现,抑或说,意识形态以何种方式表征欲望?

3. 意识形态表征欲望的基本方式

我们有必要回到拉康的经典命题:"女人是男人的症候(symptom)。"目前,"symptom"一词国内学界有两种不同译法,一种译为"征兆",可见于季广茂译的第一版《意识形态的崇高客体》;另一种译为"症候",可见于张一兵的《文本的深度耕犁——后马克思思潮哲学文本解读》。两种译法有着截然不同的意指。征兆指由某种事物呈现出来的东西,而症候则是指一种空洞无根基的某物。换言之,征兆和症候的不同就在于是否有根基。笔者以为张一兵的译法更为准确,"symptom 一词最好不要译为什么东西呈现出来的征兆,而译为无底根的症候更为贴近一些"②。这是由"symptom"一词在精神分析学中的理论"位置"和特性决定的。

齐泽克通过弗洛伊德的"释梦"和马克思的"商品拜物教"对"症候"概念进行了理论解释。齐泽克指出,弗洛伊德对梦的释义告诉我们,"如果在隐藏于显在文本之下的潜在内容中寻找'梦的秘密'的话,我们注定要失望的"③。换言之,执迷于隐藏在形式背后的内容并不能解决问题,我们必须把关注的重

① [斯洛文尼亚]斯拉沃热·齐泽克:《幻想的瘟疫》,胡雨谭、叶肖译,江苏人民出版社2006 年版,第 141—142 页。

② 张一兵:《文本的深度耕犁——后马克思思潮哲学文本解读》第 2 卷,中国人民大学出版社 2008 年版,第 351 页。

③ [斯洛文尼亚]斯拉沃热·齐泽克:《意识形态的崇高客体》,季广茂译,中央编译出版社2002 年版,第 17 页。

心转移到形式上,去设想由这种形式"表达"出来的意蕴。阿尔都塞的症候阅读正是一种形式阅读,通过形式与非内容来挖掘文本的内核。实际上,"梦不过是一种特定的思维形式而已,它只有在睡眠的状态和条件下才有可能制造出来。是梦的作品创造了它的形式,它独自成为做梦的本质——对其奇特本性的解释"①。因此,齐泽克说,无意识欲望只有通过梦的形式才能表现出来,梦是无意识欲望的形式表达,形式即内容。齐泽克认为,马克思商品拜物教的阐释程序与弗洛伊德梦的阐释程序同宗同源。马克思的贡献不在于向商品的"隐蔽内核"进行层层渗透(研究商品消耗了多少劳动,并进而判定其价值),而是追究"为什么劳动采取了商品价值的形式,为什么在其产品中它只能以商品形式(commodity form)强化其社会品格"。② 换言之,马克思也是通过追究形式本身而不是形式背后的内容才摆脱了对形式背后物的迷恋。主体无意识的物质欲望通过商品(一种形式)表达了自身,而具体的商品则构成了商品这种形式。因而,齐泽克认为,马克思是通过"症候"式分析,建构了剩余价值理论。用齐泽克的话来说,"发明征兆这一概念的不是别人,而是马克思"③。

　　齐泽克从《性与性格》一书的角度指出,正是"症候"确保了主体对实在与象征的一致性体验。齐泽克认为奥托·魏宁格(Otto Weininger)《性与性格》的基本立场是:"根据其存在状态,女人不过是男人之罪的一个物质化和肉身;就她自身而言,她并不存在,所以,摆脱她的恰当方式不是主动地同她争斗或毁灭她——只要男人净化自己的欲望,升至纯粹的灵性,女人就自动地失去了脚下的根基,瓦解了。"④就此而言,女人并非一个引诱男人堕落的外部的主动的成因,而仅仅是男人欲望之罪的物质化结果。这恰恰与弗洛伊德的观点相契合。弗洛伊德说,虽然女人是难以忍受的永恒的麻烦,但是她依然是最美

① [奥]弗洛伊德:《释梦》,孙名之译,商务印书馆 1996 年版,第 508 页。
② [斯洛文尼亚]斯拉沃热·齐泽克:《意识形态的崇高客体》,季广茂译,中央编译出版社 2002 年版,第 16 页。
③ [斯洛文尼亚]斯拉沃热·齐泽克:《意识形态的崇高客体》,季广茂译,中央编译出版社 2002 年版,第 15 页。
④ [斯洛文尼亚]斯拉沃热·齐泽克:《享受你的症状——好莱坞内外的拉康》,尉光吉译,南京大学出版社 2014 年版,第 191 页。

好的事物,因为如果没有女人,或许男人就会把自己当成是确实存在着的女人。同样,齐泽克遵循了弗洛伊德的基本立场。他认为,男人并不因其自身而存在,男人的存在只能通过作为其症候的女人而存在。换言之,男人存在的全部一致性都依赖于女人这个症候。男人被悬置于症候,在他的症候中被外化。因此,齐泽克说,"男人只有在女人把一致性赋予他的时候才存在⋯⋯男人的存在取决于女人。男人的存在外在于他自身"①。齐泽克的结论是,症候作为主体身上的一道创伤,它把主体的一致性赋予了主体。

　　表面上看,探讨"女人是男人的症候"与我们要讨论的"意识形态是欲望的表征"毫无关系,但是意识形态的表征逻辑确确实实暗含在这里。齐泽克说:"作为一种行为,'铸词'即授予符号性委任(symbolic mandate)。授予符号性委任的方式就是对我进行命名,就是对我进行界定,就是确定我在符号网络中的位置:'你是我的主人'。"②意识形态本是去中心化的大对体(缺失了欲望内核的意识形态),它的真实意义来自填补中心的欲望内核。欲望内核回溯性地赋予了意识形态意义。即,主体性只能存在于主体之外,是他者站在主体的位置赋予了主体以主体性。在这里,重要的不是欲望内核,而是意识形态与欲望之间的互动关系,更准确地说是通过意识形态与欲望之间的互动关系而表现出来的形式。在形式中而非在内容中,我们才能发现其意义和价值。被意识形态表象掩盖的欲望内核,只能通过对意识形态的症候式阅读才能有所体验。主体把原初欲望隐埋在意识形态当中,对意识形态的享乐就是对原初欲望的享乐。意识形态症候搁置了意识形态与欲望之间的对抗,让主体获得了一致性的体验。简言之,意识形态表征欲望的基本方式是意识形态症候。

(三)意识形态表征功能的政治诠释

　　齐泽克把斯洛文尼亚的政党斗争分为三个阶段:为获得政治权力的内在敌对、建构自主的"市民社会"空间和回到政治权力。政党斗争以主体对理想

---

①　[英]托尼·迈尔斯:《导读齐泽克》,白轻译,重庆大学出版社 2014 年版,第 108 页。
②　[斯洛文尼亚]斯拉沃热·齐泽克:《斜目而视:透过通俗文化看拉康》,季广茂译,浙江大学出版社 2011 年版,第 226 页。

政治权力的渴望为出发点,批判不符合标准的、非真正的社会主义民主。然而,一旦开始进行政治斗争的实践活动,主体便抛弃了政治权力观念,主体不再明显地意识到政治权力的重要性,而是对政治斗争加以直接的体验。换言之,作为表象的政治斗争表现得它"好像"已经不再依赖于政治权力。政治斗争的下一步是让政治权力回到政治斗争中去。齐泽克对政党斗争的阶段性划分清晰地说明了政治意识形态表征功能的三个步骤。

第一步,政治意识形态作为政治欲望的表象。齐泽克在阿伦特的暴力政治权利中看到的是,"'公共符号法'与'补充'的区分。权力的超我双重补充的概念暗示了:没有暴力就没有权力"①。存于公共符号法之外的暴力,真正补充了公共符号法。借用阿伦特的政治观念,齐泽克试图强调政治中没有的部分。他说:"政治冲突意指有结构的社会机体同'没有部分的部分'的张力。其中前者的每一部分都有它的位置,而后者由于普遍性的空洞原则,打破了这种秩序。"②齐泽克的观点与朗西埃的观点恰相契合。在朗西埃那里,马克思宣扬的无产阶级正是"没有部分的部分",马克思把政治中缺失的部分提升为普遍的政治经验才实现了政治化。显然,齐泽克特别强调在政治意指之外的"某物"是政治意识形态的支撑。正如作为污点的安提戈涅被排除在城邦政治秩序之外,正是通过排除污点,城邦秩序得以加固。齐泽克求助于"安提戈涅",通过对"安提戈涅"的欲望化解释,把政治意识形态根植于欲望动因。简言之,政治欲望被排除在政治意识形态之外,但它却是政治意识形态的真正动因,政治意识形态不过是政治欲望的纯粹表象。

第二步,政治欲望被政治意识形态的表象遮蔽。在齐泽克看来,共产主义东欧的社会主义教育,目的在于塑造以牺牲个人利益为代价的公共利益观,并使其最终融入官方意识形态。一方面个体在内心深处保留着利己的适格标准,另一方面当参与官方意识形态活动时,个体又体现出公共利益特征。因

---

① [斯洛文尼亚]斯拉沃热·齐泽克:《敏感的主体——政治本体论的缺席中心》,应奇等译,江苏人民出版社2006年版,第218页。

② [斯洛文尼亚]斯拉沃热·齐泽克:《敏感的主体——政治本体论的缺席中心》,应奇等译,江苏人民出版社2006年版,第215页。

此,东欧的社会主义教育造成了利己主义和公共利益之间的分裂。共产主义东欧的官僚体系正是依赖于这一分裂而得以维系。表面看来,这些官僚具有极大的危害性。相反,齐泽克认为,有一些人——那些真的相信官方意识形态的人,从内心深处虔诚地牺牲了个人利益而相信公共利益的人——将导致官方意识形态的解体。因为,虔诚的共产主义者威胁了处于内外分裂的官僚体系。这里关键的问题不在于政治官僚一方,而在于虔诚的共产主义者一方。因为"在某种意义上,这个阴谋的'真相'是,主人总是虚拟的——一个偶然的人,他填进了结构中那个命中注定的位置,尽管游戏实际上是由'大他者'通过非个人的符号机器来操纵的。这便是一个主人通过'主体的缺失'经验被迫注意到的东西:他被规定为一个傀儡,一个把那些实际上是由符号机器自动运行所产生的东西误以为是自己决定的产物的傻帽。"①主体的利己动因被公共利益置换,公共利益不再把私人利益而是把自身看成政治实践的动因。换言之,政治意识形态作为政治欲望的"傀儡"被误认为真相,真正的政治动因被符号性委任遮蔽了。

第三步,政治意识形态表象向政治欲望的回归。齐泽克说:"……前政治暴力与政治权力之间的关系是一种互相蕴含关系:不仅暴力是权力的必要补充,(政治)权力本身也通常已经处于每种暴力明显非政治关系的基部。"②政治斗争无论如何都无法脱离政治权力的支撑,无论主体是否认可,那些被排除在政治意识形态之外的部分(政治欲望)都将作为政治意识形态的基础和支撑。政治欲望也被赋予了在政治实践中的"霸权"地位,它成了维持政治同一性体验的核心力量。主体必须重拾政治欲望才能确立政治意识形态的合法性,政治实践必须向欲望动因回归才能使官方政治文本获得政治认同。如此一来,主体才能对政治意识形态与政治欲望加以同一性体验。

不过,我们要将齐泽克的政治同一性与拉克劳的"霸权"区别开,齐泽克

---

① [斯洛文尼亚]斯拉沃热·齐泽克:《快感大转移——妇女和因果性六论》,胡大平等译,江苏人民出版社2004年版,第220—221页。

② [斯洛文尼亚]斯拉沃热·齐泽克:《敏感的主体——政治本体论的缺席中心》,应奇等译,江苏人民出版社2006年版,第219页。

的政治同一性特质并不等同于拉克劳的霸权特质。周凡在讨论后马克思主义的阶级性时说,在拉克劳那里,"意识形态的阶级性并不是预先决定的,而是意识形态的不同元素在相互作用中构建起来的——某种中性的意识形态因素最终被接合进何种阶级话语之中完全取决于'霸权斗争'"①。毋庸置疑,在后马克思主义者拉克劳那里,霸权是一种被抬高了的东西——特殊性被抬高到普遍性、同一性。它的真正实质在于特殊性之间的殊死搏斗,以胜者一方来代表全体。简言之,特殊性霸占了普遍性的位置。但是,在齐泽克这里却有所不同。前文我们说到了齐泽克的"具体普遍性"概念,在此概念中齐泽克表达了与拉克劳的两点不同意见:一是特殊性占据普遍性的位置,并不在于一种特殊性在搏斗中胜于其他特殊性,而是每一种特殊性都具有平等地扮演普遍性的机会;二是意识形态缝合以普遍性的空场为前提,只有空场的存在,特殊性才能平等地扮演普遍性,而一种特殊性扮演普遍性之时,并不以掏空其他特殊性的内容并把自身的特殊性内容填于其中。换言之,每一种特殊性都有机会使用普遍性的空场。因此,齐泽克说拉克劳误读了拉康,拉克劳与拉康、齐泽克渐行渐远。

三、齐泽克意识形态的重塑功能

重塑(remodeling),意指以新材料的引入为基本依据,对材料重新进行逻辑排列以实现原"物"再造。齐泽克意识形态视域中的重塑同样如此,他以"否定量"为依据,以"因果关系"基础对否定量进行回溯性窥测,从形式结构的位置重塑意识形态,并在意识形态主体身上加以诠释。

(一)意识形态中的否定量及其功效

日本学者柄谷行人(Karatani)所著的《跨越性批判——康德与马克思》(*Transcritique:On Kant and Marx*)一书极力展示了这样一种观点:放弃对立双

---

① 周凡:《后马克思主义导论》,中央编译出版社 2010 年版,第 92 页。

方的辩证综合,或者说,放弃把一方约为另一方的工作。柄谷行人通过在不同位置之间的激进批判的纯粹结构性裂缝,向我们展示了激进批判位置的分裂。齐泽克认为,康德哲学中的二律背反同样体现了对立双方的不可化约性。他说,"康德的姿势是'即不从自己的视点,也不从别人的视点审视事物,而是直面通过差异(视差)暴露出来的现实'"①。我们在康德哲学中首先得到的并不是人与人之间的对立,而是非人的对立物:动物性——具有动物的特性却又并非真的动物,它只在已经变成动物的人那里显现"自身"。它在兽性方面超过动物,是动物性之创伤内核(traumatic core of animality)。换言之,齐泽克认为,康德在人与动物之间引入了第三客体——超验之我。"超验之我的'自发性'(spontaneity)这一新维度:终极的视差,介乎现象与本体间的第三空间,就是主体的自由/自发性(freedom/spontaneity)。"②康德试图展现的正是人与动物性抑或人与自身之外的超验之我相分离,人的自由才变得可能。显而易见,"超验之我"显然是一个空能指,它什么都不是,却又无所不能。因此,齐泽克认为康德哲学已经建构了本体与现象之间的存有论视差。

在齐泽克那里,"存有论视差并非下列两者间的'最大'差异:一者为各种存在(all beings),各种最高种类物(highest genus),一者为各种存在,各种最高种类物之外的某物。存有论视差是最小视差……"③现实存在与超验之我之间的视差是实存物与空白之间的视差,是现实的有限性与超越之物的无限性之间的视差。这种视差极其脆弱、敏感,它的不可化约性只能在最低程度上才能得到体验,因为在现实的符号世界当中视差双方基本重合。因此,齐泽克说:"存有论差异意味着,现实领域是有限的。正是从这个意义上讲,存有论差异是'实在界的/不可能的:运用拉克劳有关'对抗决断'的理论,可以说,在

---

① [斯洛文尼亚]斯拉沃热·齐泽克:《视差之见》,季广茂译,浙江大学出版社2014年版,第31页。

② [斯洛文尼亚]斯拉沃热·齐泽克:《视差之见》,季广茂译,浙江大学出版社2014年版,第35页。

③ [斯洛文尼亚]斯拉沃热·齐泽克:《视差之见》,季广茂译,浙江大学出版社2014年版,第39页。

存有论差异内,外部差异与内部差异重为一体。"①虽然差异是超越之物与现实世界的本质规定,但在行为体验中差异双方发生了重合,共性多于差异。

毋庸置疑,在拉康精神分析理论中规定超越之物与现实世界之间不可化约的本质力量就是实在界的原质。原质对超越之物与现实世界的规定,"意味着,归根结底,就其身份而论,实在界纯粹是视差性的,因而也是非实体性的:它本身并没有实体性的密度,它只是两个透视点的分裂:只有从一个透视点转向另一个透视点时才能觉察其存在"②。简言之,主体对某物的认知只能通过他物的结构性作用才变得可能。齐泽克的"视差之见"与马克思的"对象性关系"在一定程度上不谋而合,两者都强调"对象性关系"——某物的肯定性并非来自自身而是来自他物。但是,马克思的"对象性关系"意在揭示物质世界相互之间的互动关系,而齐泽克的"视差之见"则强调以结构性形式出现的超验之我必须以现实的符号世界为对象才能展现自身,把"对象"引向主体内部、引向主体的心理维度。齐泽克与马克思的不同认识还涉及一个核心差异:确定自身的对象之物是一个肯定自身的对象,还是一个否定自身的对象。显然,马克思并未做出明确区分,齐泽克则强调了"否定量"对确立自身的作用。"否定量"并非齐泽克的专用术语,拉康的《精神分析的四个基本概念》一文在考察康德哲学时就明确使用了"否定量"一词。拉康说:"康德提出了个新鲜的概念:否定量。在主体的无限和欲望的有限间起中介作用的只有通过康德所说的'否定量'才能完成干涉……因此,我们要从否定量中找寻阉割情结的支持。"③例如,男人之所以是男人是由那个对男人起否定作用的女人来确立的。"也就是说,这是一种纯粹否定的行为根据,在这个根据上,一个行动的完成仅仅因为它是被禁止的——仅仅在不同的符号秩序中是可能(成立)的,在符号秩序中,否定规定本身具有客观的范围,在这个范围内,一个特

---

① [斯洛文尼亚]斯拉沃热·齐泽克:《视差之见》,季广茂译,浙江大学出版社 2014 年版,第 40 页。

② [斯洛文尼亚]斯拉沃热·齐泽克:《视差之见》,季广茂译,浙江大学出版社 2014 年版,第 43 页。

③ Jacques Lacan, *The Four Fundamental Concepts of Psycho—analysis*, New York: Norton, 1978, pp. 252-253.

征的缺席发挥着客观特征的作用"。① 与肯定性对象相比,否定性对象缺少了某种/某些特征,否定性对象的这种缺少恰恰又是肯定性对象的展现方式。因此,在"对象性关系"中,"对象"自身的确定性通过否定性对象得以曲折表达,否定性对象发挥着示范作用。齐泽克试图明确的是:要使自身获得肯定,就必须存在并依赖于否定之物。

更明确地说,齐泽克正在极力地展示"否定量"的肯定性特征。我们可以通过考察沙马兰(M.Night Shyamalan)的《灵异村庄》(*The Village*)和柯南·道尔(Arthur Conan Doyle)的侦探小说《红发会》来说明这一点。

"灵异村庄"是一座位于美国宾州与世隔绝的村庄,被一片布满怪物的森林包围着。村民与森林中的怪物达成了潜在交易:村民不进森林,怪物不进村。村长的失明爱女艾薇和一名青年卢修斯决定结婚。这个消息使村中的白痴陷入疯狂的妒忌之中,白痴刺伤并差点杀死卢修斯。艾薇为了挽救卢修斯,试图离开村庄,冲突便出现了。此时,村长告诉女儿有关村庄的秘密:森林中根本不存在什么怪物,村民所处的时代也不是 1897 年。事实上,村中元老皆来自 20 世纪一个犯罪受害互助组织。他们决定离开原来所处的时代,艾薇之父也曾是百万富翁,他们买下了村民所在的村庄,对外称"自然保护区",用篱笆围住村庄并加以守卫等,人为地制造出一个充满着恐怖色彩的森林禁区。而白痴之死,则可以被描述成怪物存在的证据。当然,艾薇得知秘密后,离开村庄,取回了药品,并最终挽救了卢修斯的性命。②

该电影人为炮制了一个不受现代性力量威胁的、封闭而纯朴的空间,从而使一个老式安全的社会空间与另一个现代风险社会空间形成鲜明对比。齐泽克认为,现代风险社会空间是对老式安全社会空间的威胁和否定,但也正是这种威胁使得老式安全社会空间的纯朴性得以确立。如果没有邪恶森林,老式

---

① [斯洛文尼亚]斯拉沃热·齐泽克:《快感大转移——妇女和因果性六论》,胡大平等译,江苏人民出版社 2004 年版,第 124—125 页。

② *The Village* 在内地上映时片名译为《神秘村》《阴森林》或《森魔》等,参见[斯洛文尼亚]斯拉沃热·齐泽克:《暴力:六个侧面的反思》,唐健、张嘉荣译,中国法制出版社 2012 年版,第 22 页。

安全社会空间会因成员的离散而被抹除。为此,共同体成员通过对"邪恶森林"的后天想象性构建确立了老式安全社会空间。如其所言:"邪恶不仅仅被排除在这个封闭的乌托空间之外,而是被转化成一个神话式威胁,依赖此威胁,共同体短暂地建立了中止纷争的协议,同时针对此威胁,共同体要永远维持紧急状态。"①正如第一个空间是在第二个空间之外并对第二个空间进行否定性肯定的空间。意识形态恰恰如此,"意识形态最纯粹的状态正好以它的反面形式——非意识形态——呈现"②。因此,我们不能将《灵异村庄》作为意识形态自闭症的例证打发掉,而应该像撒旦那样:邪恶,愿你成为我的善!

为了更详细地说明否定量的肯定性,我们有必要再次回到侦探小说,以期获得一些更有意义的洞见。柯南·道尔的侦探小说《红发会》描绘了这样一个故事:

> 一份报纸刊登了一则雇佣广告,发布了正在试图招聘一位红发雇员的消息,并为雇员提供丰厚报酬。雇主从一大堆人中径直选中了主人公,主人公被选择来从事的工作不过是抄录《圣经》而已。福尔摩斯很快揭开了谜底。主人公的住处与一家银行相邻,而其失业期间通常待在家中,这严重破坏了罪犯试图挖地道通达银行的目的。为确保主人公不在家,罪犯特地刊登了这则雇佣广告,而头发的颜色不过是发挥了引诱主人公上钩的唯一意义。

显然,"红发"不过是罪犯为达真实目的而故弄玄虚的错误答案。就此而论,侦探小说描绘的犯罪现场具有双重内涵:一是伪造的现场——错误答案,二是案件的真实过程——真实答案。对于科学家而言,他们会透过假象进入隐含真相。假象对于他们而言并不具有故意欺骗的维度,科学家的工作就是抛开假象发现真相。然而,对侦探来说,要发现真相必须经过假象(错误答

---

① [斯洛文尼亚]斯拉沃热·齐泽克:《暴力:六个侧面的反思》,唐健、张嘉荣译,中国法制出版社 2012 年版,第 23 页。

② [斯洛文尼亚]斯拉沃热·齐泽克:《暴力:六个侧面的反思》,唐健、张嘉荣译,中国法制出版社 2012 年版,第 33 页。

案)。"侦探并不把错误答案理解为纯粹的障碍,仿佛要获知真相,就必须铲除如此障碍;恰恰相反,只有通过错误的答案,才能获知真相,因为并不存在直接通往真相的康庄大道。"①换言之,侦探的大部分工作都是在对假象本身进行分析和思考,因为"真相并不处于欺骗领域'之外'。真相就在'意图'之内,就在欺骗行为的主体间功能之内。"②假象并非全无意义,它的唯一意义就是让别人认为它具有某种意义并使真相浮出水面。同样,否定量的意义就在于它以自身的否定和缺席赋予对象肯定性。

齐泽克把"否定"当成主体构建意识形态的必要"依恋"。齐泽克引用巴特勒的观点说:"……从哪一个立场来看,一个人想望另一位男人——一个人想望另一位作为男人的男人呢,还是一个人想望成为一位被另一个男人想望(或成为想望另一个男人)的女人呢? 换句话说,我的直接男性认同是我对另一个男人的排除依恋的抑郁并入呢,还是免于承担(想望男人)女人的主体性立场? ……巴特勒明显地倾向于第二种选择。"③无论男人还是女人,他/她都必须依赖于具有否定性的对立面来确立自身。在齐泽克看来,主体通过一个否定性姿态——排斥心理欲望,使主体获得实在与象征的一致性体验。主体顽固地依恋"否定性姿态"包含两层含义:一方面,否定本身就是对肯定的否定/排除;另一方面,假定肯定放弃否定,那么肯定本身也将被毁灭,即肯定必然依恋否定。齐泽克所谓"主体抑郁的双重束缚"的意义就在于此。支撑主体的无意识欲望本身就是对主体的否定——只有主体放弃欲望即否定自身主体才能被象征化并获得主体性。与此同时,主体一旦被象征化,也就意味着主体放弃了那个使主体性得以支撑的根基——原初无意识欲望被阉割。齐泽克说:"意识形态最基本定义之一就是:它是符号领域,它所包含的填充物填补

---

① [斯洛文尼亚]斯拉沃热·齐泽克:《斜目而视:透过通俗文化看拉康》,季广茂译,浙江大学出版社 2011 年版,第 95 页。

② [斯洛文尼亚]斯拉沃热·齐泽克:《斜目而视:透过通俗文化看拉康》,季广茂译,浙江大学出版社 2011 年版,第 99 页。

③ [斯洛文尼亚]斯拉沃热·齐泽克:《敏感的主体——政治本体论的缺席中心》,应奇等译,江苏人民出版社 2006 年版,第 311 页。

着某种结构性不可能留下的空白,同时又对这种不可能的存在加以否定。"①原因在于,现实依赖于意识形态的崇高客体——幽灵般的客体、一种形式/结构性空洞之物,正如法律本身依赖于固有的违法——如果悬置法律的否定性姿态(违法),法律也将解体。现在,我们不得不说意识形态就是那不证自明的形式结构,它的功能就是掩盖它背后的否定与不平衡。在变态心理体验中,"并没有什么实证性事实可以区分变态心理状态和'正常'主体的心理状态,心理变态者所缺乏的仅仅是'普通'物体之下的'否定量'维度"②。因此,齐泽克有充足的理由说构建意识形态必须依赖"否定量"。

斯密特提出要遏制纯粹暴力的恐怖,即要在法律大厦内确定一个可以用来搁置法律本身的位置,就必须要在例外状态和正常法治之间保有一定距离,防止两者混合。这种做法试图把正常法治(肯定姿态)与例外状态(否定姿态)泾渭分明地分开。本雅明却认为,在当今政治实践中,例外状态已经逐渐地正常化了。从肯定与否定的关系上来看,齐泽克赞成了本雅明的观点,他说:"我们不得不求助于本雅明所谓'真正的例外状态',即'纯粹的'暴力革命,来与例外状态相对峙;后者的目的正是为了遏制这一威胁,并且保证,'诸事物都将返回常态'以便让'秩序重获胜利'。"③换言之,当我们仅仅从静态成像的视角来看,否定与肯定是对峙的;然而,一旦我们处于运动中,两者的界限就开始变得模糊不清。这里涉及的正是意识形态中肯定与否定的辩证同一,即意识形态与非意识形态之分。那些貌似中立的常识是非意识形态的,而与此背景格格不入的则是意识形态,如极端宗教热忱、对特定政治献身等。但是齐泽克认为,这里会出现"对立的巧合同一"。易言之,意识形态最为纯粹的状态恰恰以其反面出现,以非意识形态出现。一切意识形态都开始进入现实生活,并逐渐地被日常化、常态化。

① [斯洛文尼亚]斯拉沃热·齐泽克:《幻想的瘟疫》,胡雨谭、叶肖译,江苏人民出版社2006年版,第92页。

② [斯洛文尼亚]斯拉沃热·齐泽克:《幻想的瘟疫》,胡雨谭、叶肖译,江苏人民出版社2006年版,第99页。

③ [斯洛文尼亚]斯拉沃热·齐泽克:《伊拉克:借来的壶》,涂险峰译,生活·读书·新知三联书店2008年版,第152—153页。

（二）意识形态否定量的回溯框架

　　齐泽克认为，从来不存在一个毫无意义的意识，或者说，一个毫无意义的意识其价值就在于它的无意义。他说，在希区柯克式的特工电影中男女特工往往因一系列纯粹外在的约束、意外而牵手成功，起初，他们必须假装结婚或相爱，结果他们真的结婚或相爱了。简言之，用以欺骗他人的假象变成了真相。拉康认为，动物与人都会采用欺骗手段，两者的巨大差异在于：动物只能以假充真，而人能以真充假。例如，拉康多次引用这样一个笑话："你本来要去克拉科，却告诉我说你要去克拉科，让我误以为你要去伦贝格。"齐泽克说："这种'由外而内'的运动，是希区柯克电影中主体间关系的关键构成要素之一：假装我们是什么，结果我们真的成了我们假装是的东西。"[1]以真充假的逻辑暗含了双重欺骗：第一次是让人误以为真相是假象，第二次是让人接受假象就是真相。这正是齐泽克的结论："……社会现象就是欺骗性的，因为在社会性—符号性的现实中，事物归根结底就是它们假装是的东西。"[2]但是，这里只有一个行为，何以表象出两种截然不同的意义呢？齐泽克认为，新意义的生成需要经历三个步骤。

　　1. 第一步：依恋否定量

　　康德说，善的概念要从恶来定义；克尔恺郭尔说，上帝的一贯正确需要人的一贯错误来证明。特工电影不正是通过真相与假象之间的来回反转（即依赖正面与反面的交替）来实现欺骗的吗？科耶夫 1934—1935 年在"黑格尔关于实在事物的辩证法和现象学方法"的四次讲课中说："在黑格尔看来，什么是辩证法？对于这个问题的第一种回答是在《哲学全书》第一部分中的一段给出的：逻辑思想就它的形式而言有三个方面（Seiten）：a) 抽象的或知性的（verständige）方面；b) 辩证的或否定中理想的（vernünftige）方面；c) 思辨的或

----

　　① ［斯洛文尼亚］斯拉沃热·齐泽克：《斜目而视：透过通俗文化看拉康》，季广茂译，浙江大学出版社 2011 年版，第 126 页。
　　② ［斯洛文尼亚］斯拉沃热·齐泽克：《斜目而视：透过通俗文化看拉康》，季广茂译，浙江大学出版社 2011 年版，第 127 页。

在肯定中理性的方面。"①但是,人们可能对这段话产生双重误解,一方面把辩证法与其他两个方面分离,另一方面,把辩证法仅仅当作一种哲学方法,而事实上黑格尔的辩证法是一种本体论或作为存在的存在科学。齐泽克说,科耶夫并不把否定当成是肯定的一种纯粹的隔离而是把否定当成肯定的必要延伸,科耶夫真正看到了黑格尔"否定中理想的方面"的真正价值。对此,齐泽克总结道:

> ……我们不得不得出以下结论:没落的时刻(对古代智慧的忘却)恰好与其对立面,即渴望已久的进化的下一个阶段同时发生。黑格尔的发展的规律正好说明了这一点:没落就其自在的状况而言,就是对自己的自我扬弃;创伤就其自在的状况而言,就是对自己的治愈,因此,我们对没落的认知根本上就是一种误解,一种歪曲的看法——我们必须做的是,完成从自在到自为的转变:改变我们的看法,承认渴望已久的颠覆已经在正在发生的事情上起作用。……黑格尔的否定之否定:其基质不是一种丧失和丧失的恢复,而是一种从状态 A 到状态 B 过渡的过程:首先,对 A 的直接"否定"否定了 A 的位置,但它仍然在 A 的符号限制的范围内,因此,它必须被另一种否定所否定,这种否定否定了与 A 共存的符号空间和其直接的否定。在此,否定系统的"真实的"死亡与其"符号的"死亡之间存在的差异是很重要的:系统不得不死两次。②

在从自在状态到自为状态的过渡中,齐泽克引入了极为重要的逻辑中介——第三者。第三者并不以显在方式展示效用,而是以隐性方式——主体并不会意识到它的存在——完成中介工作。"……从某种意义上讲,第三者是一个'否定量'(negative magnitude),它使双方的不满具体化了——然而,正是这样,她或他才是必需的,如果这一不满变成'自为'或使自身成为现实的

---

① [法]科耶夫:《黑格尔导读》,姜志辉译,译林出版社 2005 年版,第 531 页。
② [斯洛文尼亚]斯拉沃热·齐泽克:《敏感的主体——政治本体论的缺席中心》,应奇等译,江苏人民出版社 2006 年版,第 79—81 页。

话。"①简言之,同一行为从对立面、从否定量确定了自身的额外意义。从反思性的角度来看(从一个因果体系而不是一个历史进程来看),从假象到真相的运动仅仅是在同一体系内的纯粹重复,重复的结果是回到自身。假象与真相之间的峰回路转仅仅是同一欺骗行为的回返性运动。因此,否定量的运作仅仅是肯定与否定的交替重复。因此,齐泽克说,黑格尔"否定之否定"的真正价值是将否定量作为肯定量的基本依据,它曲折地实现了肯定量的"自我指涉"(self-referentiality)。无论如何,事物的肯定性都顽固地依恋否定量。

2. 第二步:否定量的回溯

要清楚地看到否定量如何起到肯定作用,我们可以从哲学家普遍关心的因果关系问题开始。齐泽克说:"当我们从含意向它的原因转换时,含意被视为意义的效果:正是想像的意义的经验——它的内在要素是对它的决定性原因的误识,是指示结构自身的形式结构。"②原因同样是一种结果。拉康认为,精神分析重点关注的不仅仅是实在界或者象征界本身,还应该把目光聚焦在实在界与象征界之间的鸿沟,去讨论作为符号秩序内在限度的鸿沟是怎样影响了符号秩序自身。实在界作为原因,象征界作为结果,两者被那些不可能被象征化的暗礁所区分。作为原因的实在界被从作为结果的象征界中区分出来,象征界本身又以区分的结果(实在界)为根据。换言之,象征界围绕实在界进行离心运动,实在界是象征界的原因。但是,实在界并不直接地表现出它的因果权力,而是以隐晦的方式对象征秩序进行内部干扰。这正是口误的成因:当在某一瞬间符号秩序被某一创伤性内核(实在界)打断,口误便发生了。无论是实在界还是象征界,两者都以"鸿沟"为依据才能保持各自独立的意义,同时,各自独立的意义又恰恰维持了"鸿沟"。

齐泽克说,如果仅仅把结果看成是原因的延伸,那么我们对"因果关系"的理解就还停留在现象描述层面。一方面,原因并不一定先于结果,原因的身

---

① [斯洛文尼亚]斯拉沃热·齐泽克:《敏感的主体——政治本体论的缺席中心》,应奇等译,江苏人民出版社 2006 年版,第 83 页。
② [斯洛文尼亚]斯拉沃热·齐泽克:《快感大转移——妇女和因果性六论》,胡大平等译,江苏人民出版社 2004 年版,第 33 页。

份可以由结果回溯性地赋予。"原因是真实的,预先假定的暗礁,它抵制着象征化并干扰着自主机制的过程,但是原因同时也是它自己结果的反作用的产物。"①另一方面,原因与结果之间的线性逻辑只有在偶然的情况下才能完成。一旦某物偶然地造成了某种后果,主体就总是把它的境遇体验为原因、体验为普遍。在此,结果作为原因的原因掩盖了原因的偶然性成因。从原因看,实在界与象征界之间的裂缝仅仅是裂缝,并无特定含义;但从结果来看,实在界与象征界之间的裂缝具有了创伤性内核的意义。换言之,我们只有从结果出发才能发现那个被称之为原因的原因。再清楚不过了,这一切都源于结果的回溯性。齐泽克意识形态理论极力倡导回溯性,通过否定从原因到结果的线性逻辑(决定论逻辑),试图把因果关系去中心化,进而使原因与结果动态相关、互为因果。如其所言:"原因并不先于它的结果而存在,而是被它的结果自我反作用地设置的,这种作为原因的创伤是一个悖论,该悖论包含着一种时间的循环:正是通过它的'重复',通过它在指示结构中的影响,原因反作用地成为它总是已经成为的东西。"②就此而言,齐泽克并不把主体看成根本原因,而是将其当作超越原因的结果。拉康的欲望初始图把"回溯性"标识得更为清楚。如图4所示:

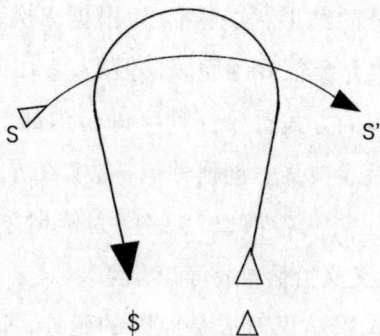

图4 拉康的欲望初始图

---

① [斯洛文尼亚]斯拉沃热·齐泽克:《快感大转移——妇女和因果性六论》,胡大平等译,江苏人民出版社2004年版,第35页。

② [斯洛文尼亚]斯拉沃热·齐泽克:《快感大转移——妇女和因果性六论》,胡大平等译,江苏人民出版社2004年版,第36页。

△意指那些神话或前符号意图;S-S'是能指系列的标示;$则较为复杂,它旨在标明被切开、撕裂的主体——符号阉割后的主体,同时也是被抹除的能指,是能指网络中的空位。完整的意义说明是:前符号意义经过能指系列的阉割后,主体才得以生成;或者按照齐泽克的说法——个人经过质询成为主体的过程。从拉康的欲望初始图来看:"一个至关重要的特性是下列事实:它在某一点上步出了能指链,而这一点领先于它刺穿了能指链的那一点。拉康强调的重点正是蕴涵结果在能指方面的这一回溯性特征,即能指链进程方面的隐藏在所指方向之后的驻留:意义的结果总是事后产生的。"[①]能指的固定意义从一开始就存于内在本质之内,只是通过主人能指的干预——原初浮动能指被符号化刺穿——浮动能指的意义才被回溯性地固定了。从空主体到主体性的转变在于主体性回溯性地获得了一个超越意义,因为"意义的产生并不是一个线性的、内在的、必然的进程,意义不是从某些最初的内核中自我展示出来的;意义是回溯性产生的……"[②]但是,在阉割场域发生了怎样的突变以至于回溯性地产生了意义? 我们引入拉康的另一个欲望图,如图 5 所示:

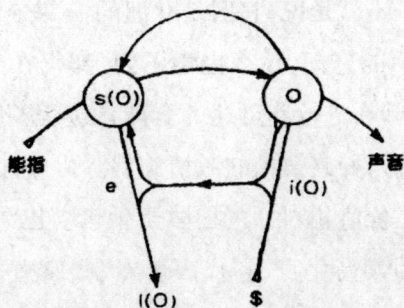

图 5　拉康的另一个欲望图

从图 4 看,意指链(S-S')同(△)相交形成了两个连接点,正是图 5 中的:O(大他者)和 S(O)(所指)。大他者 O 固定了前符号意图并产生出确定的符

<hr>

① ［斯洛文尼亚］斯拉沃热·齐泽克:《意识形态的崇高客体》,季广茂译,中央编译出版社2002 年版,第 141 页。

② ［斯洛文尼亚］斯拉沃热·齐泽克:《意识形态的崇高客体》,季广茂译,中央编译出版社2002 年版,第 142 页。

号代码,这个符号代码被交予一个执行者,执行者根据这个符号代码来调整自身与前符号意图之间的关系。前符号意图被回溯性地赋予了"额外"意义并再次出现在前符号意图当中。另一个连接点 S(O),"在这一点上我们发现了所指,即意义,它是大他者的功能之一——它作为'缝合'的回溯性效果,是在漂浮着的能指之间的关系通过指涉共时性的符号代码固定下来之后,被反向创造出来的"①。如同否定的意义并不在于否定本身,它的意义可以在肯定与否定的形式结构中表现出来。否定的意义不再限于否定本身的否定意义,应当在形式结构中捕捉否定具有的肯定意义。"逆动的结果"在符号世界中表现出仿佛它一开始就作为行动的原因而呈现出来。因此,齐泽克批评福柯说,福柯犯的根本错误是否认了结果的"回溯性"。于福柯而言,虽然对权力的抵制内在于权力,但它始终不能胜于权力,结果不可能回避/脱离原因的理论做法陷入了原因与结果之间的单向、线性运动。

3. 第三步:新意义的生成

齐泽克多次提到"巴尔干的幽灵"以及放弃这个幽灵。他说:"有关巴尔干主要的老生常谈之一不就是说,它们是欧洲的一部分,被臭名昭著的'过去幽灵'所困扰,什么都不能忘却,什么也学不到,却仍在进行几百年以来的战争,而欧洲的其他地方却在进行着迅速的全球化进程?"②"巴尔干的幽灵"漂浮在欧洲上空并使其陷入种族毁灭的激情旋涡。毋庸讳言,"巴尔干的幽灵"正是与欧洲所谓的纯正价值相对立的巴尔干他者。巴尔干作为种族偏狭/恐惧与失去理性的地域的崇高化身,它代表着专制、腐败、野蛮以及种族主义。巴尔干作为前南斯拉夫的"本真",它以异国情调艺术家批判的例外姿态出现,它的多元文化主义的宽容姿态允许被压抑的种族主义付诸行动。巴尔干以其前在的种族主义形象占据了今天种族主义身份的位置,巴尔干盘旋在欧洲上空的幽灵身份被回溯性地赋予了。越是回溯性地赋予,"巴尔干的幽灵"

---

① [斯洛文尼亚]斯拉沃热·齐泽克:《意识形态的崇高客体》,季广茂译,中央编译出版社2002年版,第143页。

② [斯洛文尼亚]斯拉沃热·齐泽克:《易碎的绝对——基督教遗产为何值得奋斗?》,蒋桂琴、胡大平译,江苏人民出版社2004年版,第1页。

就越发强大,欧洲面临的种族主义威胁也就越严重。因此,欧洲对反种族主义的反思是虚假的/带有欺骗性的,这种欺骗性以原因与结果之间的身份位移为手段。正如齐泽克所言:"这个高深莫测的多重边境置换清楚地显示出在巴尔干案例中我们正在面临的不是真实的地理学而是一个想像的绘图法,它将自己虚幻的、往往是否定的意识形态对抗性投射到真实的地形上,正如弗洛伊德所认为的歇斯底里症的转变征兆的定位把另一个想像的剖析地图投影到身体上。"①十分清楚的是,欧洲种族主义与反种族主义的身份置换只能是回溯性的,因为他们一开始进行的也是前种族主义行动(当时对种族文化的无知蔑视还未被提升到与生俱来的层级,但最后还是被赋予了先天性),在行动之后才依靠其否定性力量构建了自身的反种族主义身份。齐泽克说,我们必须通过"放弃巴尔干之幽灵"来实现巴尔干重塑。但是,齐泽克对巴尔干的重塑走向了一种极端的恐怖主义。他说:"抵抗种族仇恨的有效方法不是通过直接的对立双方的种族宽容,相反,我们所需要的甚至是更多的仇恨,是严格意义上的政治仇恨:把仇恨对准共同的政治敌人。"②简言之,反种族主义需要更加强大的种族主义的支撑。齐泽克"以仇治仇"策略的核心在于:对立面作为构建自身的依据,它的强大与否决定了自身的力量限度。

"尤根·哈贝马斯是造成法兰克福学派和精神分析两者之间关系巨变的关键人物"③。哈贝马斯重新评估了语言的自我反思力。以狄尔泰的语言、行为和表达"三分法"为基础,哈贝马斯认为"在正常情况下,语言、行为和表达是互补的,所以言语表达'适合于'相互作用行为,而且语言和行为'适合于'经验的表达;当然,它们之间的结合不是完全的,这就使得间接交流所必需的自由度成为可能"④。换言之,言说者言说的内容与真实目的重合才使言说者

---

①　[斯洛文尼亚]斯拉沃热·齐泽克:《易碎的绝对——基督教遗产为何值得奋斗?》,蒋桂琴、胡大平译,江苏人民出版社 2004 年版,第 2 页。

②　[斯洛文尼亚]斯拉沃热·齐泽克:《易碎的绝对——基督教遗产为何值得奋斗?》,蒋桂琴、胡大平译,江苏人民出版社 2004 年版,第 8 页。

③　[斯洛文尼亚]斯拉沃热·齐泽克:《快感大转移——妇女和因果性六论》,胡大平等译,江苏人民出版社 2004 年版,第 22 页。

④　Jurgen Habermas, *Knowledge and Human Interest*, London: Heinernann, 1972, p. 217.

与听者获得了一致性的意义理解。但是,在极端的病理性差异情况下,言说的内容与真实目的并不重合,意义的表达并非言说的内容而在其外。中国成语有云:言外之意。同样地,"精神分析理论授予自我两种功能:理智地适应现实以及规范驱力——这里所缺少的是一种具体的行为,它的反面就是防御机制即自我反思。精神分析既不是对症状的隐藏意义的理解,也不是对造成这些症状的因果链的解释,自我反思的行为辩证地超越了这种理解和因果关系解释的双重性"①。与言语表达的额外意义类似,否定的回溯让主体获得了"额外"意义。

在此,有必要重提"弃儿出美人"的故事。从回溯性的视角来看,玛农认为全体村民都知道真相却无所行为,因而全部有罪、不应被原谅。问题已经不是传统的犯罪——个人冒犯社会(他扰乱了社会象征秩序,因此他犯了法),而是社会冒犯个人(不是社会做了什么,而是什么都没做以至于掩盖了真相,因而社会有罪)。最后,牧师作为调停的中介介入其中,使村民意识到他们的共谋罪行,调停了玛农与全体村民之间的对抗性关系,从而将问题焦点从科学知识转向主观真相,其结果以玛农的怀孕重建了真实与象征之间的联系。这个故事让我们"看到了道德态度的社会戏剧逐渐僵化为神话——以自然顺序的逆转,该运动是从喜剧到悲剧。我们得到的训诫是,说今天的神话是杜撰的,是假的,是复古的人工制品的说法是不充分的:神话杜撰模仿的观念应被彻底改为神话本身是一个虚构的故事的观念。"②真相的回溯性价值就在于,它催生了一个调停的中介——牧师。于社会而言,牧师充当了大他者的角色。虽然大他者虚无,但却不能说这种虚无毫无意义。它的意义就在于调停实在界与象征秩序的对抗局面,实现实在界与象征界从对抗到联系的重建。因此,从否定到肯定的逆转和回溯,价值在于产生一个新的意义。

---

① [斯洛文尼亚]斯拉沃热·齐泽克:《快感大转移——妇女和因果性六论》,胡大平等译,江苏人民出版社 2004 年版,第 25 页。

② [斯洛文尼亚]斯拉沃热·齐泽克:《有人说过集权主义吗?》,宋文伟、侯萍译,江苏人民出版社 2005 年版,第 15—16 页。

（三）意识形态重塑功能的主体诠释

齐泽克对主体的认识要从电影制作人安德烈·塔尔柯夫斯基（Andrei Tarkovsky）和哲学家克尔恺郭尔两者的共见说起。塔尔柯夫斯基在电影《牺牲》中试图表现的主体是"关于纯粹的、本身无意义却又使我们的世俗生活恢复了意义的行为……"①；而克尔恺郭尔的哲学姿态也力图展现牺牲的终极意义就是牺牲本身，"无限弃绝"这个概念旨在说明克尔恺郭尔的这一姿态。塔尔柯夫斯基和克尔恺郭尔都试图强调肯定对否定的"顽固依恋"（stubborn attachment）。齐泽克在黑格尔的《现象学》中找到了同样的说明。在《现象学》中，某一普遍内容总是依恋于一些被道德判断所蔑视的特殊内容，例如利益、快乐、对象等。"我只有通过对某些偶然的特征内容的依恋，才能到达普遍性的自为，而这些特征内容是作为'否定量'起作用的，而否定量是指本质上无关紧要的一些事物……"②因此，齐泽克指出，无意义的牺牲就是意义的最终保证。当从主体视角来讨论齐泽克的这一观点时，我们得到了一个十分震惊的结论：主体是主体的自我否定，否定主体自身才能最终确立主体。简言之，主体依恋否定量。为什么如此？要解答这个问题，必须回到"开端"。关于"开端问题"，齐泽克在《自由的深渊》中给出了结论："真实的开端不在开端处"③。当然，这也是谢林的基本论题。在谢林那里，所有开端的开端是"太初有道"之前的一种旋转运动。道之前是盲目的混沌的本能世界——精神病世界。一旦本能的混沌状态被"道"的声音打破，开端便出现了。"道"作为一种先决行为，对封闭的、本能的旋转运动进行了划分，它将一个封闭的旋转运动划分为部分封闭又部分开放的运动，它区分了过去和现在。正如齐泽克所言，"真正的开端是从'封闭的'旋转运动到'开放的'进步，从本能到欲望的道路，

---

① ［斯洛文尼亚］斯拉沃热·齐泽克：《视差之见》，季广茂译，浙江大学出版社2014年版，第146页。

② ［斯洛文尼亚］斯拉沃热·齐泽克：《敏感的主体——政治本体论的缺席中心》，应奇等译，江苏人民出版社2006年版，第118页。

③ ［斯洛文尼亚］斯拉沃热·齐泽克：《自由的深渊》，王俊译，上海译文出版社2013年版，第27页。

或者,按照拉康的术语,是从真相到象征的道路"①。换言之,开端之前一定存在先决行为。

于主体而言,先决行为正是对主体的否定行为。但是,否定主体的行为具有双重否定的内涵。主体是一个由物质性、符号性和"实在"共同构成的三维主体。为进入物质世界,必须先否定主体的符号秩序并进一步否定主体的实在本真。就前一个否定而言,它并不重要,因为物质世界本身就受符号秩序的规制。重点在后一个否定。原初的主体无时无刻不是在一个实在内容的封闭循环中运动,它必须以一个否定行为来摆脱内部实在内容的束缚,以便进入一个开放的符号领域。主体要进入符号秩序获得对世界的一致性体验,就必须压抑内在的实在本真。后一个否定——否定实在,正是实在界与象征界对抗的结果,也是主体从封闭的实在界逃向符号秩序的策略。齐泽克在《敏感的主体——政治本体论的缺席中心》中说:"主体如果没有激进的外在化,即所有内在的、实质的精神内容的牺牲,他将仍然嵌入于其实体中,而不能作为纯粹的自我关联的否定性出现——无意义的外在训练的真正思辨的意思在于放弃我的精神生活的所有'内在的'实质内容;我只有通过这样一种放弃,才能作为阐明的纯粹主题出现,而不再依恋于任何根植于特殊生活世界的实定秩序。"②主体必须通过否定原初欲望才能表达它、实现它。否定行为使得主体行动变得无意义,却又担保了原初欲望的最终表达。"因此,就无意义的机械训练迫使主体远离每个实质内容来说,主体必须时刻摆脱对意义的实质整体的自我满足的沉湎,并且要面临纯粹否定性的空无……"③毋宁说,主体必须脱离实在本真才能发现纯粹的自我,它无可奈何地依恋于对自身的否定。

诚然,主体顽固地依恋对自身的否定,但为何主体又能"容忍"对自身的否定呢? 齐泽克认为,主体能够容忍自我否定的理由源自否定行动产生的剩

---

① [斯洛文尼亚]斯拉沃热·齐泽克:《自由的深渊》,王俊译,上海译文出版社 2013 年版,第 27 页。

② [斯洛文尼亚]斯拉沃热·齐泽克:《敏感的主体——政治本体论的缺席中心》,应奇等译,江苏人民出版社 2006 年版,第 119 页。

③ [斯洛文尼亚]斯拉沃热·齐泽克:《敏感的主体——政治本体论的缺席中心》,应奇等译,江苏人民出版社 2006 年版,第 120 页。

余快感。拉康把放弃肉体快感而产生的快感称之为剩余快感,即对象a。对象a作为一种剩余快感,它补充了否定主体后的意义空白。这就是受虐狂的精神内核。受虐者之所以能够容忍施虐者对其身体的摧残(否定),其原因就在于,施虐者通过否定受虐者才能使受虐者体验到快感。这里发生了一个离奇的可能性,即把否定肉身颠覆为肉身否定的可能性,把压抑力比多颠覆为从压抑中获得更多的力比多,把否定主体的实在界欲望颠覆为从否定主体意义中获得更多的意义。因此,主体的自我否定搭建了一个主体赖以维系的否定体系——否定量。否定量是这样一种对象:"这种对象在明确地出现时,充当无性的空无的替身(或充当不可能事物的深渊),因此,需要特殊的对象,就是维持它对特殊对象的'顽固的依恋'(不论发生什么事情),就是'需要无性'的具体形式。"①简言之,主体需要无。虽然否定量对于肯定主体来说是无意义的,齐泽克却说,与其说主体不需要否定量,不如说主体需要无。否定量的意义就在于它的"无性",它以"无性"的形式满足了主体对意义的需要,"无性"的价值在于填补意义在形式结构上的空位。因此,主体能"容忍"否定自身的原因就在于否定后的意义增补。

斯宾诺莎(Baruch de Spinoza)认为,心灵与肉体之间的差异不过是同一实体的两种不同感知模式,因而心灵与肉体是两种分裂的存在。斯宾诺莎制造了永无交接点的两个平面。然而,"拉康试图要做的,似乎与这一标准步骤截然相反……他致力于寻找某个'点位',在那里,我们进入'非人'之维,'人性'开始分崩离析"②。换言之,主体完成自我否定后就站到了视差位置,在这个位置上,主体才看到了实在界与象征界两个维度的分裂。喜剧通常是由两个莫名其妙的对立层面来界定的,一方面是平庸生活之粗俗性,另一方面是高高在上又自命不凡的高贵性。一个喜剧诞生的时刻是当一个高贵的领袖踩在香蕉皮上(这一幕已在日常生活中司空见惯)并重重摔倒的时刻。这样,喜剧

---

① [斯洛文尼亚]斯拉沃热·齐泽克:《敏感的主体——政治本体论的缺席中心》,应奇等译,江苏人民出版社2006年版,第122页。

② [斯洛文尼亚]斯拉沃热·齐泽克:《视差之见》,季广茂译,浙江大学出版社2014年版,第70页。

可以脱离其实在内容,而被一种结构(粗俗与高贵之间的对立结构)固定下来。同样地,主体也是被两个对立面——肯定与否定、实在与象征——固定下来。这也暗示了主体已经不可化约地分裂了,它不再能从两个基本层面来对主体进行界定。这种暗示是对主体处于视差点位的暗示,它标志着一个先于对立双方的第三方的出现。如齐泽克所言,"自相矛盾的是,差异先于与之相比而不同的那个事物存在。这两个术语是对差异的回应,是积极应对自身创伤的两种形式"①。对否定的回溯性的观测预设了一个形式结构,它使得当初脱胎的那些因素退化到次要地位,退化成自我推进的循环因素。无论是肯定量,还是否定量,都是对主体的束缚,主体必须身处两者的循环之中才能得到界定。

回溯性让我们看到主体居于视差点位、居于形式结构当中。黑格尔曾说,概念是它自身的结果,概念促成了自身的实现。齐泽克用"形式"替换了黑格尔的"概念",认为主体是一个类似于黑格尔式的精神实体。"作为精神实体的精神是实体、是自在,它只能通过介入精神实体的主体永不停息的活动来维系自己。"②区别在于,齐泽克的主体并不完全是精神实体,而是占据了精神实体这个位置的精神。规定主体的本质性特征、主体试图表现的对立面就是大他者。齐泽克一直在向我们强调这一点。主体之所以成为主体,原因在于它占据了大他者(前文所说的结构形式)的位置,是精神实体实现自身过渡的结果。大他者作为实在界与象征界之裂缝的填充物,支撑了主体。"实体作为主体"正好意味着,"说明过程"——从我们外在反思的位置,我们理解绝对的方式——是绝对自身的内在规定。于主体而言,必须采用动态循环的方式才能有所定义。因此,齐泽克说,"主体是一种结果,这种结果完全设定了它自身的原因"③。齐泽克用如此复杂的主体演进逻辑,其目的何在? 抑或说,齐泽克到底想要重塑一个什么样的主体? 齐泽克的回答是,"'内心之旅'的逻

① [斯洛文尼亚]斯拉沃热·齐泽克:《视差之见》,季广茂译,浙江大学出版社 2014 年版,第 74 页。
② [斯洛文尼亚]斯拉沃热·齐泽克:《视差之见》,季广茂译,浙江大学出版社 2014 年版,第 79 页。
③ [斯洛文尼亚]斯拉沃热·齐泽克:《快感大转移——妇女和因果性六论》,胡大平等译,江苏人民出版社 2004 年版,第 42 页。

辑使我们面对主体性质空白,并因此强迫主体认可自己的彻底去主体化"①。换言之,齐泽克重塑的意识形态主体是一个去主体化的主体,是一个纯粹的主体。"一个贫乏/纯粹的主体"到底是一个怎样的主体?

齐泽克认为,面对一个理论文本,读者总是质疑文本的阐释不够周全,企图将文本诉说更为彻底地概念化。但是,读者只能通过一系列外部条件对概念化诉说进行轮廓性描述。"这种关于外部的、经验的限制的说法是一种取消内在不可能性的托词:'更周全的理由'是一种先验的不可能,或者更准确地说,它可能破坏正要说明的论点。"②精神分析的方法恰恰相反,它试图通过反向进程来重现原始本真。阿尔都塞在其自传中写道,他被一个可怕的观念折磨着:他相信自己不存在,但害怕他人知道这一"事实",抑或说,害怕被人识破他仅仅是一个假装存在的冒牌货。主观唯心主义往往采用这样一种说法来解释这一问题:它认为主体(阿尔都塞)只能相信头脑中的思维观念,现实不过是思维观念的一个推论/外显。唯物主义的解释方法是:现实是客观存在的,主体(阿尔都塞)的这种观念(相信自己是非存在)是对外部世界的不正确认识所致。齐泽克则声称主观唯心主义和唯物主义都未能真正解决阿尔都塞所受的观念折磨,真正的解决方法是要宣称:在主体之外的现实是明确地存在的,问题毋宁说是主体并不存在。"在某种意义上,这个阴谋的'真相'是,主人总是虚拟的——一个偶然的人,他填进了结构中那个命中注定的位置,尽管游戏实际上是由'大他者'通过非个人的符号机器来操纵的。这便是一个主人通过'主体的缺失'经验被迫注意到的东西:他被规定为一个傀儡,一个把那些实际上是由符号机器自动运行所产生的东西误以为是自己决定的产物的傻帽。"关键之处在于:主体的内在真实被一个符号性委任淹没了。当演员戴上面具试图演绎另一个角色时,最为可怕的是,他/她真的相信自己就是那

---

① 〔斯洛文尼亚〕斯拉沃热·齐泽克:《欢迎来到实在界这个大荒漠》,季广茂译,译林出版社 2012 年版,第 101 页。

② 〔斯洛文尼亚〕斯拉沃热·齐泽克:《快感大转移——妇女和因果性六论》,胡大平等译,江苏人民出版社 2004 年版,第 218 页。

个角色。① 主体身上的符号性委任就是一副面具,但它从来不只是一副面具,因为它决定了我们在主体间符号网络中占据的实际位置;事实上虚假空洞的东西是我们和我们所戴的面具保持的"内心距离",是我们在面具下隐藏的"真正自我"。简言之,主体从表现形式上看是一个复合物,它由内在真实和符号秩序共同构成。

齐泽克在自我访谈中旗帜鲜明地表达了"主体的非中心化"立场。他认为,在哲学之中,第一次遇到非中心化的主体是在康德哲学那里。康德哲学中理性范畴和经验之间的分裂严格地对应了拉康精神分析中象征秩序与现实之间的分裂,两者最后都由一个神秘而具有现实力量的东西支撑着,只不过康德称之为超验对象,而拉康称之为对象a。主体仅仅是占据超验的一个空洞位置,它从来就是一个纯粹的虚空主体。"简而言之,正是'主体的缺失',主体的完全的自我外化,才使得主人成为多余的:仅仅对于我而言,一个主人才是主人,因为我的主体并没有完全地外部化;仅仅相对于我在某个深处保存了自己的肖像画而言,它说明着我个性的惟一特征——一个主人通过在我的惟一性中认出我来而成为主人。"②因此,齐泽克的纯粹主体就体现为无性。

现在,我们通过齐泽克对电影《德意志零年》(*Germany*, *Year Zero*)的分析来完整地呈现齐泽克重塑主体的逻辑。电影《德意志零年》讲述了一个十岁男孩埃德蒙德受其纳粹老师亨宁的影响,后者告诉他一个"至理名言":生存需要残酷的斗争,而一个人必须无情地处理掉弱者,因为弱者是拖累、负担。埃德蒙德准备把这一"真理"用在他父亲身上,因为父亲就是家庭的负担。在得到父亲许可后,埃德蒙德杀死了他的父亲。此后,他再也无法融入同龄小伙伴的游戏当中,他被从共同体中驱逐,最后跳楼自杀。对于电影显而易见的解读是,"电影是关于道德堕落的纳粹意识形态如何毒害一个孩子的无辜并诱

① 此处来自齐泽克对电影《罗维雷将军》(*General Della Rovere*)中贝尔托内这一角色的阐释。贝尔托内,一个酷似领袖罗维雷将军的混混,被捕后被派到一个关押抵抗组织成员的监狱中,冒充罗维雷将军(事实上罗维雷将军已经被击毙),其结果是贝尔托内真的以为自己就是罗维雷将军,并要求德国军方以罗维雷将军的身份枪毙自己。

② [斯洛文尼亚]斯拉沃热·齐泽克:《快感大转移——妇女和因果性六论》,胡大平等译,江苏人民出版社2004年版,第224页。

使他弑父的"①。但这并非唯一的解读,因为齐泽克认为埃德蒙德的行动并不完全是由老师的言词引起的,他还得到了父亲的允许,即满足了父亲的死亡愿望。换言之,这里出现了埃德蒙德的对立:按照亨宁"至理名言"的字面意义行动和按照父亲的愿望行动之间的对立。按照亨宁的言词意义行动,他就是一个弑父的恶魔;按照父亲的愿望行动,他就是一个圣徒。因此,对立造成的结果是埃德蒙德行动的不确定性,齐泽克认为,行动的不确定性恰恰表明了行动的纯粹自由特征,它本身暂时悬置了行动的纳粹意识形态基础。正如谢林所言,"一个纯粹以自身,而不是任何意识形态的'有效基础'为依据的行动"②。换言之,埃德蒙德的行动不具有任何意识形态的根基、不受符号秩序的指引和约束,它的行动是纯粹的非意识形态行动。埃德蒙德被共同体排除,正是主体脱离象征秩序/摆脱意识形态的说明。换言之,指引埃德蒙德行动的恰恰是与意识形态保持一定的距离。在这里,埃德蒙德占据了一个不可能/真实的空位,这正是主体应该所在的位置。主体"似乎是一个空洞的集,一个空洞的整数,一个效应的焦点,这个空集,这个空洞的整数,就是拉康对能指主体的命名,即一个被还原为空洞的位置,没有任何想象或符号认同来支撑的主体"③。埃德蒙德的行动被割除意识形态符号的有效基础,行动成为纯粹自由的行动,主体因丧失符号性而成为贫乏的主体,主体是不受意识形态符号约束的主体,成为纯粹的空主体。简言之,正如埃德蒙德的行动是纯粹自由的一样,主体是一个脱离意识形态的、贫乏而又自由的纯粹主体。

①　[斯洛文尼亚]斯拉沃热·齐泽克:《享受你的症状——好莱坞内外的拉康》,尉光吉译,南京大学出版社 2014 年版,第 44 页。

②　F. W. J. Schelling, *Über das Wesen der Menschlichen Freiheit*, Frankfurt: Suhrkamp Verlag, 1978, p.27.

③　[斯洛文尼亚]斯拉沃热·齐泽克:《享受你的症状——好莱坞内外的拉康》,尉光吉译,南京大学出版社 2014 年版,第 46 页。

第四章　齐泽克意识形态功能的实现机制

　　任何一种意识形态功能的实现都必定有某种方式/机制的保障。换言之，值得笔者继续追问齐泽克的问题是：保障意识形态功能实现的机制为何？就齐泽克而言，意识形态功能的实现机制必定是一种既符合精神分析理论又易于被公众接受的机制。精神分析中的认同、心理学上的移情以及"独具特色"的信仰仪式与齐泽克意识形态思想既具备理论上的亲近性，又符合齐泽克意识形态话语理论内在的生成逻辑。本书考察齐泽克文本后认为，认同机制、移情机制与信仰机制是齐泽克保障意识形态功能得以顺利实现的三大机制。

一、作为意识形态缝合功能保障的认同机制

　　认同机制如何保障意识形态缝合功能的实现？当我们试图清楚明白地得到该问题的答案时，必须将问题一分为二：一是弄清楚意识形态认同机制的基本内涵，二是考察认同机制怎样保障了意识形态缝合功能的实现。因此，下文通过考察齐泽克文本，试图对该问题给予总体回答。

（一）齐泽克意识形态认同的基本内涵

　　"认同"（indentity）源自拉丁文 idem，意指事物具有一致连贯性，与 the same 同意。可见，"认同"的词源意义即为"同一性"。从学科划分看，"认同"本就是一个心理学（或者精神分析学）概念。它源自弗洛伊德对心理过程的解释，意指个体的心身结合机制。正如卡伦·霍妮在《精神分析的新方向》中

所言,"思想和情感之间存在连续性,虽然它看来并不明显"①。我们可以再次引用拉康"镜像阶段"的两段说明作为阐释"认同"概念的精神分析学依据。拉康说:"尚处于婴儿阶段的孩童行为不自主,却能兴奋地将镜像归为自身。我认为,它表现了一种象征矩阵,在矩阵中,'我'在原初形式中猝成,再在辩证认同他人中被客观化,然后在普遍的语言中发挥重建主体的功能。……我描绘的'镜像阶段'十分有趣,因为它体现了情感动力,借助于它,主体从一开始就使自己认同了自己身体的视觉格式塔。相对于尚且存在严重不协调的主体行动,视觉格式塔便是一个理想的同一,是一个有益的意象。"②拉康对"镜像阶段"的图示化描绘为个体心理的认同机制提供了基本案例。随后,"认同"词义的指涉范围不断扩大,就结构精神分析学而言,它已不再被单纯地理解为个体心理的心身一致,而是具有了群体/社会的物我一致性。正如梁丽萍所言:"认同指的是个人以群体一分子的身份来界定自己……因此,认同的本质不但是'心理'的,它也包含'群体'的概念,是一项自我的延伸,是将自我视为一个群体的一部分。"③在此,精神分析学获得了把"认同"概念从心理学扩展到意识形态领域的基础依据。"认同"一词便开始指向主体对群体意识、社会价值、宗教观念等意识形态的接受、内化与践行。这也正是齐泽克意识形态缝合功能思想发挥效用之处。在此,笔者主要从三个方面来考察齐泽克意识形态认同的基本内涵。

首先,"牺牲逻辑"是齐泽克意识形态认同的本质逻辑。通过前文的叙述我们知道,在精神分析学那里,欲望被象征秩序压抑,但压抑又是象征秩序施展功能的必备条件。齐泽克把这种压抑理解为欲望的自我牺牲。我们已经多次提到这样一个观点:一方面欲望是被需要的,另一方面欲望必须被牺牲以至于被接受。为了获得意义,意义的牺牲是意义的最终保证。为此,牺牲占据了

① [美]卡伦·霍妮:《精神分析的新方向》,张长英、赵立影译,上海锦绣文章出版社2008年版,第11页。

② Jaques Lacan, *Ecrits: A Selection*, trans. Bruce Fink, p. 4, p.20. 转引自马元龙:《雅克·拉康:语言维度中的精神分析》,东方出版社2006年版,第55页。

③ 梁丽萍:《中国人的宗教心理——宗教认同的理论分析与实证研究》,社会科学文献出版社2004年版,第15页。

神圣的位置。我们可以从《享受你的症状——好莱坞内外的拉康》中引用齐泽克的论述,在他看来:"一旦一个人发现自己占据了神圣的牺牲者的位置,他的存在就被打上有罪的烙印,并且他越是宣称自己无辜,他就越是有罪——因为他的罪就体现为他拒绝承担罪,即拒绝承担共同体授予他的牺牲者的符号委任。所以,为了'胜任他的使命',牺牲者不得不承担罪疚的负担,虽然他完全清楚自己是无辜的:他越是无辜,他牺牲的分量就越重。"①因此,作为牺牲者的欲望是一个纯粹否定的回撤姿态,通过牺牲欲望,构建象征秩序的基础才越发稳固。欲望牺牲得越发彻底,主体的符号化才能越发地健全,融入社会关系的可能性才能越发地增强。显然,意识形态缝合是将零碎的现实整合进象征秩序,在那里欲望被意识形态遮蔽。牺牲是必备的,因为意识形态作为总体观念,它必须让主体体验到欲望与象征秩序的一致性。意识形态填充在欲望与象征秩序的对抗之间,它以牺牲欲望为代价,保证了主体的一致性体验。看看齐泽克在"牺牲的牺牲"中的描绘就不难理解了,他说女人想要的,"既不是一个爱他的职业胜于爱她的男人,也不是一个因为她而忽视自己职业的男人,而是一个虽然爱她胜于自己的职业,却愿意为了忠于自己的职业而牺牲她的男人"②。简言之,他致力于工作而抛弃女人,然而,恰恰女人就是他的一切。意识形态缝合不恰恰如此吗,欲望的或者现实的一切一旦要被主体象征化,它就必须通过牺牲自身来保障自身被最终接受。

其次,"幻象认同"是齐泽克意识形态认同的主要特征。"牺牲逻辑"还能说明一点,即使欲望实在界遭到象征秩序的压抑,即使把现实象征化,也不能取消欲望实在界的本质地位。意识形态虽然缝合了两者并让主体体验一致性,但也不能消磨二者的对抗性。因此,象征化只是一种误认,它让主体把象征当成了实在,尽管并非如此。可见,意识形态认同的基本特征是"误认"。在此,有必要引入齐泽克对拉康《关于〈被窃的信〉的研讨报告》的分析来说明

———————————

① [斯洛文尼亚]斯拉沃热·齐泽克:《享受你的症状——好莱坞内外的拉康》,尉光吉译,南京大学出版社 2014 年版,第 93 页。

② [斯洛文尼亚]斯拉沃热·齐泽克:《享受你的症状——好莱坞内外的拉康》,尉光吉译,南京大学出版社 2014 年版,第 209 页。

这一点。齐泽克说："一封信的真正地址不是有可能收到它的经验上的他人，而是大他者，象征秩序本身；信在投入循环的那一刻，就已经被接受了，也就是在发信人将其信息'外化'，传递给他者的那一刻，在他者注意到信件并因此卸下了发信人对它责任的那一刻。"①概括来说，齐泽克认为存在两个地址，一个是具体的地址，另一个是可能的地址（例如瓶中信，它可能到达任何地点）。当我们回问信的具体地址时，已经悬置了它可能到达的任何地点，具体地址替代了可能地址。但是，就信到达具体地址而言，它完全是偶然的，却被当作必然来对待。我们已经"误认"信必须到达一个确定的地点，"正是这个承认行动，使我成为了我把自己承认为的那个东西"②。因此，指认"信必定到达目的地"完全是幻象性的，主体对意识形态的幻象认同亦如此。

最后，"一无所知"是齐泽克意识形态认同的基本保障。从前面两点可以得出的结论是：欲望以牺牲自身的方式成全大他者，而主体却信以为大他者就是"真实"。到此为止，意识形态认同的逻辑已经基本结束。但是，需要回问的是：主体是否对此"了如指掌"？齐泽克的答案是否定的。他认为，主体对此并非"了如指掌"，而是必须"一无所知"。他在《斜目而视：透过通俗文化看拉康》中说道："大对体必须一无所知"，否则社会联结（social bond）将成为不可能。大对体是主体幻象性虚构的，"至关重要的一点是，这样的'幻觉'结构了我们的（社会）现实本身。因而，幻觉的消除会导致'现实的丧失'。"③只要保持大对体一无所知，我们就能一心一意地从事象征化活动；一旦大对体不再无视"误认行为"的存在，社会联结就会烟消云散，社会象征秩序将在顷刻间崩塌。毫无疑问，"一无所知"正是意识形态幻象性认同的基本保障。

总而言之，齐泽克以精神分析学的认同学说为基础，探讨了保障意识形态缝合功能实现的认同机制，并从本质逻辑、主要特征、保障方式三个方面重释

---

① ［斯洛文尼亚］斯拉沃热·齐泽克：《享受你的症状——好莱坞内外的拉康》，尉光吉译，南京大学出版社 2014 年版，第 16 页。

② ［斯洛文尼亚］斯拉沃热·齐泽克：《享受你的症状——好莱坞内外的拉康》，尉光吉译，南京大学出版社 2014 年版，第 19 页。

③ ［斯洛文尼亚］斯拉沃热·齐泽克：《斜目而视：透过通俗文化看拉康》，季广茂译，浙江大学出版社 2011 年版，第 123 页。

了意识形态认同机制的基本内涵。我们不禁要问,意识形态的认同机制在何种意义上保障了意识形态缝合功能的实现? 分析齐泽克思想发现,认同机制的保障功能主要在于两个方面:一是从个体而言,认同机制保障了个体心身的同一性;二是从整体而言,认同机制保障了社会物我的同一性。因此,下文将分两步探讨认同机制具备的两大保障功能。

(二)认同机制对个体心身同一性的保障

尽管英语国家的精神分析师倾向于强调躯体而较少强调精神,但法国的心身医学与精神分析学,例如拉康、皮埃尔·玛蒂(Pierre Marty)等,还是坚信精神和躯体之间存在特别密切的关联性。他们在现实的门诊病人的身心疾病基础上指出,个体早年遭受的心理创伤具有持续的破坏性,它也最终导致了个体精神与躯体相分离的结果。齐泽克认为,个体心身分离的心理结构恰恰反映了个体心理历程完全是一种矛盾的自我经历。他这样描述《辛德勒名单》的感人一幕:在那里,拉尔夫·费因斯起先抱着风流一回的念头漫不经心地调情,但随后却陷入了"生与死"的问题。因为,他调情的对象具有犹太血统,而这一点显然令他无法接受,并随之抛弃了她。"这场戏表现了主角(从心理上来说)处在不可能表白的地位:它所表达的是,他对恐惧的犹太姑娘的矛盾态度是他心理上直接的自我经历。"① 个体心理矛盾源自欲望冲动与犹太血统之间的对抗。这不正是弗洛伊德自我与他者之间的首要关系吗? 弗洛伊德认为,自我可以分裂出本我和超我:"我们现在将把一个人看做是一个未知的、潜意识的心理本我,在它的外表就是从其中心,从潜意识知觉系统发展而来的自我";"一个人的身体本身,首先是它的外表,是外部知觉和内部知觉皆可由此产生的一个地方"。② 本我居于中心位置,自我处于表层,超我是一个更高的等级,三者的结构性关系十分明确。事实亦然,分析师对个体的精神治疗就

---

① [斯洛文尼亚]斯拉沃热·齐泽克:《有人说过集权主义吗?》,宋文伟、侯萍译,江苏人民出版社 2005 年版,第 50 页。
② [奥地利]弗洛伊德:《弗洛伊德心理哲学》,杨韶刚等译,九州出版社 2014 年版,第 10—11 页。

是要实现本我、自我与超我的一致性与连贯性。就单独的个体心理而言,齐泽克意识形态中的认同机制恰恰是为了达到这样的效果。总的来看,认同机制试图从三个层面来保障个体意识形态缝合功能的实现。

首先,认同机制保障了自我与本我的同一性。齐泽克在分析后朋克群体时说,"在这个案例中,赖巴克战略以新的形式出现了:它只有不是一种反讽的模仿而是对系统(统治意识形态)的过分认同,它才'破坏'系统"①。换言之,本我与自我遵循的认同机制必须在一定限度内,超出限度个体将体验"痛苦"。我们回到弗洛伊德那里,回到本我与自我之间的对抗性。弗洛伊德认为,"痛苦"感觉在很高程度上具有内在动力的性质,它提供了个体认同的内在动力;或者用马克思的话语来讲,矛盾是推动事物发展的动力。法国的心身医学对此解释道,本我越是遭到自我的压抑,本我与自我之间的对抗性就越强,因而能量也就越大。相反,快乐原则旨在让个体释放内在的压抑能量,个体获得的快感正来源于此,释放过程让个体体验到身心的一致性。换言之,自我成了投射本我的场域,它必须存在以至于个体在那里获得释放本我的快乐。认同机制如同言语表象那样,它的功效在于实现本我向自我的转变,而自我就像对本我的证明一样,它表明一切自我都有其根源。可以说,意识形态认同是对符号秩序的幻象性认同,个体能将欲望投入其中并获得快乐。因此,认同机制是一种快乐机制,它保证了本我与自我之间的连贯性。

其次,认同机制保障了本我与超我的同一性。弗洛伊德指出:"我们通过假设失去了的对象又在自我之内恢复原位,也就是说,对象贯注被一种认同作用取代,这样我们就成功地揭示了忧郁症的痛苦障碍。"②显然,弗洛伊德试图把忧郁症解释为受理想他者的控制,只不过他者的控制作用被认同作用替代了。自此,我们开始理解这种替代作用在确定自我所具有的形式方面起着重要作用,更明确地说,认同形成了个体所谓的"性格",即超我。但是,我们不

---

① [斯洛文尼亚]斯拉沃热·齐泽克:《快感大转移——妇女和因果性六论》,胡大平等译,江苏人民出版社 2004 年版,第 89 页。

② [奥地利]弗洛伊德:《弗洛伊德心理哲学》,杨韶刚等译,九州出版社 2014 年版,第12 页。

能把超我理解为自我的进一步外化,因为在精神分析中自我之后便是意识,两者中间不存在递进的中介。显然,我们只能去本我中寻找答案。弗洛伊德认为,超我产生于本我,它是本我退行到缺口后产生的回溯结果。超我成了本我的根本原因,但超我又是在本我完成自我投射后才得以形成。在此,我们可以得出精神分析显而易见的结论:本我以缺席的方式确保了个体的自我认同,自我开始独立地表达意义。正因为此,自我才反向/回溯性地构建了本我的原因。自我既为原因,亦为结果。自我认同机制巧妙地设定了本我与超我的同一性。

最后,认同机制保障了个体心身的同一性。通过对本我、自我与超我的结构性阐释,精神分析学基本完成了对个体心理的整体描绘。笔者出于三个原因——一是本我、自我、超我构成了完整心理结构,二是本我和超我都趋向于被自我整合,三是自我是有可能向意识转变的潜意识——在概念之间进行替换,用"潜意识"概念对本我、自我、超我三个概念进行总体替换。在精神分析学看来,意识是外在事物反射回个体的感官感觉,它根本地依赖于潜意识。即是说,意识是潜意识的进一步外化,个体对外部事物的一切意识都以此为据。看上去,我们得出了一个富有戏剧性而事实上却是如此的结论:一切外在事物都是我们"想"认为它是那样的样子。客观事物不再被精神分析学认为是纯粹的客观,而是带有主观色彩的客观——主观的客观。事物的客观特质被个体心理内化为心理真实,个体对外部事物面貌的认同具有心理根源。潜意识与意识获得了同一性,心理结构与身体器官获得了同一性——心身同一。

至此,我们看到了认同机制在保障"自我与本我的同一性""本我与超我的同一性"以及"个体心身的同一性"三个层面的作用。认同机制保障了意识形态整合心身结构的功能,保障了个体意识形态缝合功能的实现。需要说明一点,我们并没有直接去齐泽克思想中寻找现成的说法,而是从齐泽克借以出场的精神分析学中挖掘缘由。这是不是说齐泽克忽略了阐释认同机制的保障作用?并非如此,齐泽克没有对认同机制的保障作用加以直接阐释,是因为他已经在根本上承认了这一事实并以此为基础来建构理论。当我们阅读齐泽克文本时,对此也深有体会,《快感大转移——妇女和因果性六论》对"自我罪恶、超我罪恶、本我罪恶"的分析即为典型例证,在此不再多言。现在我们把认同机制的保障功能从个体转向群体/社会,去挖掘认同机制在群体意识形态/社会意识形态缝合中的作用。

(三)认同机制对社会物我同一性的保障

弗洛伊德对个体心理做出本我、自我与超我三者的结构之分,在一定程度上被拉康吸收了。拉康将世界结构划分为想象、象征与实在三个层次,可以说是沿用了弗洛伊德的区分逻辑。想象界是混沌的初始,如同镜像阶段的图像认同;象征界是世界的符号秩序,如同俄狄浦斯情结;实在界是万物之本,在那里一切都有根可寻。应当提醒一点,拉康的三维世界绝非一个历史的有序排列,而是一个综合的"症候"。正如格尔达·帕格尔(Gerda Pagel)在《拉康》序言中所说的,"结构主义活动的目的是,揭示对象和关系系统的秩序特征,系统分析其表现方式和结构,并从语言、逻辑学甚至诗学的角度对之加以描述"①。从经验现实来讲,拉康的"三界"具有结构性,但这一点却是我们通过逻辑分析得来的。齐泽克的意识形态思想明显地延继了拉康"三界"说,想必这一点已不必进行再次说明。一方面,拉康将三界区分得如此明显,以至于三者之间始终保持分裂态势;另一方面,拉康又对三者加以症候式说明。在这个整合结果中一定存在一个缝合的过程。齐泽克意识形态缝合功能正源于此,意识形态缝合过程的中心环节就是意识形态认同。初步看,认同机制依然在三个层级上保障了意识形态缝合功能的实现。

首先,认同机制保障了象征与想象的同一性。拉康的想象是混沌秩序中的二元对立结构,它在"我"与"他"之间摇摆不定。但想象绝不是幻想,正如伊万斯所言,"虽然想象总是具有幻想及其诱惑的意义,但它并非真的与幻想同义,因为幻想意味着无益、不合理的意义。想象绝非不合理的存在物,它在现实中真实地展现出巨大影响"②。想象的基础是镜像阶段,它表达了主体在

---

① [德]格尔达·帕格尔:《拉康》,李朝晖译,中国人民大学出版社 2008 年版,第 2 页。

② Dylan Evans, *Dictionary of Lacanian Psyychoanalysis*, East Sussex:Brrunner-Routledge, 2001, p.82.

二元情境中构建自我的形式,幼儿开始认同镜像,倾向于被符号化。换言之,认同在联结符号化的象征秩序与想象界之间功不可没。正如马元龙所言,"想象界的基础仍然是镜子阶段形成自我的形式,因为自我是通过认同相似者或者镜像而形成的,所以认同是想象界中的一个重要因素"。在此,认同是一个先行行为,它必须首先接受被符号化具有合理性这一事实。事实也必定如此,因为主体行为不自主却又企图获得完整的自我意识,为了获得对世界同一性的体验,所以他必须以他者为参照来构建自身,然而这正是被符号化的过程,也是认同的过程。"拉康在此区分自我和主体:自我是一个想象的动因,而主体则是与语言和言语紧密相连的象征的动因。建立了自我的想象认同一方面将自我作为他人,同时又将他人作为自我。"①因此,认同保障了"我"与"他"的同一。正如齐泽克把意识形态作为象征与想象之间的缺口的填充物,意识形态认同保证了象征与想象的同一。

其次,认同机制保障了象征与实在的同一性。齐泽克在《斜目而视:透过通俗文化看拉康》中提出了这样一个问题:实在界是如何显现的?对拉康而言,实在界只能以回撤的方式表现自身,这必然导致实在界的模糊性,主体已然不能直接遭遇实在界。然而,齐泽克却认为主体遭遇实在界是可能的,所以他得出了这样的答案:"实在界同时还包含在符号形式之内:实在界由这种形式直接显现"②。齐泽克认为,拉康将实在界回撤其实是想展示符号化过程的纯粹偶然性,即实在界纯粹偶然的回撤实现了符号化。在此种意义上,多元决定产生了。与此同时,拉康又通过对这一过程的再次重复,让实在界开始在想象、象征与实在三者共同搭建的形式中表现出来。显然,拉康通过把实在界回撤到符号秩序创设了所谓的症候。"症候是精神病之核,它既不能(像征兆)那样被阐释,也不能(像幻象)那样被'穿越'。如此说来,究竟如何处置它?

---

① 马元龙:《雅克·拉康:语言维度中的精神分析》,东方出版社 2006 年版,第 213 页。
② [斯洛文尼亚]斯拉沃热·齐泽克:《斜目而视:透过通俗文化看拉康》,季广茂译,浙江大学出版社 2011 年版,第 67 页。

拉康的回答是认同症候。"①症候作为精神分析得以立足的暗礁,它意味着精神分析的结束,以至于不能被阐释,只能被认同。原因很简单:在拉康看来,主体必须在征兆的实在界中找到生命的终极支撑,找到它而且认同它,因为那就是确保主体一致性的元素。因此,此处的认同不是主体对象征秩序的认同,而是主体认同实在界——那个作为生命终极支撑之物。当然,认同实在界的同时也保证了符号秩序有根可寻。因此,我们说,认同机制保障了象征与实在的同一性。

最后,认同机制保障了物我的同一性。齐泽克把拉康的想象、象征和实在都缝合到象征秩序当中,主体体验象征秩序的同时也是对三者的感知。即,象征秩序作为意识的综合体而存在。现在,象征秩序要开启新的模式,它必须被外化为主体可感知的物质现实。抑或说,象征秩序是最为真实的现实。在此,拉康与黑格尔获得了一致性。正如齐泽克所言,"精神分析把'现实'当作某种由主体所构建,所'假定'的东西,恰恰是在'现实'一词的德国唯心主义的意义上"②。在精神分析中,物质世界被内化为"现实",言词在这里发挥了巨大作用。"言词是对物的谋杀,这不仅是在言词暗示了物之缺席的基本意义上——通过对一个物的命名,我们把物当作缺席了的、死亡了的,虽然他仍然在场——而且首先是在其根本的解剖的意义上,言词肢解了物,把物从其具体内容的包围中扯出,把物的组成部分当作一个个自主存在的实体。"③简言之,物通过言词的象征化命名,使得物质成为缺席的在场。物不再作为其客观存在而被主体认同,恰恰相反,主体是在象征秩序中感知物的客观性。因而,主体被象征化的过程是一个认同符号秩序的过程,也是一个认同物质世界的过程。为此,我们说,认同机制保障了物我同一性。总的来看,认同机制整合了象征与想象、象征与实在,符号秩序实现了大统一,并最终外化为物质现实,实现了物我的一致性。

---

① ［斯洛文尼亚］斯拉沃热·齐泽克:《斜目而视:透过通俗文化看拉康》,季广茂译,浙江大学出版社 2011 年版,第 236 页。

② ［斯洛文尼亚］斯拉沃热·齐泽克:《享受你的症状——好莱坞内外的拉康》,尉光吉译,南京大学出版社 2014 年版,第 68—69 页。

③ ［斯洛文尼亚］斯拉沃热·齐泽克:《享受你的症状——好莱坞内外的拉康》,尉光吉译,南京大学出版社 2014 年版,第 71 页。

从认同机制的基本内涵,到认同机制缝合个体心身结构,再到认同机制缝合物我结构,我们已经基本回答了前文提出的问题:认同机制到底如何保障了意识形态缝合功能的现实? 就个体心理而言,认同机制通过整合本我、自我与超我,保障了个体心身结构的一致性;从社会群体层面来说,认同机制通过整合想象、象征与实在,保障了社会物我结构的一致性。齐泽克意识形态要缝合想象、象征与实在,可以说,认同机制在这个整合过程中起着至关重要的保障作用。没有对实在界症候的认同,没有对象征秩序的认同,齐泽克意识形态缝合现实的功能将毫无效果。因此,我们说认同机制保障了齐泽克意识形态缝合功能的实现。

二、作为意识形态表征功能保障的移情机制

在精神分析中,感官与苦修之间、纵欲与抑制之间的对抗永远存在,它无法以一方对另一方的胜利来解决。顺利的苦修生活意味着欲望蠢蠢欲动,相反,感官得势则表现为对节欲的补偿。弗洛伊德把欲望的突破性力量称之为阻抗作用,而符号化则是对欲望施加的潜抑作用。弗洛伊德认为:"(这)两个敌对者是不可能言和的,最有效的办法就是让两者齐头并进。在我看来,舍此别无他途。"[1]在这里,移情发生了。移情概念的原初意义就是指病人转移感情于医生身上,基本目标是平衡潜抑与阻抗之间的对抗关系。精神分析治疗的目标就是要实现病人从阻抗转向潜抑,向精神官能症指明存于其内的无意识。但是,移情并不是单纯地由一方转向另一方面,相反,两者遵循动态逻辑。对此,弗洛伊德有一个相对辩证的论述,他说:"病人对分析家的敌视心态,当然也可以视为移情作用因为治疗的情境没有引起这种情感的原因;所以以此观点来看,否定消极的转移关系,正足以证明积极的转移关系。"[2]移情从对抗

---

① [奥地利]弗洛伊德:《弗洛伊德心理哲学》,杨韶刚等译,九州出版社 2014 年版,第 162 页。

② [奥地利]弗洛伊德:《弗洛伊德心理哲学》,杨韶刚等译,九州出版社 2014 年版,第 169 页。

关系中产生,之后实现对抗的平衡。关于移情概念笔者并不想过多论述,因为在弗洛伊德的《弗洛伊德心理哲学》、卡伦·霍妮的《精神分析的新方向》、马元龙的《雅克·拉康:语言维度中的精神分析》等著作中都有大量论述。笔者把关注重点转向齐泽克意识形态视域中的移情机制,去齐泽克文本中找出以下两个问题的答案:一是齐泽克意识形态视域中的移情机制为何? 二是它怎样保障了意识形态表征功能的实现?

(一)齐泽克意识形态移情机制的基本内涵

在精神分析学看来,每一个正常人都有能力将原欲投注他人,只不过在精神官能症患者的问题中尤为突兀。而精神分析师治疗精神官能症患者方法的其中一种是原因疗法:"一种治疗方法如果置疾病的表面症状于不顾,而寻求一个着手点来消除这病症的原因,那便叫作原因疗法。"①在实际的精神分析中,分析师需要挖掘病人的原欲,并将其告知病人,让病人对自己的病症有所认识。换言之,精神分析治疗的意义并非在治疗之中,而是在治疗之外,但又不得不途经中间环节。精神分析过程中,医生不可能完全服从病人因感情转移而所做出的要求,但是也不能不做亲切的处理,抑或加以愤怒的拒绝,因为我们只有分析移情才能消除移情过程中的阻抗作用。因此,移情"具有一种悖论性价值:一方面它是分析的障碍,另一方面,没有移情就没有分析"②。即是说,我们要在移情中获得更多的意义,获得超出移情之外的价值。为此,齐泽克说,"移情就是对于真理的假定,就是对隐藏在愚蠢、创伤性、不一致的法律事实后面的意义的假定"③。不仅如此,我们还可以在齐泽克的意识形态中获得更多有关移情的思想。

首先,欲望与符号秩序之间的对抗为意识形态移情提供了可能性。在此,

---

① [奥地利]弗洛伊德:《弗洛伊德心理哲学》,杨韶刚等译,九州出版社 2014 年版,第164 页。

② 马元龙:《雅克·拉康:语言维度中的精神分析》,东方出版社 2006 年版,第291 页。

③ [斯洛文尼亚]斯拉沃热·齐泽克:《意识形态的崇高客体》,季广茂译,中央编译出版社2002 年版,第53 页。

笔者引述霍妮的一个假定案例来说明这一点。霍妮在《精神分析的新方向》中描绘道：

> 患者 X，天分很高。他在与分析师的关系中，表现出三种主要倾向，我把他们称之为 a、b、c。a，他很顺从，并下意识地期盼分析师对他持以保护、爱以及羡慕的情感；b，他暗地里自诩为一位既聪敏又有道德的天才，可一旦这些品质遭到了质疑，他就对分析师勃然大怒；c，他担心分析师藐视他。

> 经过分析得出童年的三个经历 a1、b1 和 c1。a1，父亲把听话当作 X 想要什么就给什么的条件；b1，父亲认为他是个天才；c1，母亲看不起父亲。

> 根据弗洛伊德的移情概念就可以做出以下解释：X 童年时把自己认同为母亲，并在父亲面前扮演了一个被动的女性角色，以期获得某种回报，置于目前人格结构是：X 有潜在的让他感到羞愧又怕受到鄙视的被动同性恋倾向。他的自命不凡实际是来抵抗他的女性倾向，用以补偿他的"自我"蔑视和被人鄙视所带来的恐惧。这种解释也可说明 X 的其他特性。例如，他害怕自己与任何女人绑在一起，这可能由他的潜在同性恋倾向和怕被女人藐视所带来的恐惧造成的，就像父亲被母亲轻视那样。①

暂且悬置霍妮后文对弗洛伊德所做的质疑与重释，仅就案例与齐泽克意识形态的一致关联性得出一些结论。表面看来，a 与 a1 之间的关系十分和谐，但就其逻辑结果而言，它掩盖了孩子的真实欲望。从霍妮的分析来看，孩子的真实欲望与表现上的和谐关系起初是相悖的，也正是这种悖论性关系的存在，精神分析师才能对真理有所揭示。无论是在 a 与 a1 之间，还是 b 与 b1、c 与 c1 之间都能体现出移情中特殊的对抗性质。对抗为移情提供了可能性。可以说，齐泽克的移情是欲望向符号秩序的转移。主体总是试图实现欲望，而又总是希望被符号秩序接纳，两者矛盾的结局是意识形态的出现，它缝合两

---

① ［美］卡伦·霍妮：《精神分析的新方向》，张长英、赵立影译，上海锦绣文章出版社 2008 年版，第 92 页。

者,成为两者斗争的场域。内在客体流转于两者之间,移情发生了。因此,欲望与符号秩序之间的对抗为移情提供了可能性。

其次,移情的不断重复生成了额外的超我意义。霍妮说,"如果移情概念从强迫性重复的理论偏见中分离出来,那么他将会立马产生它本来就能产生的效果"。换言之,对于移情来说,"重复"并无多大用处,相反,还会招致对移情的偏见。但是,齐泽克并不如此认为。他说,在欲望与符号秩序之间仿佛总有一只看不见的手在控制着所有事情,它的显现必须通过重复这一事实才能得以明晰化。还记得《失窃的信》吗? 齐泽克说,"信的角色被一个在主体间循环的客体所承担,通过循环,它让这些人构成了一个封闭的主体间的共同体"①。换言之,通过重复信在主体间的流转循环,构筑了一个存在于主体之间的形式空间,这正是弗洛伊德的超我,也正是拉康的实在。在这里,移情总是被首先看成是内容的流动,通过重复内容的移动过程,移情的内容被赋予纳入形式框架,移情不再是可有可无,而是必须存在,它保证了超我得以显现。因此,额外的超我意义诞生于移情的不断重复。

最后,移情借助超我的作用把意识形态体验为真实的幻觉。可以用齐泽克的笑话——波兰人向犹太人学习赚钱方法的笑话——来说明这一点。波兰人总是企图从犹太人那里获得赚钱之道,犹太人则把"赚钱之道"作为一个可以出售的"秘密"卖与波兰人,并在讲述秘密的过程中榨干了波兰人最后一枚银币。当波兰人得到了他想得到的秘密后,却又对此一无所知。精神分析师的操作方式不正如此么? 他们总是通过陈述笔误、梦、碎片记忆等一些毫无意义之物来得到真理和意义。即,他们把毫无意义之物假定为意义/真理的承担者,对其进行分析的过程正是意义/真理的显现过程。因此,意识形态移情就是要揭示存在于欲望与符号秩序之外新的超我意义。正如齐泽克所言:"要产生新意义,有必要预先假设它在他者中的存在。这就是'假定无所不知的主体'的逻辑,拉康将其孤立为移情现象的中轴、铁锚:精神分析者预先被假

---

①　[斯洛文尼亚]斯拉沃热·齐泽克:《享受你的症状——好莱坞内外的拉康》,尉光吉译,南京大学出版社 2014 年版,第 29 页。

定知道——知道什么？——知道接受精神分析者的征兆的意义。这种知晓当然只是一个幻觉,但它是一个必不可少的幻觉:最终只有通过这一种知晓的假定,某些真正的知晓才能产生。"①我们再次提出移情的悖论逻辑,以"假定的真"为起点恰恰是在分析完成时才得以确立。即,实在界作为欲望向象征界流转的先行假定,它是意识形态移情机制以回溯的方式确定的。但是,"移情的幻觉是不可消除的,移情中多余的绕路是必须的"②。在波兰人的笑话中,波兰人总是通过多余的绕路才能获得那个"秘密的"真理。

总体来看,欲望与符号秩序之间的对抗为齐泽克意识形态中的移情提供了可能性,通过对移情的不断重复显现了超我意义(或者用拉康的术语"实在界"),而移情正是借助对超我意义的预先假定把意识形态体验为真实的幻觉。这样就有了齐泽克对移情意义的设定:正如它在法律中体现的那样,主体并非因法律的固有属性而服从法律,也非因外在约束而守法,而是因为法律被当作必须接受之物而加以接受。因此,意识形态移情机制至少在两个方面起到了作用:一是参与构造主体心物仿像的作用;二是参与构造社会精神骨骼的作用。

(二)移情机制参与构造主体心物仿像

里普斯在《移情作用、内摹仿与器官感觉》中指出,当物我处于二元对立状态时,主体心中的欲念会参照外在世界进行摹仿,这是移情的基本作用,它参与构造主体的心物仿像。同样的观点还可以在施坦因那里得到,无论他们的论述方式有多么大的差异,都与笛卡尔的"我思"、黑格尔的理念哲学存有一个共同特征。那就是,把心理元素解释为本真,现实是主体心理的总体仿像。从齐泽克意识形态的表征功能思想来看,意识形态填补欲望与象征秩序之间的闸口,它以总体面貌呈现主体的内在欲望。一旦欲望被投射到符号秩序当中,主体便获得了一个新的空间图景。新空间图景的出现表明,欲望与符

---

① [斯洛文尼亚]斯拉沃热·齐泽克:《意识形态的崇高客体》,季广茂译,中央编译出版社2002年版,第253页。
② 莫雷:《穿越意识形态的幻象》,吉林大学博士学位论文,2009年,第95页。

号秩序依然处在原位,唯一发生变化的是空间图景范畴的扩大——一个扩大的缝合后的意识形态作为总体景象出现。移情机制依然参与了新空间图景的构建,它提供了实现意识形态表征欲望的可能性。因此,无论如何,移情机制都在意识形态表征功能中发挥着或多或少、或大或小的作用。总的来说,移情机制在意识形态表征功能中发挥了三方面的作用。

首先,通过挖掘主体内心欲望,移情机制可以修正主体的符号图景。齐泽克意识形态中的移情过程也是欲望的外显过程。在那里,主体对原本"陌生的"内在本真有所认识。在齐泽克看来,这对于已经构建起来的主体的符号世界是有益的,它可以改变主体已有的符号化认知。例如,盲人在无法获得对世界的整体视觉效果时,它只有通过移情,通过一个感官健全之人来获得世界整体的视觉效果。当然,如果感官健全之人要想获得盲人对世界不健全的感官体验,那么他就只能借助移情于盲人世界。正如欲望与符号秩序之间的关系,在那里我们唯独体验的是符号世界,而对于原初欲望无所认知。移情恰恰提供了认知原初欲望的通道,它保证了欲望与符号秩序之间的一致性,主体通过移情机制发现/外显自我的内在本真,在一定程度上对已有的符号秩序进行欲望化修订,它改变了主体对自我的解释方式。因此,移情机制可以修正主体符号化的世界图景。

其次,移情机制构筑了主体心物之间的仿像图景。欲望被象征化,抑或说,符号秩序表征欲望,我们在此获得的是一个定向联结点——意识形态。意识形态作为一个扩大的思维范畴,综合了欲望与符号秩序。换言之,我们不再把欲望与符号割裂开来,而是赋予其结构性范畴的意义。通过意识形态移情机制,我们不再把欲望看成是与符号秩序不一样的东西,相反,在主体看来两者是如此的相像。在此,主体的心物仿像被构建起来,身体开始具有了完整意义。正如牟春所言:"只有这样,我才能把自己的身体看作是一个和其他躯体一样的躯体。在对他者的移情中,我会通过现象融合,把他者的躯体看作是一个和我相似的身体,即一个能感知、意愿、行动等等的身体。像我能够如此移情于他者一样,这个和我相似的他者也能移情于我,而通过移情于他者对我的移情,即再移情,我则会再把我的躯体看作一个身体。通过再移情,我的身体作为能感知的身体和作为物理的躯体这两个方面被一再展现,身体的完整性才被最终构建起来。"①因此,移情机制实现了心物之间的互动,真正构筑了主体心物一体的仿像景观。

最后,移情机制真正参与了构建主体体验到的外部真实世界。为什么说是"主体体验到的"外部真实世界呢?原因在于,移情是意识形态的移情,它并不能使客观的物质世界产生一丁点儿改变,移情机制唯一能改变的是主体对客观物质世界的认识模式和解释方式。因此,移情机制改变的是主观的客观世界。在此,客观的物质世界和主观的客观世界作为两个不同的集合,两者有所不同,但也存在相同之处。两者的不同之处在于,客观的物质世界在物质性上胜于主观的客观世界,而主观的客观世界则在主观认识方面占据上风;两者相同之处在于,它们都具有现实的物质基础,即主观的客观世界并非无中生有,它依然有其现实的物质根源。换言之,主观的客观世界是存在的,它正如我们知觉到的那样。但是,对于"主体体验到的"外部真实世界,它并非此时表现出客观的物质性,转瞬之间又体现出主观的客观性,移情机制的作用恰恰是让世界的物质性与主观性同时表现出来,即赋予符号世界真实存在。因而,当移情机制发挥作用时,主体必定获得一个总体范畴,即意识形态。它把欲望固定在主体内部的同时,又将其通过符号秩序表现出来,主体对符号秩序的认同虽为幻象,但对于主体而言,意识形态就是定义真实的根本依据。齐泽克的"去美化的邻居"不正是这一观点的确切表达吗?他说:"美与丑的区分也正是现实和实在的区分,要构建起现实,主体至少需要一点理想化,从而忍受恐怖的实在";"幻想隐藏在公共意识形态文本之下,是其不被承认的卑劣支撑。与此同时,幻想也起到屏蔽的作用,可以防止真实的直接入侵"。② 因此,我们说移情机制真正参与了构建主体的外部真实世界。

从移情机制修正主体的符号图景、构筑主体的心物仿像以及构建主体的

---

① 牟春:《现象学视野下的移情问题》,复旦大学博士学位论文,2008年,第73页。
② [斯洛文尼亚]斯拉沃热·齐泽克:《幻想的瘟疫》,胡雨谭、叶肖译,江苏人民出版社2006年版,第79、77页。

真实世界三个方面的作用来看,可以说它消除了欲望与符号秩序之间的分离障碍。在对两者位置进行固定的同时,又赋予了两者相关一致性。意识形态表征欲望不正如此么? 它一方面防止欲望过剩,另一方面又试图将其表现出来。两者之间的移情变换,最终造就了意识形态的总体身份,也因而获得了现实性。正如麦金泰尔所言:"既然某物可以作为主体的感知对我呈现,它必定也会以可感知的身份被呈现于他者,换言之,客体在一个特殊的空间中呈现,这个空间是由主体和他者之间的关系以及与一切可感知的客体之间的关系来定义的。"[1]齐泽克始终强调意识形态具有真实性的理由正源于此。因此,从主体角度看,移情机制通过参与构造主体心物仿像,保障了意识形态表征功能的实现。但是,如果我们仅仅把视野局限在个体范围,那么我们将失去移情机制最为重要的作用。换言之,我们必须再从社会总体入手,去揭示移情机制的另一种功能。

(三)移情机制参与构造社会精神骨骼

不同历史时期的某一特定地域都会存在独特的社会精神。在齐泽克看来,社会精神支撑了现实的经济运行、政治实践与文化活动等。一般而言,当我们提及文化差异时,此处涉及的正是文化精神之间的类别区分与种类差异。但是,社会精神对日常生活而言总是带有迷幻色彩,人类在感受到它的实际作用时,实际上又难以对它有所控制。这也给理性分析带来了困难,在过去很长一段时间,我们一直只讲社会精神是什么,却未对它的产生机制进行理性分析。随着心理学以及神经科学的发展,精神分析学借助精神科学之力,对社会精神展开了论证。齐泽克在拉康精神分析理论的基础上指出:"'精神是块骨骼',它把两个绝对不相容的术语置于一个等式之中,一边是主体的纯然否定性的运动,一边是呆板客体的麻木不仁。"[2]齐泽克所谓的精神绝非简单地指

---

[1] Alasdair MacIntyre, *Edith Stein*: *A Philosophical Prologue*, 1913 - 1922, Unite States of America: Rowman and Littlefield, 2005, p.76.

[2] [斯洛文尼亚]斯拉沃热·齐泽克:《意识形态的崇高客体》,季广茂译,中央编译出版社2002年版,第284页。

思维领域,更准确地说,它指代一个具有相对独立性与现实性的主观的客观世界。正如弗洛伊德的超我,它是本我向自我进行移情运动的余音,一方面它为结果,另一方面它又以回溯的方式成为本我的根本依据。社会精神是一个具有多重属性的世界,在那里,透过移情机制作用,它将一切物质的、思维的以及一些捉摸不定的元素融合为一,世界被赋予一致性。那么,移情机制到底在构建社会精神骨骼过程中发挥了怎样的作用?齐泽克从拉康的想象界、象征界和实在界出发,阐明了移情作用的三个层次。

首先,移情机制在主体转向主体性的过程中发挥了重要作用。齐泽克所谓的移情机制,从运作形式来看,它是欲望向符号秩序的"转移"。当然,这种"转移"并非真正发生了现实的位置变换与客体流动,它不过是以扩大的范畴融合了更多内容。在齐泽克看来,欲望向符号秩序的移情正是主体性诞生的过程。想象的个体遵从自己心中的原初本能,在未被符号化时,他依然处于生物学意义上的人的状态。一旦个体从想象转向符号——完成从个体向主体的转变,他便具有了符号化特征。事情还不算完,具有符号化特征和接受符号化特征之间还有一个过程,这个过程主体逐渐地把外在的符号化图示当成主体自己的特性。简言之,符号秩序被内化为主体的特征。此时,主体开始以主体性的方式参与进符号秩序的活动当中。无论个体是从想象移情于符号,还是从主体转向主体性,移情机制都参与其中,它以一种扩大范畴的方式在主体构建自我世界的过程中发挥重要作用。然而,一旦主体向主体性的转变得以完成,是否意味着符号世界成为主体的全部内容呢?或者说,在想象界与符号界之外是否还存在一些因移情作用而产生的后继结果呢?答案是肯定的。这就需要我们把焦点转向拉康的实在界。

其次,移情的第二个作用即作为结果显现的实在界。实在是符号秩序的邻居,表面上两者永远不会彼此承认,但是拉康却找到了调停的办法。"对他来说,行为与'大他者'的悬而未决是紧密相关的,不仅仅是在构成主体存在的'物质'的象征性网络的意义上,而且也因为道德召唤没有发起人,因为那个对我们说话,而我们又无比感激/对其负有责任的人,因为(用列维纳斯的话说)我们的存在是'反应性的',也就是说,我们在对他者的召唤做出反应时才成为主体。"①换言之,想象界、符号秩序受实在界的控制。主体进行的所有符号化行为都出于实在界的意愿,主体只得像个机器人一样没有思想地做出一个动作。然而,实在界并不被直接显现出来,而是经过移情机制的多余绕路来完成。想象向符号的移情超出了移情的本来意义,实在界作为新的意义开始出现。显然,实在界是移情机制的"话外之音",一方面实在界并非与移情机制直接相关,另一方面又不得不通过移情来显现自身。正如精神分析关注那些无意义的事例,它的意义正是无意义,必须通过述说无意义来揭示意义。一旦移情机制最终完成,实在界开始以意义的真身出现,它将回溯性地奠定移情分析的基础。因此,实在界通过移情机制的作用来确证自身并显现自身。

最后,移情机制参与构造社会精神骨骼。齐泽克说:"拉康的'真实的道德',既不强调某种想象的善行的道德,也不强调普遍责任的纯粹象征性形式的道德……而是一个主体无限感激的极端他者性的创伤性对抗的道德体系。"②换言之,对想象、符号秩序起作用的是大他者——社会的精神骨骼。前面我们提到,精神骨骼的两边——一边极端否定,一边客体呆板——具有表面上的不一致性。齐泽克认为,等式两边的相互否定并不真实,实际上,只有借助否定的一边,移情机制才能传输主体性的维度。就这一点来说,两者完全一致。因此,齐泽克通过对移情意义的额外解释把整个社会联结起来,并以社会精神骨骼为最终结局。他从面相学和颅相学那里借用术语说,"头盖骨并非表现内心世界的记号;它什么也不代表;就其惰性而言,它是精神的直接呈现"③。因而,头盖骨是这样一个客体,借助它赋予主体意指再现的可能性。"用拉康的术语说,它是某一短缺的客体化:它是原质,它占据了一个位置,在那

---

① [斯洛文尼亚]斯拉沃热·齐泽克:《有人说过集权主义吗?》,宋文伟、侯萍译,江苏人民出版社 2005 年版,第 122—123 页。

② [斯洛文尼亚]斯拉沃热·齐泽克:《有人说过集权主义吗?》,宋文伟、侯萍译,江苏人民出版社 2005 年版,第 122 页。

③ [斯洛文尼亚]斯拉沃热·齐泽克:《意识形态的崇高客体》,季广茂译,中央编译出版社 2002 年版,第 285 页。

里,正缺少能指;它是一个幻象客体,它填补了他者(能指秩序)中的短缺。"①精神骨骼作为社会的最后本质,它超空着想象、符号秩序的一切行为。

　　叙述到此,我们已经基本看到齐泽克塑造社会精神骨骼的基本步骤。一方面,齐泽克通过对移情机制进行内容上的说明,表明欲望向符号秩序的移情构建了主体性的维度,同时也给予了主体心物仿像一致性的合理解释;另一方面,齐泽克再通过深挖移情机制的额外意义,揭示出作为社会终极力量的大他者的维度。正如黑格尔式的终极目标被定格为"绝对精神"那样,齐泽克也试图把精神解释为最终支配现实的力量。正如前文所言,通过对移情的不断重复显现了超我意义(或者用拉康的术语"实在界"),而移情正是借助于对超我意义的预先假定把意识形态体验为真实的幻觉。要了解齐泽克意识形态如何表征了欲望,无论如何都绕不开移情机制,它作为齐泽克意识形态表征功能思想中的关键环节,赋予了意识形态表征欲望的可能性。因此,我们认为,移情机制保障了齐泽克意识形态表征功能的实现。

三、作为意识形态重塑功能保障的信仰机制

　　"信仰"一词有多种解释。在中国近代史上,陈独秀将信仰归于科学之物。他说:"余之信仰:人类将来真实之信解行证,必以科学为正轨,一切宗教,皆在废弃之列。"②《不列颠百科全书》将信仰解释为,在无充足理性认识的条件下将某一命题确立为真,并接受、认同它的一种心理态势。在当代,信仰开始和各种主义、价值观念、心理动因等纠缠在一起。但是,无论学者把何种"物体"确立为信仰之对象,信仰的基本取意都趋向于人对世界的立意。换言之,信仰并非强调信仰的对象,而是强调人与对象的关系。齐泽克说,"正如我们所看到的那样,在封建时代,人与人之间的关系通过意识形态信仰和迷信的网络被神秘化了,人与人之间的关系也是通过意识形态信仰和迷信的网

---

　　① ［斯洛文尼亚］斯拉沃热·齐泽克:《意识形态的崇高客体》,季广茂译,中央编译出版社2002年版,第285页。
　　② 《陈独秀著作选》第1卷,上海人民出版社1993年版,第153页。

络予以调整的"①。齐泽克通过对肯定与否定的结构性释义,回溯性地重塑了一个意识形态他者。信仰就是用来表明主体对他者的态度,建立主体与他者之间的关系。简言之,信仰保障了意识形态重塑的效果。笔者在此依然把关注重心聚焦于两个方面:一是齐泽克意识形态视域中的信仰到底为何? 二是它怎样保障了意识形态重塑功能的实现?

(一)齐泽克意识形态信仰机制的基本内涵

当实在界入侵符号界之际,符号秩序开始面临崩塌的危险,主体为了满足符号性依旧存在的幻象认知,而将一系列纯粹偶然的、无关紧要之事当成自身信仰、观念的支撑。主体的这一行为保障了符号性交流的顺利进行,它填平了实在界与象征界之间的鸿沟。齐泽克在《斜目而视:透过通俗文化看拉康》中说:"必定总是存在着'一小片实在界'(a little piece of the real)。它完全是偶然的,却被主体视为一种确证,视为对他的信仰——他坚信自己无所不能——的支撑。"②但是,齐泽克也认为,支撑信仰之物并不能完全归于"一小片实在界",而应当被归于"他者"。移情机制的基本操作是赋予想象、象征与实在之间的变换特效,移情机制之外剩余的是他者。因此,他者才是想象界、象征界与实在界的根本动因与支撑。

首先,信仰的本质是对他者的信仰。齐泽克对"他者"做了一个光谱式的分析,他说:"首先是想象的他者——'像我一样的'其他人,我的人类同类,我与他们在面对面的竞争、相互承认等关系中紧密相关。然后是象征性的'大他者'——我们社会存在的'实质',一系列协调我们和平共处的客观规则。最后是作为真实的他者,不可能的实在,'野蛮的伙伴',经象征性的法则调解仍然无法与之进行对称性对话的他者。"③他者贯透想象界、象征界与实在界。

---

① [斯洛文尼亚]斯拉沃热·齐泽克:《意识形态的崇高客体》,季广茂译,中央编译出版社2002年版,第46页。

② [斯洛文尼亚]斯拉沃热·齐泽克:《斜目而视:透过通俗文化看拉康》,季广茂译,浙江大学出版社2011年版,第51页。

③ [斯洛文尼亚]斯拉沃热·齐泽克:《有人说过集权主义吗?》,宋文伟、侯萍译,江苏人民出版社2005年版,第124页。

主体要想顺利进行符号交流,对他者的信仰必不可少,如果没有"对他者的信仰"来保障"三界"的一致性,任何符号交流都将被中断。在此,"对他者的信仰"引发了无穷尽的意义,它试图把主体的心理动因、现实的符号秩序与"真实生活"拼命地对接在一起。"对他者的信仰"把主体带进他者之流,让主体获得有效的符号满足。"对他者的信仰"正是主体世界立意的心理态度,它保证了主体与他者关系的一致性。因此,信仰在本质上就是对他者的信仰,如同弗洛伊德把超我解释为生命个体的终极支撑一样,齐泽克也把"对他者的信仰"当成是现实生活的终极支撑。

其次,信仰具有客观性。在对马克思的异化理论进行解释时,齐泽克说:"……马克思所做的分析的要点在于:物(商品)只信奉它们所处的位置而非其主体:好像它们的信仰、迷信和玄学神秘化,已经为理性的、功利的人格所战胜,并体现在'物与物的社会关系'之中。他们不再相信,但是物为了自己还在相信。"①简言之,齐泽克认为,马克思把信仰解释为内在之"物",而把知识看成可以通过外部程序加以确证的外在之"物"。在齐泽克看来,马克思的解释并不可取。他明确地说,"不,信仰才是真正外在的,它体现在人的实践、有效过程之中"②。我们可以用齐泽克的一个例子加以说明,那就是"录音笑声"。在一系列诙谐幽默场景之后,听众总会听到录制在音轨上的发笑声和掌声。它的作用是提醒听众何时当笑、何时当止。由此看来,笑声事关义务而非真实感情。但是,这个答案显然还不够完整,因为有时候听众确实没有承担笑的义务(他们并不发笑)。齐泽克指出唯一合理的解释是,"隐身于电视机中的大他者,正在解除我们笑的义务,正在替我们笑"③。换言之,听众一直信仰的是他者,而录制在音轨上的笑声恰恰是主体信仰的程序化证明,它外在化了听众对他者的信仰。齐泽克认为,如果按照马克思的解释——可以通过外

---

① [斯洛文尼亚]斯拉沃热·齐泽克:《意识形态的崇高客体》,季广茂译,中央编译出版社2002年版,第46页。

② [斯洛文尼亚]斯拉沃热·齐泽克:《意识形态的崇高客体》,季广茂译,中央编译出版社2002年版,第47页。

③ [斯洛文尼亚]斯拉沃热·齐泽克:《意识形态的崇高客体》,季广茂译,中央编译出版社2002年版,第48页。

部程序加以确证之"物"具有外在客观性（例如知识），毋庸置疑，信仰同样具有外在客观性。

最后，主观信仰与客观信仰相契合。现在我们可以综合前两点，得出一个简单的结论：信仰是对他者的客观信仰。既然信仰有客观一说，想必它也难以摆脱主观的区分。即是说，如同现实可以被划分为主观现实与客观现实，信仰同样可以被划分为主观信仰和客观信仰。现在要讨论的问题是，既然信仰是客观的，那么它又是如何被内化为主观的呢？在这里，我们必须认识到他者的三个层次是如何紧密地联系在一起的。在齐泽克看来，他者不仅仅是一个想象的同类，而且是一个无法表述、难以交流的真实实在的他者，为了相互间顺利交流、和平共处，要么将他者进行隐埋（或者按精神分析学的术语来说叫"阉割"），要么对他者进行"再符号化"，而"再符号化"同样是一种阉割，即对他者的阉割。单从前者来看，主体幼儿时期会经历一次话语内爆，在语言的阉割作用下，儿童将原初本能的愿望隐埋在潜意识之下。同样地，当主体经历符号化秩序之后，阉割会再次起作用。为了获得正常的符号性交流，主体会将那些经过符号化而难以得到符号性说明之物进行再次隐埋。这也正是拉康说实在界由两部分组成的用意，一部分是那些未被符号化的原初欲望，另一部分是一些经过符号化而未被符号化的他者的欲望。毋庸置疑，客观信仰以一种牺牲的精神、缺席的方式被主体当成是自己的信仰。我们无从得知信仰的真实情况，但它就是在起作用。齐泽克正是采用这样一种"暴力"的方式解释了主观信仰与客观信仰之间的契合方式，他必须这么做，因为那就是世界意义的终极保障。

总而言之，齐泽克把信仰解释为客观之"物"，从本质上说，对此种客观之"物"的信仰是对他者的信仰，只是主体通过阉割或缺席的程式将客观之"物"内化、主观化为主体自身之物。在此，齐泽克极力凸显主体与他者之间的服从关系，并用以保障主体的世界立意。我们必须关注信仰的保障作用，以至于不让意识形态重塑功能因丧失有效性而徒劳无功。笔者认为，齐泽克在《幻想的瘟疫》中揭示的"应当有信仰的主体"和在《意识形态的崇高客体》中揭示的"信仰支撑着幻象，而幻象调解着社会现实"，为我们提供了阐释的两个维度。

因此,笔者将在下文分两个层次——个体信仰与社会信仰——来阐释信仰机制对齐泽克意识形态重塑功能的保障作用。

(二)主体信仰对意识形态重塑结果的保障

信仰之于人表现为生活的背景、准则与目的。"在宗教意义中,终极实体意味着一个人所能认识到的最高价值,并构成人们赖以生活的支柱和动力。"①因此,信仰是有关生活意义的终极关怀。信仰与人互为存在前提,一方面信仰追问着人之为人的全部可能性,因为它,人之存在抒发了生命的意义;另一方面人关注信仰向我们敞开的全部意义,因为它,人之内心充满普照之光。在此,我们说,主体应当是一个有信仰的主体。与此同时,我们必须将"有信仰的主体"与"知识论主体"严格地区别开。正如齐泽克所言:"为了合适地将应当有信仰的主体这个概念的范围断定为符号秩序的基本的、内构性的特征,我们应当将它与另一个广为人知的概念对立起来,也就是认为主体应当知晓一切的概念:对于拉康所谓的应当有信仰的主体,我们通常没有注意到这个概念不是一个规范,而是一个期望,它的价值在与作为符号秩序的标准特征的应当有信仰的主体相对比时得到体现。"②在此我们不禁要问,到底什么是两者的区分标准?

现在我们需要弄清楚"应当知晓一切的主体"是何种主体。在精神治疗中,分析师被确认为"应当知晓一切的主体"。当被分析者进入一种与分析者的让渡关系时,被分析的病人首先肯定分析者已经知道隐埋在自己内心的真正秘密,而分析者也同样坚信被分析者是有病的,所有的程序化操作都只不过是想从病人那里得到证据。因此,分析师采用各种假设试探病人、寻找证据,等等。只有主体首先假设了可能性,用以证明假设的证据才变得容易接受。"在真正的宗教里,我首先相信上帝,然后在我的信仰的基础上,我变得易于

---

① [英]约翰·密尔:《论自由》,许宝骙译,商务印书馆 1959 年版,第 60 页。
② [斯洛文尼亚]斯拉沃热·齐泽克:《幻想的瘟疫》,胡雨谭、叶肖译,江苏人民出版社 2006 年版,第 130 页。

接受能够证明我信仰的真实性的证据。"①简言之,"应当知晓一切的主体"是一种知识论的科学证明。"应当有信仰的主体"与"应当知晓一切的主体"的演进逻辑恰恰相反。信仰的主体并不需要确证作为终极支撑的力量,而只是需要服从、绝对的相信。信仰与知识的不对称性也规定了"应当知晓一切的主体"与"应当有信仰的主体"两个概念的不对称性。齐泽克对此解释道:在最极端时(拉康)作为符号机构的大他者的地位相当于信仰(信任),而非知识,因为信仰是符号,而知识是真实(大他者涉及并依赖于一个基本的"信任")。信仰永远至少是"反射性"的,总是"对他者的信仰的信仰"("我仍旧相信共产主义"等同于说"我相信还是有一些人相信共产主义"),而知识实际上不是对别人知道的这一事实的知识。因此,我可以说通过他者来相信,但是我不能够通过他者来知道。也就是说,由于信仰的固有反射性,当另一个人代替我相信时,我自己可以通过他而相信;知识则不具备这样的反射性——当他者被认为知道时,我不可能通过他知道②。换言之,反射性是"应当知晓一切的主体"与"应当有信仰的主体"的唯一的也是最大的区分标准。在此,我们可以得到关于主体信仰的两个层次。

其一,"应当有信仰的主体"意味着必定存在一个作为信仰对象的他者。为了信仰对主体发挥应有的作用,必须存在一些它的终极保障。尽管这个保障永远被推迟、被置换,永远也不会亲自出现,但它必须以幽灵式的方式存在。我们已经多次说,信仰是对他者的信仰,用弗洛伊德的超我概念置换齐泽克的他者概念,我们发现信仰是对超我意义的努力追寻。换言之,超我意义是"应当有信仰的主体"的终极保障,抑或说,信仰主体信仰的对象是超我意义。超我意义,一个被主体重塑起来的新的实在客体。它反对阐释,一切对信仰的知识论证明行为都可能破坏它的绝对地位,剥夺它应有的崇高地位和迷人魅力。它只能在彻底的虚假与科学的知识论证明为真之间捉摸不定才能被发扬光

---

① 〔斯洛文尼亚〕斯拉沃热·齐泽克:《幻想的瘟疫》,胡雨谭、叶肖译,江苏人民出版社2006年版,第131页。

② 〔斯洛文尼亚〕斯拉沃热·齐泽克:《幻想的瘟疫》,胡雨谭、叶肖译,江苏人民出版社2006年版,第131—132页。

大。宗教观念就是对这一点的确切证明:偶然事件具有奇迹的成分只能出现在有信仰者那里,对于无信仰者一切偶然的事件都不过是一个纯粹自然的巧合而已。因此,齐泽克说,"奇迹仅仅对信仰者表现为奇迹,这乃是上帝力量的一个标志,而不是他的无能的标志"①。

其二,信仰他者不是什么别的东西,它就存在于主体自身。信仰不是关于外在与主体之物的关系,相反,它就是关于人存在本身的关系。在此,他者在主体那里获得了本体论的意义。齐泽克对他者的客观信仰被内化为主体的主观信仰的用意也在于此。正如哈特曼所言,人虽可以追求多种具体价值,但他始终难以朝多个不同甚至相反之方向前进,它必须以统一的、一元的目标为终极追求。信仰正是如此,它通过对人符号化的否定与超越,将主体指引到真正超我意义的存在之流;它通过塑造主体自我的灵魂形象来决定主体的精神面貌。在那里,他者与主体合二为一,它再也不是被主体信仰之物,而主体就是它自身。很多学者把"认同"当成齐泽克穿越意识形态幻象的基本方式,而把"信仰"当成是认同意识形态幻象的更高阶段,理从中来。

齐泽克曾用黑格尔式的自在、自为、自在自为的精神三阶段来划分意识形态的三阶段,信仰机制反映的正是对作为最终结局的自在自为的意识形态的保障。意识形态重塑的结果是作为崇高的他者的诞生。就个体而言,他者赋予了主体超我的意义——作为一个崇高客体,构成了主体存在、行为与实践的内在动力和支撑。它总是琢磨不定并且永远处于缺席状态,对待它的唯一方式是信仰。主体之于超我意义,必须无条件地服从。因为,"律令就是律令",它不是别的什么东西。因其飘忽不定的姿态,主体才具备了前进的动力,它是主体生活意义的终极关怀。意识形态重塑了他者,而信仰的服从态度是对他者发挥效用的保障。因此,从个体角度而言,"应当有信仰的主体"保障了意识形态重塑结果的实现。

①　[斯洛文尼亚]斯拉沃热·齐泽克:《幻想的瘟疫》,胡雨谭、叶肖译,江苏人民出版社2006年版,第134页。

(三)社会信仰对意识形态重塑结果的保障

哲学、社会学、政治学、人类学等诸多领域的大家都相继对社会秩序进行了研究,例如罗尔斯的正义秩序、韦伯的法理型秩序、哈耶克的自发进化型社会秩序等。良好的社会秩序可以为人类始终如一追求的公平、平等、正义等社会理念提供实现的可能性。可见,营造良好社会秩序是人的价值追求。然而,良好的社会秩序总是通过保障来得到的,信仰便是其中一种保障方式。经验现实告诉我们,并不能完全依赖社会刚性规则——例如法律、规章等——的约束来营造良好的秩序;良好社会秩序的获得总是离不开信仰,就内在本质而言,秩序与信仰具有内在同一性。但是,仅从齐泽克思想来看,信仰并不直接是对社会秩序的信仰,而是对社会大他者的信仰,通过对社会大他者的信仰,社会的符号化秩序才能顺利交流,人与人之间、组织与组织之间的良好秩序才能有所保障。在此,信仰经过了"多余的"绕路,然而,"多余的"绕路却是营造良好社会秩序的必经程序。正如齐泽克所言:"信仰远非'隐秘的'、纯粹的精神状态,它总是物化(materialized)在我们有效的社会行为之中。信仰支撑着幻象,而幻象调节着社会现实。"[①]显然,社会信仰是对处于崇高地位的大他者的信仰,而大他者是齐泽克意识形态重塑的最终结果,它是整个世界的终极意义。"一旦丧失了信仰(让我们再次提醒自己,信仰肯定不能在'心理学'的层面上予以设想,它体现、物化于社会领域的有效运转之中),社会领域的肌质即告解体。"[②]因此,社会信仰对于世界立意具有重要价值。我们可以从三个层次来加以理解。

第一,主体必须保有对他者的信仰姿态。帕斯卡尔在《思想录》中说:"习俗就是全部的公平,这仅仅因为它能为人接受。那就是其权威的神秘根基。

---

① 〔斯洛文尼亚〕斯拉沃热·齐泽克:《意识形态的崇高客体》,季广茂译,中央编译出版社2002年版,第49页。
② 〔斯洛文尼亚〕斯拉沃热·齐泽克:《意识形态的崇高客体》,季广茂译,中央编译出版社2002年版,第49—50页。

任何人,只要想将其带回第一原理,就会毁灭它。"①齐泽克从无意义的法律条文中得出了同样的答案。就无意义的法律条文而言,我们服从它并非因为它是正义的化身,而仅仅因为它就是法。这里至关重要的说明是这样的:对他者的信仰并非因为主体发现了他者身上值得信仰的理由,而是因为主体已经开始信仰他者,只是用一系列证据来加以说明和论证。"这是超我这一精神分析概念的基本特色之所在:它是一个被体验为创伤性、无意义的禁令,无法通过整合进入主体的符号宇宙之中。"②为了使社会大他者发挥功用,主体把大他者隐埋在符号秩序之中,以便于使它看起来容易被接受。在这里,社会大他者并没有被当作真实可靠之物被接受,它只是被当成必需之物而被接受。即,我们对社会大他者必须保持一种服从与信仰的姿态。

第二,对他者的信仰是一种外在的、符号化的信仰。在此,我们再次涉及主观信仰与客观信仰。齐泽克认为,脱离了信服的信仰从来不是真正的信仰,因为它已经通过我们的主体性被调停了。换言之,唯一真实的是客观信仰,只是它被主观化为主体可接受之物,因为我们的主观认知告诉我们它值得信仰。如同权威,"我们并没有真正服从权威,而只是追随我们的判断力,它告诉我们权威是值得服从的,因为它是善良、明智和仁慈的……即使多于我们与'外在'社会权威的关系所要求的"③。在此,社会大他者并不被主体接受,主体接受的是社会大他者的主观化形象。换言之,主体只是主观认为大他者具有可接受的价值,因而只是愿意把它当成可以接受的对象,客观化的大他者被主观化、被符号化为主体可接受的客体。齐泽克认为,这也符合拉康对欺诈的定义:"在一个人人都在寻找掩藏在面具下面的真实面孔的世界里,使别人误入歧途的最佳方式就是戴上真理的面具"④。"戴上真理的面具"无疑是对他者

---

① [法]帕斯卡尔:《思想录》,何兆武译,商务印书馆1985年版,第156—157页。

② [斯洛文尼亚]斯拉沃热·齐泽克:《意识形态的崇高客体》,季广茂译,中央编译出版社2002年版,第51—52页。

③ [斯洛文尼亚]斯拉沃热·齐泽克:《意识形态的崇高客体》,季广茂译,中央编译出版社2002年版,第51页。

④ [斯洛文尼亚]斯拉沃热·齐泽克:《意识形态的崇高客体》,季广茂译,中央编译出版社2002年版,第60页。

的符号化。通过符号化程序,主体即相信它又对它一无所知,从表面上看,主体相信自己已经信仰了。因此,对他者的信仰是一种符号化的信仰。

第三,对他者的符号化信仰支撑了现实世界。在齐泽克那里,意识形态幻象首先结构了现实的符号化关系。现实世界无疑是象征化的符号秩序,它源于想象对抗象征造成的创伤性后果。意识形态填补了两者对抗造成的缺口,虽然它仅仅是一个幻象,但它却能够结构真实有效的符号化关系并掩盖那些难以忍受的实在界之物。其次,符号化关系的本质支撑是符号秩序之外的他者。关于这一点,通过弗洛伊德的超我和拉康的他者早已得到说明,不再多言。最后,主体对他者保有符号化的信仰姿态。主体信仰他者,实际上是对他者的符号化,即把他隐埋在符号秩序之下,当作可以信仰之物来信仰。通过三个步骤,齐泽克让我们看到了社会信仰支撑现实的完整程序。引用齐泽克官僚体制的例子来说:"我们都很清楚,官僚体制并非是全能的;但在官僚机器面前,我们的'有效'行为,已经受制于对其全能性的信仰。"[1]通过信仰他者,齐泽克赋予信仰机制保障意识形态重塑结果的意义。不仅如此,对他者的符号化信仰也奠定了主体理解整体世界的全部意义和价值追求。

总而言之,信仰是所有个体、整体世界的终极支撑。一方面,个人信仰事关自己的生活准则、价值观念和命运归宿。它表明了个体在没有自我的混沌状态中的精神塑造,它不仅体现了人对自然的突破,也体现了个体对自我的超越。它赋予个体存在的意义和改变世界的动力。另一方面,社会信仰是一种公共信仰,它事关国家前途、民族精神、世界命运。共同信仰赋予了世界一致性,在其中不同的民族、国家都得到支持和满足。它作为一种凝聚各阶级、各团体的精神力量,促进不同成员间的互助交流。它是世界共同愿景的基本保障,它促进了世界整体秩序的良好发展。

---

　　[1]　[斯洛文尼亚]斯拉沃热·齐泽克:《意识形态的崇高客体》,季广茂译,中央编译出版社2002年版,第49页。

第五章　齐泽克意识形态功能思想评析

目前为止,本书已经完成了对齐泽克意识形态功能思想的整体理论描绘。现在我们必须在马克思与齐泽克之间进行比较分析,既要清楚地看到齐泽克对马克思的误读,又要客观把握齐泽克对马克思的丰富之处,并通过对西方马克思主义思想的整体回顾,厘定齐泽克意识形态功能思想在当代视域中的理论地位,揭露其理论弊病,并从中获得一些现实启示。

一、齐泽克意识形态功能思想的比较分析

齐泽克给我们描绘了一幅十分美丽的意识形态功能图景,但是我们绝不能沉迷其中,必须在误读与丰富之间,站在马克思主义的立场上,用马克思主义的观点、方法分析和把握齐泽克的意识形态功能思想。

(一)齐泽克意识形态功能思想对马克思的误读

齐泽克意识形态功能思想对马克思的误读主要体现在他对马克思拜物教的错误理解中。在马克思看来,商品拜物教是同以私有制为基础的商品生产相适应的社会意识形态,它贯穿并统治着整个私有制商品生产社会。"要找到一个比喻,我们就必须到宗教世界的幻境中去寻找。在那里,人脑的产物表现为具有特殊躯体的、同人发生关系并彼此发生关系的独立存在的东西。在商品世界里,人手的产物也是这样,这可以叫做拜物教。"[1]在此,马克思把人

---

[1]　《马克思恩格斯全集》第 43 卷,人民出版社 2016 年版,第 66 页。

脑的产物即意识形态看作独立存在的东西,意在强调资本主义私有制把人与人之间的统治关系降格为物与物的关系,并进而揭示资本主义意识形态的虚假性和可批判性。显然,马克思并未脱离现实来考察意识形态的独立性,而是以资本主义社会私有制前提下的物质生产为基础,根据资本主义意识形态的虚假性来建构异化理论,进而得出资本主义必然灭亡的论断。虽然齐泽克的意识形态功能思想在一定程度上与马克思的思想相吻合,但他对马克思的思想也存在一些误读。具体而言,齐泽克误读之处主要在于以下三个方面:

其一,是缝合还是异化,齐泽克意识形态缝合功能思想对马克思的误读。马克思曾说:"……通过价值关系,商品 B 的自然形式成了商品 A 的价值形式,或者说,商品 B 的物体成了反映商品 A 的价值的镜子。"①齐泽克把马克思的论述与拉康的镜像阶段严格等同。在"镜像阶段"婴儿把镜中形象整合为自我形象,"这种形象以统一体的幻想,将主体整合为一,产生了称为自我的自恋的那喀索斯铠甲的萌芽,促进了'我'的结构化"②。用马克思的术语来讲,虽然物体 B 只是 A 的镜子,但是 B 却在现实生活中被 A 当成了自身,这不正是婴儿将镜中形象体验为自身的翻版叙述吗? 马克思的异化理论正是把人与人的关系转嫁到物与物的关系,仿佛人的关系在物的关系中实现了自身。在这一点上齐泽克和马克思一致。但是,齐泽克却利用对意识形态的犬儒主义的合理化解释将异化关系合法化了。如其所言,"在转化为'后政治'宽容文化多元主义体制的过程中,我倾向于认同:今天的资本主义系统能够把异常要求中立化,并且作为一种'特殊生活方式'而吸收它们"③。显然,在齐泽克看来,我们必须将现实的异化关系当成真实并加以接受,虽然这是一种误认,但主体必须认同和信仰这种误认,因为"它关切结构网络与其构成因素之间

---

① 马克思:《资本论(纪念版)》第 1 卷,人民出版社 2018 年版,第 67 页。

② [日]福原泰平:《拉康——镜像阶段》,王小峰、李濯凡译,河北教育出版社 2002 年版,第 45 页。

③ [斯洛文尼亚]斯拉沃热·齐泽克:《敏感的主体——政治本体论的缺席中心》,应奇等译,江苏人民出版社 2006 年版,第 256 页。

的关系:真正的结构效果,即各种构成因素之间的关系网络的效果,表现为某一构成因素的直接财富,而且好像这个财富也属于各种因素关系之外的某一因素"①。在此,意识形态作为隐性的大他者缝合了一切社会关系。异化关系作为一种现实世界的符号秩序必须被主体内化为自我身份。如此一来,主体才能获得现实性。显然,齐泽克抛弃了意识形态的虚假性,对虚假意识形态不加辨别地进行合理化操作,背离了马克思的异化理论。从本质上说,齐泽克否认了资本主义生产中存在的统治与被统治、奴役与被奴役、剥削与被剥削的关系,实际上这不过是齐泽克对资本主义剥削本质的辩解、对资本主义社会关系的美化。

其二,是形式还是内容,齐泽克意识形态表征功能思想对马克思的误读。齐泽克认为,马克思抓住了古典政治经济学的命脉:他们无法摆脱对背后秘密的迷恋,他们对商品形式背后的劳动执迷不悟。"……劳动产品一旦采取商品形式就具有的谜一般的性质究竟是从哪里来的呢? 显然是从这种形式本身来的。人类劳动的等同性,取得了劳动产品的等同的价值对象性这种物的形式;用劳动的持续时间来计量的人类劳动力的耗费,取得了劳动产品的价值量的形式;最后,生产者的劳动的那些社会规定借以实现的生产者关系,取得了劳动产品的社会关系的形式。"②马克思迈出的关键一步就是去商品形式的起源中寻找问题的症结。这和弗洛伊德对梦的释义方法是一样的。因为在齐泽克看来,"即便在我们解释了梦的隐含意义、潜在思想之后,梦仍然是一个谜一般的现象,因为梦的形式本身和梦的隐含意义如何得以表达的问题,依然没有得到解决"③。换言之,梦并非无意义的符号形式,而是一种有意义的现象,它可以通过一定的传导机制释放被压抑的心理欲望。就此而论,意识形态作为欲望的表象,它通过暗藏于形式中的表征机制将欲望凸显出来。因此,我们必须从形式、从意识形态本身的运作机制中寻找一切现实问题的根源。显然,

---

① [斯洛文尼亚]斯拉沃热·齐泽克:《意识形态的崇高客体》,季广茂译,中央编译出版社2002年版,第32页。

② 马克思:《资本论(纪念版)》第1卷,人民出版社2018年版,第89页。

③ 陈炳辉:《后马克思主义的理论》,中国社会科学出版社2011年版,第287页。

齐泽克在强调意识形态作用的同时,夸大了主观意识的反作用,试图从根本上否认经济基础与意识形态之间决定与被决定的关系;用意识形态的优先性——形式优先——来取代经济基础的优先性;用精神分析式的意识形态分析取代经济结构分析;试图通过构建意识形态理论架设通往现实的桥梁,进而完成资本主义社会的"意识形态革命"。但是,马克思的真实之意却是说,"生产关系的总和构成社会的经济结构,即有法律的和政治的上层建筑竖立其上并有一定的社会意识形式与之相适应的现实基础"①。可见,齐泽克意识形态表征功能思想对马克思的误读之处在于:他把意识形态赋予绝对的崇高地位,从而否定了意识形态得以搭建的现实内容。

其三,是偶然还是必然,齐泽克意识形态重塑功能思想对马克思的误读。偶然性是齐泽克取消意识形态现实基础后主体的存在状态。他试图通过提升偶然"否定量"的位置实现意识形态的主体重塑,从而打造独具特色的意识形态主体。在他看来,"通过把概念设想为目的论的必然性,它渗透于内在逻辑并调节条件的明显的外在集合,这就与通常的观点相一致:在'辩证法'中,必然性通过偶然的集合实现自身"②。齐泽克认为,马克思政治经济学在资本主义中找出的问题是私有制问题,然而私有制问题的得出却是马克思通过对资本主义社会中偶然经济成因的回溯性分析得出的。即私有制作为马克思得出的必然结果,只有通过对一系列偶然性事件进行归纳和总结才得出证明。按照马克思的证明逻辑,偶然性必定居于主导地位,而必然性则居于次属位置。我们对现实世界必然性的体验只有偶然现实实现了向必然的逆转才变得可能。还记得前文齐泽克对拿破仑的说明吗?他说,在法国革命从共和形式转向个人专政的进程中,必然性被引入自身的内在逻辑,仿佛拿破仑正是那样的个人的必然性。显然,齐泽克在偶然与必然之间进行的思辨转换与马克思完全相反。在马克思看来:"正是市民社会的基础,即保证市民社会的持续存在和保障市民社会的必然性的那种需要,使它的持续存在经常受到威胁,保持了

---

① 《马克思恩格斯文集》第 2 卷,人民出版社 2009 年版,第 591 页。

② [斯洛文尼亚]斯拉沃热·齐泽克:《因为他们并不知道他们所做的——政治因素的享乐》,郭英剑等译,江苏人民出版社 2007 年版,第 154 页。

它的不稳固要素,产生了那种处于经常更迭中的贫穷和富有、困顿和繁荣的混合物,总之产生了更迭。"①换言之,马克思并不是通过整合偶然的私有制成因才找到私有制的问题,而是根据市民社会的现实需求得出的答案。简单来说,马克思并不是以私有制为起点,回溯性地挖掘私有制的证明材料。齐泽克意识形态重塑功能思想误读了马克思的证明逻辑。我们承认事物发展具有偶然的一面,但必然性始终居于主导地位、决定事物发展方向。齐泽克过分看重事物发展的偶然成因,夸大了偶然性的作用,无疑是对马克思的一种误读。

总的来看,齐泽克意识形态功能思想对马克思的最大误读之处在于抛弃了马克思赖以展开论述的实践基础。马克思所从事的意识形态批判工作是把意识形态与现实世界的"头足倒置"的关系重新颠倒过来,恢复现实存在决定意识形态的真实关系。齐泽克所从事的意识形态批判工作恰恰与之相反,他试图把意识形态提升到绝对崇高的位置并使其支配一切现实,以至于最后走向纯粹的黑格尔主义。马克思早就说过,"不过他们忘记了:他们只是用词句来反对这些词句;既然他们仅仅反对这个世界的词句,那么他们就绝对不是反对现实的现存世界。"②齐泽克的意识形态批判是理论批判,而马克思的意识形态批判却是实践批判。不是把意识形态理解为实践活动的一切意识形态批判,至多也只能做到"解释世界",而无法"改变世界"。

(二)齐泽克意识形态功能思想对马克思的丰富

虽然齐泽克意识形态功能思想在一定程度上误读了马克思,但我们并不能就此彻底否定它,因为齐泽克意识形态功能思想对马克思也有一些丰富,主要体现在以下三个方面:

第一,齐泽克意识形态功能思想的微观心理研究范式补充了马克思政治经济学批判的宏观叙事。在马克思那里,"资本及其命运被马克思自觉地确定为解剖现代资本主义社会政治的最恰切、最有效的途径。马克思的经济学

① 《马克思恩格斯文集》第 1 卷,人民出版社 2009 年版,第 32 页。
② 《马克思恩格斯文集》第 1 卷,人民出版社 2009 年版,第 516 页。

批判、意识形态批判、政治批判等都统摄于资本这个核心概念中,资本作为特定的生产关系、社会关系和特定的存在方式,是规定社会存在的一种典型形态,当有产和无产的对立达到劳动与资本的对立,私有财产必然处于高度紧张状态,进而达到整个私有财产关系的顶点和最高阶段,以至于不通过暴力革命就难以促使矛盾的解决,这时社会主义和共产主义就会实现。"①显然,马克思对资本主义意识形态的批判范式没有对现实中的某些微观现象进行分析,但这种研究范式却能让我们站在更广阔的背景下,辨识意识形态与社会现实之间的因果关系,准确把握意识形态之于现实社会的作用。然而,齐泽克的意识形态功能思想有所不同。他总是围绕着我们的日常生活展开意识形态的微观心理分析,试图通过电影、性别、价值、制度等意识形态领域的批判,揭示意识形态发挥作用的微观心理机制。本书把齐泽克意识形态功能思想的微观心理研究范式的要点总结为三:

(1)悬置马克思政治经济学的宏达叙事,以拉康的"三界说"为基础搭建意识形态的微观心理框架,并在多维视野中展开论证;

(2)把意识形态的微观心理生成机制融入一切日常生活,试图使意识形态回归生活世界;

(3)运用微观心理范式构建意识形态霸权并使其成为支配一切活动的现实力量,从而把意识形态抬高到崇高地位。

齐泽克意识形态功能思想的微观心理研究范式是对马克思批判范式的具象化。但是,马克思的宏大叙事必然是微观心理研究范式的叙事指南,而微观心理研究范式则是宏大叙事的一种依赖。推进马克思主义理论研究和社会实践,需要微观与宏观相结合、心理分析与现实论证相结合;马克思政治经济学批判是基石,而齐泽克的微观心理研究则是一种补充。

第二,齐泽克意识形态功能思想深化了意识形态与主体的关系。一般认为,"社会存在决定社会意识"是马克思意识形态观的基本论点。就资本主义

---

① 宝艳园:《后马克思主义之新霸权理论解读》,中国社会科学出版社 2014 年版,第252 页。

意识形态的虚假性而言,马克思认为,意识形态是统治阶级借以维持阶级统治的手段,它是对社会现实的假说、虚构和颠倒,因而意识形态批判的基本任务就是意识形态祛蔽。鉴于此,齐泽克认为马克思的意识形态批判侧重"知",而未能给予"行"的层面充分关注。齐泽克认为,马克思只在一般意义上研究主体与意识形态的关系,即马克思的主体是"一般主体",这就不能清楚地说明主体与意识形态实现对接的中间环节。为此,齐泽克试图通过揭示隐藏在意识形态背后的心理动因,打通主体与意识形态的连接通道。在此,本书依然把齐泽克意识形态功能思想试图深化意识形态与主体关系的要点总结为三个方面:

(1)以两类主体的分裂为基础,把马克思的"一般主体"置换成符号主体;

(2)通过符号主体向欲望主体的位移,力图实现欲望意识形态对主体的控制;

(3)以欲望支配现实为基点把外部世界置于主体内部,试图实现意识形态与主体、思维与存在的整合与重塑。

正如马休·夏普所言:"齐泽克认为意识形态铭刻主体的最初的场所不是意识的主体,而是弗洛伊德意义上的无意识。接着他主要运用拉康对弗洛伊德的无意识概念的解读来分析意识形态是如何再生产的,以及它自身是如何再生产出政治和经济的现存的统治关系。"①毋庸置疑,齐泽克在深化意识形态与主体关系方面所做的努力是显而易见的,但这并不是说马克思的意识形态批判是错误的。齐泽克忘却了马克思对意识形态虚假性的批判意在铲除资本主义虚假意识的社会根源。换言之,马克思在意识形态与主体之间进行的叙事描绘依然是宏大的、总体的,一切局部探讨都要围绕着这个中心轴线来展开。

第三,齐泽克意识形态功能思想为马克思理论研究提供了更多资源和方法。前文中笔者说齐泽克意识形态理论主要源于马克思的商品拜物教、拉克

---

① Mathew Sharpe, *Slavoj Zizek: A little piece of the real*, Burlington: Ashgate Publishing Company, 2004, p. 31.

劳与墨菲创建的后马克思主义理论、拉康精神分析以及黑格尔理念哲学等。在此，我们可以补充说，齐泽克还将索绪尔的语言学、后现代主义的文化分析、阿尔都塞的"意识形态国家机器"等纳入意识形态功能体系研究的视域，从而丰富了马克思主义理论的研究资源。不仅如此，齐泽克不是独立地运用一种或两种方法进行意识形态功能体系建构，而是博采众家所长，集成式运用多种方法，具体来说，主要包括指谓分析法、精神分析法、矛盾分析法、互文性书写的方法、结构主义的方法，等等。诸多资源的引入和众多方法的集成式运用为我们继续推进马克思主义理论研究提供了十分丰富的资源和方法论借鉴。

总的来说，齐泽克悬置马克思的总体叙事，从微观层面挖掘意识形态功能的内在生成机制，参考众多资源、运用多种方法试图拉近和深化意识形态与主体的关系，这是对马克思的有益丰富。但是对其我们必须谨慎对待。马克思在《〈政治经济学批判〉序言》中说："人们在自己生活的社会生产中发生的一定的、必然的、不以他们的意志为转移的关系，即同他们的物质生产的一定发展阶段相适合的生产关系。这些生产关系的总和构成社会的经济结构，即有法律的和政治的上层建筑竖立其上并有一定的社会意识形式与之相适应的现实基础。物质生活的生产方式制约着整个社会生活、政治生活和精神生活的过程。不是人们的意识决定人们的存在，相反，是人们的社会存在决定人们的意识。社会的物质生产发展到一定阶段，便同它们一直在其中运动的现存关系或财产关系（这只是生产关系的法律用语）发生矛盾。于是这些关系便由生产力的发展形式变成生产力的桎梏。那时社会革命的时代就到来了。随着经济基础的变更，全部庞大的上层建筑也或慢或快地发生变革。"①在此，也许有人会说，如此大段地引用稍显啰唆，但这正是笔者的用意；也许还有人说，这是马克思主义的常识性原理，无需说明，但正因为是常识所以需要时刻重申；或许还有人说，学界通常引用其中部分片段以资证明，但正因为大家都未完整引用，所以笔者还是决定引用。笔者在此试图强调探讨齐泽克意识形态功能

---

① 《马克思恩格斯文集》第2卷，人民出版社2009年版，第591—592页。

思想的一个前提,即在马克思那里,无论如何意识形态都根植于现实基础。正是在这个基础上,意识形态才有了现在所说的经济功能、政治功能、文化功能等。换言之,马克思试图对意识形态功能进行总体叙事,也是现实写书。齐泽克认为,马克思的宏观叙事搁置了微观探讨,因而他把马克思的现实世界解释为"符号秩序",把意识形态解释为控制一切现实的最大力量。因此,齐泽克的意识形态功能叙事是微观叙事,也是抽象叙事。鉴于齐泽克与马克思的巨大差异,我们必须慎重对待齐泽克的丰富之处。

(三)对齐泽克意识形态功能思想的反思

既然齐泽克意识形态功能思想有误读也有丰富,那么我们如何来对待呢?对齐泽克思想学界已经有所评价,但是无论评价高低好坏,评价者都必定以自身的立场为起点,用自己信服的观点并采用合理的方法进行反思性评价。在此,笔者以对马克思主义的信仰为起点,力图坚持用马克思主义的立场、观点、方法相统一来评价齐泽克的意识形态功能思想。

第一,马克思主义视域下齐泽克意识形态功能思想的基本立场是民主社会主义的立场。"民主社会主义"的前身是伯恩施坦提出的"社会民主主义"。在对待民主社会主义的态度上,学界有两种基本做法:一种认为民主社会主义与马克思主义保持着千丝万缕的联系,另一种认为民主社会主义是非马克思主义。本书认为,就其基本观点和价值取向来看,显然民主社会主义与马克思主义并不相同。民主社会主义主张在资本主义体制内通过改良资本主义私有制来实现社会主义,他们试图走"第三条道路"——通过建立健全私有制条件下的社会福利制度保障民主社会主义的实现。前文大段引用马克思的论述,目的之一也想指明齐泽克对马克思主义所做的"改良"。他的改良之处在于:他并不把阶级对立看成是现实的,他认为"阶级斗争不是一个实存的'两级对立',而是一个纯'形式上的'先验鸿沟"①;他把意识形态的反作用夸大到极

---

① [斯洛文尼亚]斯拉沃热·齐泽克:《伊拉克:借来的壶》,涂险峰译,生活·读书·新知三联书店 2008 年版,第 91 页。

端地步;他用欲望动因置换经济动因;他用"否定量"代替马克思的"对象性关系",以资证明。当然,如果仅以齐泽克对马克思所做的改良为依据就将其定位成民主社会主义者,显然不够充分,我们必须找到他对自我身份定位的相关论述。他在《伊拉克:借来的壶》中说,"激进民主乃是适当的选择""在哪里可以找到一个更好的、解决当前困境的左派全球方案? 第三条道路至少试图提出一个将这些变迁考虑在内的图示"①;他在《敏感的主体——政治本体论的缺席中心》中也对左翼政治高度赞扬。可见,并非本书要把民主社会主义者的身份强加给齐泽克,实际上,齐泽克已经把自己置于民主社会主义的立场了。

第二,马克思主义视域下齐泽克意识形态功能思想的基本观点是后现代主义、后马克思主义的观点。一方面,以利奥塔为首的后现代主义,崇尚主体的差异化和世界的多元化,试图通过离散本质、对历史去主体化的操作手法,实现人性的复归。用中国哲学的术语来讲,后现代主义的核心概念就是"无常""无为""无知"。"无常"意在消解理性,解除物质世界对人性世界的束缚;"无知"意在反对本质探求,用多元主义论调削平异军突起的中心论或本质论;"无为"重在通过对犬儒主义行径的合理化解释换得马克思异化理论的涣然冰释。总的来说,后现代主义主张多元、反对本质,基本倾向于使人从理性人复归到感性人。齐泽克用形式缝合内容不正是对现实世界的结构和离散化操作吗? 用意识形态表征欲望,最后不也把欲望解释为空吗? 意识形态重塑的最终结果不也是一个纯粹空无的主体吗? 具体的论证已不用列举,前文已经解释得足够充分了。另一方面,以拉克劳、墨菲为代表的后马克思主义,宣扬必然性、主张激进民主政治,试图通过对"对抗"的接合实现霸权重构。其核心概念有"主体""对抗""偶然""接合"等。概念之间的逻辑可简单表述为:"对抗"造成了"主体"的分裂,而"偶然"就是主体分裂后的必然存在状态,因此必须通过"接合"来完成霸权重构。但是,"接合"不是消灭"对抗",

①　[斯洛文尼亚]斯拉沃热·齐泽克:《伊拉克:借来的壶》,涂险峰译,生活·读书·新知三联书店 2008 年版,第 85、88 页。

而是刺激对抗激进化的方式。在此,齐泽克意识形态的"缝合"不正是后马克思主义意义上的"接合"吗?欲望与符号秩序之间的"对抗"不正是后马克思主义的论点吗?虽然他的"具体普遍性"有别于后马克思主义的"偶然性",但"具体普遍性"的主导力量不也是"偶然"吗?可以说,齐泽克的论点与后马克思主义的观点是基本一致的。不过,在激进民主的反本质策略上,齐泽克说,其实他是比后马克思主义还要"后"的后—后马克思主义者。无论是基本论点、论据、结论,还是论证的价值取向和目标,无疑,齐泽克的意识形态功能思想都是后现代主义的、后马克思主义的观点。

第三,马克思主义视域下齐泽克意识形态功能思想在方法论上的得失度量。前文提到,齐泽克集成式运用多种方法为马克思主义研究提供了方法论借鉴,这是齐泽克方法论可取之处。但是,在方法论上,齐泽克依然在很大程度上背离了马克思。首先,是普遍对抗还是阶级斗争?在分析资本主义意识形态时,马克思主要以阶级之间的斗争为出发点,即马克思首先运用的方法是阶级分析法。但是,在齐泽克看来,由于现代社会的阶级特征已经不明显,取而代之的是社会的全面对抗,这种对抗根植于意识领域,无法消灭。因此,齐泽克认为,传统的阶级分析方法显然已经过时,必须用普遍对抗置换阶级斗争,用一般主体置换马克思的阶级主体。如此做法,齐泽克必然丧失坚定的阶级立场。其次,是思辨诉说还是关涉实践?马克思在论证意识形态的作用时,往往基于现实前提——以人们在物质生产过程中结构的经济基础为前提,无论意识形态的作用多么巨大,都必将返回现实、以现实实践为基础。换言之,马克思论证意识形态的方法还是实践的方法。但是,在齐泽克看来,仿佛意识形态就是现实世界的起点和动因。他试图采用对意识形态进行思辨诉说的方式替换马克思的实践论证。其结果必然是过度夸大意识形态的作用,并使之与现实毫无干系。这与他赖以展开主体意识论证的理论基础,例如拉康精神分析、黑格尔的思辨哲学,有莫大关系。显而易见,脱离实践的意识形态论证不具备说服力。最后,是绝对独立还是辩证统一?在马克思看来,意识形态虽然以经济生产为基础,但是意识形态也会对经济基础产生制约或者促进的作用,两者辩证互动。但是,在齐泽克看来,意识形态与现实世界的关系不过是否定之否定后的自我指涉。现实世界不过是意识形态的对象化，只不过仿佛它在其对象身上实现了自身。意识形态的发展与变动只是关乎自身命运，而与现实世界并无多少关联。因此，齐泽克的否定之否定纯粹是唯心主义的辩证法，它不过是对黑格尔绝对精神的复归。

综合来看，齐泽克的方法论、民主社会主义立场以及后现代主义抑或后马克思主义的观点表明他与马克思相去甚远，诸多观点甚至与马克思背道而驰。因此，我们应当谨慎对待齐泽克的意识形态功能思想，客观分析、合理对待；既要看到其合理之处，更要看到其理论弊病。

二、齐泽克意识形态功能思想的理论地位

虽然齐泽克思想艰深晦涩，但这并未降低他在全球范围内的影响力。陈炳辉说，"读齐泽克的作品，总有一种恍如大梦初醒的感觉"①。显然，齐泽克思想的影响力并非因其晦涩术语，而是因其理论的卓越品质。他的思想与赖希、弗洛姆等人在精神分析与马克思主义之间进行的整合不同，他试图通过构建意识形态幻象理论来稳固精神分析与马克思主义之间的关系。他的意识形态霸权理论在继承葛兰西的"文化霸权"、阿尔都塞的"意识形态国家机器"等思想资源的同时，也对西方马克思主义霸权理论有所丰富，因而成为当代霸权理论的典型代表，其思想在当代左翼阵营中泛起的巨大波澜更是将其推到制高位置。

（一）精神分析与马克思主义的新结合点

精神分析与马克思主义的结合起始于 20 世纪 20 年代，两者结合的动因既与马克思主义在发展中面临的窘境有关，也与弗洛伊德主义自身存在的问题纠缠。一方面，西方马克思主义者认为，马克思主义是关于社会关系、社会批判和社会革命的学说，但是在西方发达资本主义国家中，马克思主义倡导的

---

① 陈炳辉：《后马克思主义的理论》，中国社会科学出版社 2011 年版，第 305 页。

无产阶级革命却面临失败的危险,产生危险的根源在于无产阶级丧失了阶级意识,因此必须从心理意识层面去寻找无产阶级革命失败的原因。另一方面,弗洛伊德主义把人类活动的内在驱力定性为力比多、性本能,又对无意识作出本我、自我、超我三层区分,把本能冲动、性压抑和情感欲望等方面整合为无意识系统,试图实现心理革命。因此,在他们看来,弗洛伊德的学说是关于生物本能、心理批判和心理革命的学说。但是,弗洛伊德的学说只不过是关于人性、人格和心理成因的学说,单靠学说自身的力量无法进入历史文化领域和人类社会的现实生活。囿于20世纪马克思主义式微和弗洛伊德主义劲头风行,西方马克思主义试图用弗洛伊德学说补充、改造和深化马克思主义,代表人物即为赖希、弗洛姆以及拉康等人。

学界通常把威廉·赖希(Wilhelm Reich,1897—1957年)当成弗洛伊德主义的马克思主义创始人,但是与其如此定位,不如将其定位成精神分析的马克思主义者,因为赖希着重发展的是弗洛伊德的精神分析学,其代表作《辩证唯物主义和精神分析》可资证明。在赖希看来,弗洛伊德的精神分析与马克思主义存在诸多共性,两者都是唯物的、辩证的、批判的,也是革命的理论,不同的是精神分析侧重阐释微观的心理成因,而马克思主义重在探讨宏观的社会运动。如其所言,"必须把弗洛伊德的精神分析学同马克思的社会经济学结合起来,并使之协调一致"①。因而,赖希试图对两者进行综合,致力于精神分析的社会化阐释。但他同时指出,精神分析学与马克思主义并不能相互替代,只能用精神分析补充马克思主义的社会学说,以此揭示社会环境、经济条件和意识形态因素对心理内部的影响,重估资本主义的社会价值,推动资本主义社会的心理革命。诚如B.M.雷宾所言:"我们可以看出,赖希试图把马克思主义与精神分析结合起来,是有一定目的的。一方面,他竭力想要强调作为研究社会现象和揭示社会现象对人的心理活动的影响的辅助性学科——古典精神分析的'社会意义'与作用,另一方面,他借助马克思的社会经济学说,试图提出

① Wilhelm Reich,*The Mass Psychology of Fascism*,New York Press 1946,p. 19.

创立一种新学说的可能性。"①但是,赖希认为,要深刻了解经济基础、上层建筑以及一切社会活动,必须首先厘清性格结构与家庭关系的类型性关联,从而走上研究小资产阶级家庭结构之路,以至于最后完全放弃了马克思主义,也不再以弗洛伊德得意门生自诩。正如徐崇温所言,"他公开承认原来把马克思与弗洛伊德'统一'和'综合'起来的尝试'在逻辑上已经失败了'"②。在陈学明看来,赖希把研究视角从心理、社会问题转换到生物、生理和天文问题,在提出了荒谬可笑的生命能储存器说法的同时,将其理论错误暴露得格外明显。

赖希之后,几乎同时期的两位伟大人物,弗洛姆(Erich Fromm,1900—1980)和拉康(Jaques Lacan,1901—1981),都在不同层面继续发挥了精神分析学。弗洛姆在《在幻想锁链的彼岸》中对马克思和弗洛伊德进行大量类型化对比论证,试图通过两者的结合实现从"健全社会"到"为自己的人"的转变。在弗洛姆看来,精神分析学的终极目的是要培养"真正的人"。"真正的人"是精神健康的人,他是"富于建设精神,没有异化的人;他与世界友爱地联系着,用理性客观地把握现实;他体验到自己是一个独一无二的个别实体,与此同时,又感到同他人联系在一起"③。只有在健全的社会中人才能被塑造成健康的人。"在这一社会里,没有人是别人用来达到目的的工具,每一个人总是并毫无例外地是自己的目的"。"此外,一个健全的社会使人在易于管理的和可观察到的领域内,积极而又复杂地参与社会生活,并成为自己生命的主人。"④显然,弗洛姆试图把人区分成自我与他者,把现实世界区分为精神世界和实在世界。但是,拉康对弗洛姆的二元划分并不满意。在拉康看来,可以借用索绪尔语言学把世界划分为想象、象征和实在三界,想象是混沌的本我,象征是符号化的自我,实在是崇高的超我。拉康"三界说"在这方面比弗洛姆的理论更显精细,但也存在问题。诺曼·N.霍兰德在《后现代精神分析》中就指出:"当

① [苏]B.M.雷宾:《精神分析和新弗洛伊德主义》,李今山、吴健飞译,社会科学文献出版社1988年版,第120页。

② 徐崇温:《西方马克思主义》,天津人民出版社1982年版,第275页。

③ [美]E.弗洛姆:《健全的社会》,孙恺详译,贵州人民出版社1994年版,第270页。

④ [美]E.弗洛姆:《健全的社会》,孙恺详译,贵州人民出版社1994年版,第270—271页。

拉康试图从心理学上证实索绪尔的语言形式模型时,拉康是将自己的思想建立在'自我经营'的语言之上,最终那会使他的思想深深地陷入反心理分析的泥淖之中。"①或者借用米切尔等人的话来说,"拉康式分析不会以去除症状、改善关系或者以巩固更加协调而有任性的自我感为目标"②。

总之,在赖希试图综合精神分析与马克思主义之后,弗洛姆、拉康等大批学者都对其展开了丰富论证。但是,无论是弗洛姆还是拉康都还未能使精神分析与马克思主义紧密结合,未能找到打通两者的关键连接点,心理结构与社会结构依然彼此疏离。为此,齐泽克以拉康精神分析为基础,试图找出精神分析与马克思主义的结合点,而不是仅仅对两者进行类型化对比论证。如此定位齐泽克,本书主要基于以下几方面的考量:

其一,齐泽克以拉康"三界说"为基础,对马克思主义进行形式化阐释。在齐泽克看来,马克思的拜物教阐释程序与弗洛伊德的梦的阐释程序"同宗同源",他们都"避免对假定隐藏在形式后面的'内容'的完全崇拜性迷恋:通过分析要揭穿的'秘密'不是被形式(商品的形式、梦的形式)隐藏起来的内容,而是这种形式自身的'秘密'"③。换言之,齐泽克认为,马克思的商品拜物教重在阐释商品采取的价值形式和社会品格。商品不再因其物质肉身而获得存在的可能性,而是因其具备符号化特征而得以存续。我们从弗洛伊德《释梦》中得到的不正是梦的形式吗?因此,马克思与弗洛伊德都致力于商品的或者梦的形式化阐释,并以此为基础揭示客观现实或心理存在的形式动因。不仅如此,齐泽克对马克思商品拜物教的形式化分析,还体现在他对商品的无意识分析、对商品无意识的症候式表达之中。前文已作说明,此处不再赘述。

其二,齐泽克试图构建意识形态的幻象理论,找出精神分析与马克思主义的连接点。"形式"是事物具备的结构和外在呈现形态,是主体对外在事物的

---

① [美]诺曼·N.霍兰德:《后现代精神分析》,潘国庆译,上海文艺出版社1995年版,第197页。

② [美]斯蒂芬·A.米切尔、玛格丽特·J.布莱克:《弗洛伊德及其后继者——现代精神分析思想史》,陈祉妍等译,商务印书馆2007年版,第233页。

③ [斯洛文尼亚]斯拉沃热·齐泽克:《意识形态的崇高客体》,季广茂译,中央编译出版社2002年版,第15页。

认知图绘。换言之,形式是主体抽象的观念、情感、符号或者意识。因此,形式是事物的意识形态化表达。精神分析学的基本内涵不就是把观念、意识、符号作为研究对象,从而揭示人类行为的心理动因吗?拉康"三界说"中的符号世界不也是意识形态的一种形式吗?即精神分析同样致力于意识形态分析。因此,齐泽克认为,能够将精神分析与马克思主义结合起来的领域是意识形态领域,意识形态是两者的连接点。意识形态缘起于主体心理,又致力于现实耕耘,它再也不是寄身于主体之内又被视而不见的抽象之物,它真正有效地凝结了心理的、现实的总之一切领域的社会关系。很显然,与赖希、弗洛姆不同,齐泽克并未完全致力于精神分析与马克思主义的类型化比对,而是从两者的共同取向出发把意识形态作为两者的连接点,试图实现两者的综合。

其三,齐泽克通过构建意识形态功能体系,试图实现心理结构与社会结构的一致性。心理结构是弗洛伊德所谓的本我、自我与超我;而社会结构则是拉康所谓的想象、象征和实在。意识形态作为综合心理与现实的大他者,必然赋予心理与现实的一致性。原因在于,既然意识形态是心理和现实的连接点,那么它就必然兼具内倾性和外倾性。内倾是符号秩序内化为自我意识,而外倾则是符号秩序的再表达和客观化。意识形态一边代表个体心理欲望,一边反映社会总体需求,两边的表征结构严格对应。因此,意识形态必然同时表征心理的和社会的欲望,意识形态——无论是作为心理秩序,还是作为现实符号秩序——必定以欲望为支撑。意识形态作为中介场域,实现了欲望与符号秩序、心理与现实的顺利对接。这样一来,齐泽克就通过意识形态的功能体系,把主体的心理结构和现实的社会结构整合为一。可以说,这是精神分析与马克思主义前期结合未能完全做到之处,而齐泽克却在此超越了前期学者的努力。

综合来看,齐泽克看到了赖希、弗洛姆等人的局限,并一反先前的类型化整合策略,指出精神分析与马克思主义并非因为类型相似而具有联结的可能性,而是因为他们都共同趋向于意识形态。可见,齐泽克致力于建构意识形态幻象理论,有利于稳固精神分析与马克思主义之间的紧密关系。齐泽克的意识形态功能思想也就成为精神分析与马克思主义的新结合点。

（二）西方马克思主义霸权理论的新代表

20世纪资本主义社会的全面异化构成了西方马克思主义霸权理论的探讨语境。在他们看来，无产阶级意识受到资产阶级意识的遮蔽，意识形态祛蔽自然就被纳入理论探讨范畴，其中葛兰西的"文化霸权"、法兰克福学派的"文化意识形态批判理论"、阿尔都塞的"意识形态国家机器"最具代表性。在葛兰西看来，资本主义经济、政治虽历经灾难却屹立不倒，原因就在于资产阶级对无产阶级进行严格的文化控制，致使无产阶级完全丧失了革命主动性。因此，占领文化高地就成为夺取政治领导权的前提和基础，资产阶级与无产阶级之间的意识形态斗争纯粹是争夺文化领导权的斗争。显然，葛兰西提出"文化领导权"，目的在于强调文化意识形态的重要作用，强调无产阶级引领社会文化道德观念的重要意义。葛兰西对法兰克福学派影响甚大，他赋予了法兰克福学派继续进行阶级意识探讨的可能性。但是，法兰克福学派"不仅仅是站在自我意识的立场上用理性来责成现实世界，而是从感性原则出发，逐步把批判视野从阶级转向全社会普遍遭受的文化境遇上"①。具体而言，法兰克福学派认为罪孽深重的资本主义工业文化造成了人的异化，必须批判其文化意识形态的虚假性和欺骗性，排斥理性才能使文化意识形态重返感性世界。霍克海默、阿多诺的《启蒙辩证法》，马尔库塞的《单向度的人》，哈贝马斯的《作为意识形态的技术与科学》等等，可为证明。显然，法兰克福学派的工业文化批判理论是对晚期资本主义工业文明的一种反思，他们试图解除理性文化对感性文化的压抑和束缚，并企图让感性回归霸权地位。20世纪60年代末，法国"五月风暴"搁浅后，阿尔都塞以其深邃理论对运动进行总结。通过对真实与想象混杂而建的意识形态表象体系的探讨和对意识形态的社会实践功能的挖掘分析，他最终把意识形态定性为国家的统治机器。阿尔都塞对齐泽克的影响巨大，以至于齐泽克在许多著作中频频引用阿尔都塞的著名论断。但是，齐泽克的意识形态功能思想与阿尔都塞的"意识形态国家机器"并不完全相

---

① 宝艳园：《后马克思主义之新霸权理论解读》，中国社会科学出版社2014年版，第57页。

同,其自身也具有独特性和开拓性。本书将齐泽克定位成西方马克思主义霸权理论的新代表,具体而言,主要基于以下几方面的考量:

第一,齐泽克的意识形态功能思想试图实现异化主体的霸权重构。西方马克思主义霸权理论的早期代表主要从阶级异化和阶级意识的消退来论述主体问题,而齐泽克却以重塑一个纯粹的空主体为目的,在主体自我与外在形象之间进行调换。他认为,主体是异化的主体,它被异化为"自我理想"的主体和"理想自我"的主体。意识形态作为两者的综合体,"一方面,主体总是通过想象将作为他者的客体设想为对我而言具有普遍意义的客观性,以构建某种抽象真实;另一方面,主体将作为偶然的自我误认为理性选择的个体,以构建一个我思主体,于是真正联系着自我与他者、个人与世界、精神与物质之间的,就从来不是一个实在界,而是意识形态幻象"①。主体的超我身份居于主体之外,它只有在被主体误认为是属己之物并当成真实来对待,才能获得自我的符号性身份。因此,"主体不是一个问题,而是一个回答,是实在界对大他者、符号秩序所提出的问题的回答"②。在此,主体作为自我理想与理想自我的症候式表达,并非意味着主体对超我身份的胜利,而是意味着超我身份对主体的成功侵占。显然,齐泽克对主体进行的两类划分,目的在于用文化符号构建一个超我性质的意识形态主体身份,并使其凌驾于主体之上,对主体进行霸权指挥。因而,缝合异化主体的结果是意识形态霸权对主体的胜利。

第二,齐泽克把意识形态看成是一种社会永在。齐泽克在超我意义上构建意识形态的霸权身份,并非以意识的抽象存在为起点,而是把意识当成客观现实。阿尔都塞说,"一种意识形态总是存在于某种机器当中,存在于这种机器的实践或者各种实践当中。这种存在就是物质存在"③。阿尔都塞的意识形态是一种物质存在。但是,齐泽克认为,物质只有以其社会符号性为支撑才

---

① 宝艳园:《后马克思主义之新霸权理论解读》,中国社会科学出版社2014年版,第187页。

② [斯洛文尼亚]斯拉沃热·齐泽克:《意识形态的崇高客体》,季广茂译,中央编译出版社2002年版,第244页。

③ [法]阿尔都塞:《哲学与政治:阿尔都塞读本》(上),陈越译,吉林人民出版社2003年版,第356页。

能获得现实性,即意识形态是一种现实的社会存在,因为现实就是意识形态的产物。如其所言,"意识形态并不是掩饰事物的真实状态的幻觉,而是构建我们的社会现实的(无意识)幻象"①。在此,意识形态获得了支配一切现实的霸权地位。不仅如此,齐泽克对意识形态霸权的远景规划是永在的。意识形态缝合起始于符号秩序与原初欲望之间的对抗,从本质上说,意识形态不过是对永恒对抗造成的创伤性裂口的掩盖。因而,意识形态作为一种社会存在"是由永远阻止它达到和谐、透明、理性的整体的对立、断裂——由破坏每一个理性的总体化的阻碍——结合在一起的"②。欲望的实在界与符号界之间的对抗性赋予了意识形态永恒存续的可能性。简言之,只要对抗一直存在,意识形态便不会消失。因此,意识形态就其现实性来说,是一种社会存在;就其历史性来说,是一种永恒存在,即意识形态是一种社会永在。

第三,齐泽克意识形态霸权发挥功能的方式是犬儒主义的方式。按照齐泽克意识形态霸权的逻辑理路,意识形态的永恒存续受到隐含权力(对抗)的规定,日常生活就只能臣服于意识形态的霸权统治;对其统治,我们无可辩驳、无法反抗,只能认同和信仰。超我身份对主体的成功侵占就是一个被主体误认并被主体化的过程,是一个意识形态教化和暗示的过程,它只能是被动的屈服、单方面的认同与信仰。无疑,这是犬儒主义霸权的当代形态。如其所言:"占统治地位的意识形态是犬儒主义……使得我们对意识形态幻象的结构力量视而不见的方式多种多样,犬儒派的洁身自好只是其中的一种:即使我们并不严肃地对待事物,即便我们保持反讽式的洁身自好,我们依然我行我素。"③这不正是主体"误认"之后的效果吗?主体在现实的社会生活中,对意识形态身份明明有所认知,却依然不管不顾。仿佛"我"就是我自身,它不受超我身份的制约和规定,即使恰恰与此相反。即使意识形态控制了我们,我们依然相

①　[斯洛文尼亚]斯拉沃热·齐泽克:《意识形态的崇高客体》,季广茂译,中央编译出版社2002年版,第45页。
②　[斯洛文尼亚]斯拉沃热·齐泽克等:《图绘意识形态》,方杰译,南京大学出版社2002年版,第6页。
③　[斯洛文尼亚]斯拉沃热·齐泽克:《意识形态的崇高客体》,季广茂译,中央编译出版社2002年版,第45页。

信这并非真实情况。换言之,我们对待意识形态的态度是犬儒主义的,意识形态霸权也只能以犬儒主义的方式在暗处默默地发挥作用。因此,齐泽克认为,意识形态霸权发挥作用的方式是犬儒主义性质的。然而,这不正是西方马克思主义一直着力解决的问题吗? 在此,齐泽克把西方马克思主义早期霸权理论致力解决的问题合理化,也拉开了齐泽克意识形态霸权与西方马克思主义霸权理论的距离。

从根本上说,齐泽克认为,马克思主义的人类解放行动囿于无法将现实社会的创伤性原质缝合在内而面临失败的危险,因而他试图通过重读、重释马克思主义意识形态理论,通过构建当代形态的意识形态霸权理论拯救马克思主义。在他看来,社会的矛盾、斗争与对抗必定以意识形态的调和功能来解决,人类的彻底解放必须放弃革命而以妥协的方式来实现。可以说,齐泽克的意识形态霸权正是西方马克思主义拯救晚期资本主义工业社会的延续。虽然齐泽克也从文化、政治等方面展开意识形态的功能性论述,但也可以看出,齐泽克的意识形态霸权不同于葛兰西的文化霸权、也不同于阿尔都塞对政治意识形态理论的霸权建构。因而,齐泽克的意识形态霸权可以被当成西方马克思主义霸权理论的新代表。

(三)当代西方左翼激进思想的新制高点

近年来,希腊破产之事在西方左翼阵营中闹得沸沸扬扬。齐泽克说,欧洲左派应当支持希腊财长瓦鲁法基斯(Varoufakis)的财政行动,因为瓦鲁法基斯完全承认欠债重量,却不卑不亢地进行合理争辩。2015 年 2 月,法国左翼杂志《波坦金评论》(*Potemkin Review*)刊登了齐泽克对希腊激进左翼联盟的点评,他在文中说道,欧盟一直强逼希腊执行紧缩政策,但这没有令希腊改善欠债,反而使欠债大幅上升。齐泽克认为欧盟根本不想希腊还清欠债,而是借欠债控制希腊。欧盟就像是超我(Superego)——超我不是道德代理人,而是一个虐待我的机制,利用不可能完成的要求轰炸我,并以嘲笑我的失败为乐。我们越服从超我的要求,我们越感到内疚,超我就越能运用内疚来控制我们。因此,要跳出超我的控制循环,就要像激进左翼联盟政府那样,承认欠债但并不感到内疚,而这恰恰是瓦鲁法基斯正在做的事。显然,齐泽克在极力表明自己的左翼身份。但是,齐泽克给当代社会现实问题的启示,远不止对希腊破产的合理化解释。正如胡大平所言,齐泽克"代表全部西方马克思主义历史轨迹的新制高点……在这个制高点上,齐泽克作为当代西方左派激进思想的幽灵,以浓缩的方式表现了他们对全球资本主义的反叛,也记录了他们对解放政治学以及自我历史的反思"①。本书说齐泽克意识形态功能思想是当代西方左翼激进思想的新制高点,主要基于以下几方面的考量:

第一,虽然西方左翼和齐泽克都以实现民主社会主义为己任,但两者的实现方式并不完全相同。在齐泽克看来,当代西方左翼政治有自己悬置政治的独特方式。"左派悬置"认为激进的政治方式是社会生活的特征,认为对特殊性的必要偏袒是实现有效普遍性的唯一方式。虽然,左翼悬置政治的方式在一定程度上保留了特殊性,试图让各种差异化政治共生共存。但是,左翼的悬置方式依然暗藏牺牲逻辑。它依然通过牺牲局部利益来实现自我政治统治的正当化。他们并不认为这是有罪的,反而将其解释成为国家至善所作的必要牺牲。就此而论,一部分左翼政治的差异化口号纯粹是虚伪的,他们依然打着和平共处的旗帜篡夺其他团体、政党乃至国家的权力。左翼政治不彻底的普遍化和多样化只会造成政党分离、政治动荡不安、社会冲突不断。略微考察当前西方各政党之间的紧张关系就一目了然了。所以齐泽克说,"没有政治的诉讼,'没有部分的部分'以及作为普遍性替代物而提供或展示自身的脱节的实体之过程,也就没有普遍性本身"②。换言之,要彻底保住左翼的激进立场就必须从普遍性的内在结构上展现特殊性与普遍性的共生关系。这就是齐泽克所谓的具体普遍性。左翼必须把特殊性绘制在同一结构框架中的不同位置,必须把不同群体、政党的政治诉求绘制在同一意识形态框架内,才能彻底地实现政治同一性,如此操作才有可能实现民主社会主义。原因很简单,民主社会主义虽然极力标榜自己的普遍性政治立场,但它并不能进行自我身份肯

---

① 胡大平:《齐泽克:当代西方左派激进思想的幽灵》,《山东社会科学》2016年第6期。
② [斯洛文尼亚]斯拉沃热·齐泽克:《敏感的主体——政治本体论的缺席中心》,应奇等译,江苏人民出版社2006年版,第229页。

定,相反,它只能依靠对各种特殊政治利益诉求的肯定才能回溯性地肯定自身的中立身份,进而实现政治整合。总的来说,西方左翼实现民主社会主义的途径是通过残酷的斗争来占领政治高地,而齐泽克的实现方式则是"具体普遍性"——尊重政治特殊利益,实现政治利益的最大整合。

第二,虽然西方左翼和齐泽克都以民主社会主义为指导思想,但两者的理论基础并不完全相同。对于西方左翼来说,"社会主义是一个必然的目标,在这一社会中,个人的自由发展成为所有人自由发展的条件"[①]。为此,西方左翼往往以传统马克思主义理论为基础,利用马克思主义对资本主义私有制的批判,在民主体制中开展社会主义运动以建构完整的现代福利制度,即以民主社会主义为指导,推动人类社会的发展。在对待马克思主义的态度上,西方左翼如同伯恩施坦那样,既不完全抛弃,也不完全认可,而是在修正中接受。他们往往通过对马克思主义文本的重读与重释来建立适应资本主义境遇的理论体系。西方左翼的理论基础是西方马克思主义理论。但是,齐泽克的理论基础有别于其他左翼学者。在他看来,当代西方左翼学者依然致力于资本主义社会的宏观叙事,忽视了资本主义问题的微观生成机制,因而不能透彻分析和彻底解决资本主义社会面临的问题。为此,他以拉康精神分析理论为起点,以马克思主义理论为对象,在两者间竭力进行缝合性操作,试图通过揭示社会问题的心理成因来说明资本主义社会的矛盾根源。可以说,齐泽克用以指导民主社会主义的理论是精神分析的马克思主义。在此,齐泽克以微观的心理分析范式补充了马克思政治经济学的宏观叙事,同时也与其他左翼学者拉开了一定距离。

第三,虽然西方左翼和齐泽克都致力于资本主义社会批判,但两者的批判视角并不完全相同。西方左翼学者往往侧重于揭示资本主义政治制度与经济问题之间的关联性。在他们看来,资本主义过度崇尚资本的自由追逐,必然造成贫富差距、经济危机、生态危机、无休止的战争,以至于人性消退,造成资本

---

① 孙劲松:《柏林墙倒塌后:德国左翼党对社会主义的新探索》,中共中央党校出版社 2005 年版,第 224 页。

主义社会进入彻底的异化状态。然而,资本主义经济问题却源于资本主义制度。在私有制前提下,生产资料、私有财产、资本等一切社会财富不断流向少数群体——资产阶级,必然造成有组织的个别生产同无政府的社会生产之间的矛盾。不仅如此,资产阶级为规避经济责任而将经济后果转嫁于全体公民或者他国,也会造成阶级与阶级之间、国与国之间的对抗斗争。油然而生的是全球范围内的各种社会运动、小规模战争等。总之,资本主义的一切经济问题都源于制度设计的缺陷。因此,解决资本主义的社会问题,必须对资本主义制度展开全面而尖锐的批判。但是,在齐泽克看来,无论是经济的抑或政治的问题都是意识形态的问题。如其所言:"'意识形态'可以指称任何事物,从曲解对社会现实依赖性的沉思的态度到行动取向的一整套信念,从个体赖以维系其与社会结构之关系的不可缺少的媒介,到使得主导政治权力合法化的错误观念,几乎无所不包。"[1]良好的社会必然是无对抗或者对抗被压抑的社会。但是,资本主义社会并没有抹杀其意识形态的内在对抗性,因而不能建立一个各群体秩序井然、各政党有机互补的健全社会。显然,齐泽克不满足于其他左翼学者对资本主义经济、政治问题的具象化解释,转而求助于意识形态,试图用意识形态理论来解释资本主义的商品生产和消费认同等经济问题,也用意识形态理论来解释资本主义的政治危机。

齐泽克试图通过意识形态缝合差异化政治观念,赋予意识形态表征普遍利益的职能,通过意识形态来保证政治利益的一致取向,在实现不同团体、政党的有机统一的同时,确保民主社会主义的实现。虽然齐泽克与其他西方左翼学者存在诸多共性,但无论是在民主社会主义的实现方式上,抑或是在借以实现的理论基础方面,还是在对资本主义社会进行全面批判的视角上,齐泽克的意识形态功能思想都与其他西方左翼思想拉开了一定距离。因此,本书认为,齐泽克的意识形态功能思想是当代西方左翼激进思想的新制高点。

---

① [斯洛文尼亚]斯拉沃热·齐泽克等:《图绘意识形态》,方杰译,南京大学出版社 2002年版,第 4 页。

三、齐泽克意识形态功能思想的理论局限

诚然,齐泽克思想在当代欧洲具有极强的感染力。但是,如果一味地沉迷于其意识形态幻象的合理成分,而未对其理论弊病保有充分认识,那么我们理论上的参考与借鉴无疑是有害的。从意识形态缝合来看,其思想带有强烈的思辨性质和主观幻象色彩,必然造成实在本体的无性瑕疵;意识形态的过度表征则会因丧失利益现实而降低主体的主观能动性,从而引起政治文本的虚假表征;在意识形态重塑框架中,用否定量回溯肯定量的做法则过分夸大了否定量的作用,从心理维度搭建的主体性意识形态又远离了实践基础,最终走向了历史的去主体化立场。为此,对齐泽克意识形态功能思想中潜在的弊端必须要有清醒认识。

(一)意识形态缝合性同一后实在本体的虚无

在哲学视域中,"本体"被定义为 ontology,意在将精神实体或者物质实体作为世界本源。严格来说,拉康将"实在"作为精神分析的本体并非哲学意义上的 ontology,而是心理学意义上的 noumenon,抑或说,拉康的"实在"本体是与符号世界相对立的心理本体。"实在"作为主体符号世界的心理内容,它是一切象征性事件的现实支撑,是生命的终极意义。但是,拉康早期思想认为,主体遭遇实在界具有不可能性,符号秩序必须阉割实在界,以保证主体获得符号性认同。齐泽克认为,"晚期的拉康却正好相反,他认为,你确实能够遭遇真实界,那才是最难以接受的"①。无论实在界是否能够被呈现、是否能够被主体接受,我们都将看到拉康精神分析学对世界进行的二元结构划分,但与唯物主义或者唯心主义的划分不同,他不再把世界划分为思维与存在,而是划分为符号秩序与心理实体。齐泽克的意识形态恰恰是对拉康二元世界的综合。

---

① ［斯洛文尼亚］斯拉沃热·齐泽克、［英］格林·戴里:《与齐泽克对话》,孙晓坤译,江苏人民出版社 2005 年版,第 73 页。

齐泽克在与格林·戴里的对话中说:"我又想把标准的公式转过来。是的,一方面,意识形态把不可能转化为一个特定的历史阻塞,因此就保持了对最终实现的梦想——与真实界相遇的最终完成。另一方面,意识形态也作为一种方式,控制着与这样一个相遇的距离。"①在齐泽克看来,虽然"实在"对符号世界具有破坏性,但在"实在"遭到压抑的情境当中,主体依然可以与实在界直面相迎。符号秩序与"实在"之间的疏离依靠意识形态的缝合功能来填补裂痕。但是,齐泽克式缝合在实现同一性的同时,却在一定程度上造成了实在本体的虚无。何以如此呢?

其一,拉康精神分析意义上的"实在"并非哲学意义上的本体。在此,我们姑且承认齐泽克对意识形态公式进行翻转的第一层内涵——即意识形态的缝合作用能够将"实在"呈现于外——是可能的。质疑之处在于:拉康意义上的"实在"真的能成为哲学本体的确信根据吗? 哲学意义上的本体当是"天命之性,粹然至善",当是全部事物得以演绎推理的起点和本源,因而是"万物始基"。然而,拉康精神分析中的"实在"是一个理解起来十分困难的概念,"因为它没有明确的对应物,只是一种非存在、不可能性、完全的否定性、纯粹的虚无等"②。总的来说,拉康的"实在"并非一般意义上的外在现实,而是象征的回返。如其所言,"从压抑上说,所有被象征界拒绝了的东西又重新出现在了实在界之中"③。也就是说,实在由两部分组成,一部分是被压抑的原质,另一部分是经过符号化而未被符号化的残余——对象a 。马元龙在分析拉康思想时指出,"对象a 固然是能指的结果,是象征化的残余,但是它绝不属于象征界,恰恰相反,他的领域在实在界"④。换言之,如果把实在界作为本源,那么作为实在的对象a 也是万物的始基。然而,对象a 却是一个终点而非起点,因为它是经过符号化而未被符号化的剩余,而非起初就受到压抑的原质。齐泽

---

① [斯洛文尼亚]斯拉沃热·齐泽克、[英]格林·戴里:《与齐泽克对话》,孙晓坤译,江苏人民出版社 2005 年版,第 74 页。

② 韩振江:《齐泽克:新马克思主义批判哲学》,人民出版社 2014 年版,第 154 页。

③ Lacan, *The Seminar*, *Book III*, *The Psychoses*, 1955 - 1956, trans. Russell Grigg, notes by Russell Grigg, London: Routledge, 1993, p.13.

④ 马元龙:《雅克·拉康:语言维度中的精神分析》,东方出版社 2006 年版,第 259 页。

克用于意识形态缝合的崇高客体不正是对象*a*吗？因而，拉康的"实在本体"的论断不过是他试图走出唯物史观、走向人性乌托邦的自说自话，从本质上说，他并未建立真正意义上的哲学本体。

其二，齐泽克的意识形态缝合走向了形式主义。形式主义，意在表明文学艺术对形式（formal）而非内容的着重，从而把形式提升到绝对化的程度。齐泽克的意识形态"症候"概念赋予了主体遭遇实在界的可能性。但是，齐泽克的意识形态却是以一种带有遮蔽性的方式呈现"实在"。"症候"是形式表象，它以大他者的综合身份出现，内容填充其中。换言之，意识形态缝合实在与象征的结果是将"实在"以形式的方式呈现出来。原因十分简单，在齐泽克看来："如果在隐藏于显在文本之下的潜在内容中寻找'梦的秘密'的话，我们是注定要失望的：所有我们找到的都是完全'正常'——虽然通常会令人感到不快——的思想，就其本性而言，这种思想是非性欲的，或者干脆与'无意识'没有任何关系。"[1]无意识的不可化约特质是因为它从一开始就遭到了符号秩序的压抑，因而只能置身于初级过程的运行机制当中。换言之，作为实在的无意识欲望的唯一位置"是在'梦'的形式之中：梦的真正主旨（无意识欲望）呈现于梦的作品之中，呈现于它对'潜在内容'的苦心经营之中"[2]。在此，我们看到齐泽克试图剔除隐藏于形式背后的内容，而把焦点置于形式本身，集中对意识形态症候进行分析与解剖，并由此设想暗藏于意识形态背后的内容——无意识欲望。因此，齐泽克意识形态缝合功能是形式性的——形式缝合内容。他的意识形态在呈现"实在"的同时，更多的是将"实在"抛诸脑后。正如他对意识形态公式进行翻转的第二个层面一样，他根本不打算让实在复活，也不想以实在之名行事，而是试图让意识形态占据实在的位置，从根本上替换实在。

其三，齐泽克意识形态的无意识欲望本是空无。当然，我们可以从意识形态表征来说明齐泽克意识形态缝合后的本体指向，那就是作为实在的无意识

---

① ［斯洛文尼亚］斯拉沃热·齐泽克：《意识形态的崇高客体》，季广茂译，中央编译出版社2002年版，第17页。

② ［斯洛文尼亚］斯拉沃热·齐泽克：《意识形态的崇高客体》，季广茂译，中央编译出版社2002年版，第18页。

欲望。从齐泽克的"表征"思想来看,符号体系必然以一整套阳具意义的体系为基础,因而符号体系不过是无意识欲望的活动场域,意识形态的符号性委派不过是无意识欲望的意义投射。表面上,我们看到了意识形态的欲望支撑,齐泽克"好像"是把欲望作为意识形态缝合后的本体论证明。但是,"像"与"是"之间差距甚远。在齐泽克看来,欲望依然是他者的空无框架。"因为欲望是由语言支配的……因而它必然是大他者(Other)的欲望"①。在此,齐泽克通过转喻的方式将欲望引向神秘地带。如果非要说齐泽克意识形态的本体是"精神性"的欲望,毋宁说这个本体因丧失了肯定性内容而变得飘忽不定,因而不具备论证意识形态本体的可能性。原因在于,在那个神秘的场域中,欲望被区分为他者的欲望与主体的欲望,而主体受他者欲望的控制。一方面,从心理主体视角来看,齐泽克把主体的欲望说成是他者的欲望,从而清空了主体的心理内容;另一方面,从社会视角来看,他者的欲望虽然作为崇高客体决定了社会的心绪反映,然而,一旦开始寻觅他者的踪迹,崇高客体便会烟消云散。诚如齐泽克所言,崇高客体正如康德那超现象的、难以企及的自在之物,而康德的自在之物可以说是神秘莫测之物。因此,齐泽克意识形态的欲望表征只不过是一种对崇高框架的预设,就欲望的本性而言,它被齐泽克定性为无性。总之,齐泽克通过清空主体的心理内容,通过解构了欲望本质将意识形态置于无本状态。

虽然齐泽克意识形态缝合功能表现出强大的吸引力和诱惑性,但是我们无论是从拉康的"实在",还是从齐泽克所谓的"他者的欲望",都不能确定意识形态缝合后的本体属性和位置。借用马克思的论述来说:"他们把一定的、受历史条件制约的生活领域的意识同这些生活领域割裂开来,并且用真正的、绝对的意识即德国哲学的意识来衡量这个意识。他们始终一贯地把这些一定的个人间的关系变为'人'的关系,他们把这些一定的个人关于他们自身关系的思想解释成好像这些思想是关于'人'的思想。这样一来,他们就从现实的历史基础回到意识形态的基础上去,而且,他们由于没有认识到现实的联系,

---

① Jacques Lacan, *Ecrits*, *trans.* Bruce Fink, New York: W.W.Norton & Company, 2006, p. 525.

因而就很容易用'绝对的'或别的意识形态的方法虚构幻想的联系。"①简言之，齐泽克的意识形态缝合功能思想因带有思辨性质的主观幻象色彩而造成了无实在本体的瑕疵。

（二）意识形态过度表征后政治文本的虚假

20世纪60年代，东欧新马克思主义者以青年马克思的《巴黎手稿》为蓝本，对马克思、列宁、卢卡奇等经典作家的反映论思想展开批判。他们认为，传统的"反映论"虽然看到了感觉、意识对外在客观事物的反映特质，但却无法解释神经冲动的传导机制，更进一步说，传统的"反映论"无法解释从物到观念的转化细节。在批判境遇中，传统"反映论"逐渐式微，寻找新的研究途径、实现研究范式的转换就成为马克思主义思想研究的重要任务。为了说明从客体到人脑的转化机制，澄清神经冲动的传导细节，认知心理学引入了一个中间变量——信息。他们认为，信息中介搭建了客体在主体心理的映像模型，从而实现了主客体之间的顺畅交流。在此，拉康精神分析学巧妙地将物质客体置换成心理客体，把"信息"勘定为符号秩序。心理客体置换物质客体的操作手法把原本无法被主体意识到的无意识欲望直接呈现在研究者面前，使其成为直接观察与研究的客观对象，而意识形态则成为信息流的另一种称谓。显而易见，齐泽克意识形态的表征功能思想缘起于此。意识形态作为缝合心理客体——无意识欲望——与符号秩序的中介，最终打通了意识形态表征欲望的宽阔通道。主体对物质客体的认知行为依据主体内在的心理客体，而意识形态不过是心理客体的一个表征符号。齐泽克在认知心理学的基础上，通过对欲望客体、主体意识形态与现实符号秩序进行结构性的表征化阐释，在一定程度上补充了传统反映论对认知过程的理论描绘。但是，齐泽克对主体欲望的表征化构建过分彰显了意识形态在表征欲望方面的作用，让意识形态过度地表征了主体的心性情欲，必定直接导致主体欲望被意识形态淡化、降低主体主观能动性的危险，并间接地造成政治文本的虚假表征。

---

① 《马克思恩格斯文集》第1卷，人民出版社2009年版，第589页。

　　其一,意识形态对个体欲望的过度表征将直接导致主观能动性被降低。虽然齐泽克通过对认识论模型的细化分析,阐明了意识形态表征个体欲望的内在机制。但是,齐泽克认为,呈现纯粹的个体欲望,将导致对符号性主体的不完全阉割,而彻底阉割欲望主体才能获得彻底的符号性认同。齐泽克一味地强调社会总体的符号秩序对个体欲望的替代作用将导致欲望客体被直接淡化,从而造成意识形态对个体需求的碾压与彻底阉割。一旦个体需求被意识形态过度表征或置换,也就意味着主体的实践行为完全听从意识形态的指挥,致使个体丧失主观能动性。简言之,意识形态的过度表征必然造成个体利益与意识形态之间唯物辩证关系的倒置。过度地排斥个体欲望,极力彰显意识形态,这是唯心主义在思维与存在关系上的当代变形阐释。因为塑造意识形态不过是主体满足(物质的或精神的)欲望的手段,而非目的。诚如马克思所言,从经济基础与政治上层的唯物辩证关系来看,个体的一切活动"首先是为了经济利益而进行的,政治权力不过是用来实现经济利益的手段"[1]。经济利益、权力夙愿以及欲望需求等不是被人类个体被动地接受的,而是被能动性地创造的。差异化个体的多样性力量的发挥以个体需求为根据,推动着意识形态整合、表达个体欲望,实现社会进步。总的来说,意识形态的过度表征是对个体欲望的彻底淡化,必然降低个体在实践活动中的主观能动性。

　　其二,意识形态对群众利益的过度表征将间接导致政治文本的虚假。荣格在《论无意识心理学》中说,无意识有个体与集体之别。集体无意识作为无所不在的深层精神,规定了集体的实践行为。在齐泽克那里,社会欲望是无意识的,它由意识形态来集中表达。显而易见,齐泽克试图把群众利益锚定在官方意识形态文本的根基处。我们仅仅窥测到齐泽克意识形态表征功能思想的可取之处,仍然未能洞见其中的弊端。其可能的弊病在于,如果官方政治意识形态文本止于宣称代表群众利益,那么实际上官僚体系却可能用特定阶级、阶层的利益需求置换群众利益,从而欺骗群众,使其遵从于特定的政治意图、服务于特定群体的利益需求。这种情况在齐泽克意识形态的表征框架中是可能

---

[1] 《马克思恩格斯文集》第 4 卷,人民出版社 2009 年版,第 305 页。

出现的,因为支撑意识形态的欲望是剩余残留。它既可能是特定阶级、阶层的剩余欲望,也可能是社会总体的欲望残留;它既可能符合群众利益需求,也可能与之相排斥。诚然,我们可以按照马克思主义的观点说,被特定利益置换后的官方政治意识形态文本"虚假"地表征了群众利益。但是,在齐泽克的意识形态思想中,这种"虚假"可能是一种过度,因为"虚假"本身就是剩余性的。总之,如果官方意识形态出现过度彰显自身替代作用的情况,公民将无法辨识它的根基——是特定阶级的欲望还是集体欲望,从而导致官方政治意识形态文本的"虚假"表征。资本主义社会中无产阶级利益被资产阶级利益置换即为证明。毛泽东早在《对晋绥日报编辑人员的谈话》中就指出:"马克思列宁主义的基本原则,就是要使群众认识自己的利益,并且团结起来,为自己的利益而奋斗。"①可见,意识形态作为人民群众利益的集中表达,为防止意识形态的过度表征,避免政治文本的虚假,意识形态必须与人民群众的现实利益需求相一致。

　　齐泽克意识形态的过度表征将直接导致主观能动性被降低、间接导致政治文本的虚假。究其根源,齐泽克意识形态表征功能思想丧失了利益现实性。虽然齐泽克的欲望动因与马克思的利益动因存在相似性和关联性,但两者差异甚大。齐泽克的欲望动因把社会的终极支撑定格为心理层面的欲望客体,必然走向黑格尔式的唯心主义。他极力排斥欲望以彰显意识形态幻象的替代功能,通过排斥欲望把意识形态提升到崇高地位,在实现意识形态的彻底表征功能的同时,赋予意识形态第一性,这也暗示了意识形态彰显群众利益的不可能性。显而易见,齐泽克试图颠倒经济基础决定上层建筑的论断。相反,马克思的利益动因是一种写实的唯物主义。马克思说,"在全部意识形态中,人们和他们的关系就像在照相机中一样是倒立成像的"②,意识形态必然有其现实根据,它以现实的物质利益动因为基础构建自身的整体框架;不仅如此,意识形态的历史演进关涉不同时期的利益变化。因而利益是意识形态产生的基础和发展的动力。齐泽克离开现实、抛弃利益基础的唯心主义做法必然导致意识

---

① 《毛泽东选集》第四卷,人民出版社 1991 年版,第 1318 页。
② 《马克思恩格斯选集》第 1 卷,人民出版社 2012 年版,第 152 页。

形态的虚假表征。在此,如果把齐泽克的意识形态表征功能思想与马克思的能动反映论理论作对比,齐泽克的意识形态表征功能思想就丧失了利益现实性。

(三)意识形态反思性重塑后发展视野的缺乏

"发展"并不与自然界的生物进化等同,也不只是停留于运动。生物进化背弃了人类社会进步的基本目的、存在意义和价值愿景;而运动则包括了水平、向上和向下,进步、倒退和保持不变等多重属性。就狭义的发展概念而言,在社会学上它专指现实社会的进步,在心理学上它特指主体或社会心理历程的积极演进,两者紧密关联。因为个体的或社会的心理发展,实际上是主体适应社会的过程,人在其中建立属己的心理特征和行为模式。换言之,发展具备一套完整的内容体系和价值体系。马克思认为,发展体系应当具备本质、主体、动力、方法以及价值取向等内容,它以实现社会进步、追求人的自由全面发展为中心目标。反思齐泽克意识形态重塑功能思想,我们不仅要看到齐泽克对发展观点的诸多重释,更要看到齐泽克重释发展观后造成的诸多"缺乏","缺乏"并非缺失,而是在一定程度上存在不足或弊端。

第一,齐泽克意识形态重塑后在发展本质方面的缺乏。马克思坚持以人为本的科学发展本质观,尊重人在社会发展中的本质地位。同样,齐泽克意识形态重塑功能思想也致力于主体构建。他通过搭建物质、符号和"实在"的三维总体框架,把主体看成无时无刻不在三维框架中循环运动的主体。主体的心理活动作为主客体相互作用的中间媒介,提供了主体被符号化的可能。心理活动的结果是主体把外在符号秩序内化为主体性,符号秩序作为超空主体的大他者,凌驾于主体之上,主体受其规制。因而,齐泽克最终把主体的符号性抬高到崇高地位。这样一来,齐泽克就把主体置于符号系统的位置,发展中的主体也就被定格为符号性的人。但是,马克思指出,社会发展的本质基础是社会实践,"现实的人"才是人类社会发展的内在核心。如马克思所言:"全部社会生活在本质上是实践的。"①而齐泽克对心理映像的活动论描绘不过是人

---

① 《马克思恩格斯文集》第 1 卷,人民出版社 2009 年版,第 501 页。

的符号化过程,人是精神性的、抽象的人。关于这一点在前文齐泽克意识形态的主体重塑中已有充分论述。正如马克思所言,如果不把感性的人的活动当作实践去理解,那么他就不知道现实的、感性的活动本身。可见,齐泽克只从符号秩序的外在形式去理解人,无疑会丧失发展观的实践基础,在发展本质方面,使人缺乏现实性。

第二,齐泽克意识形态重塑后在发展主体方面的缺乏。发展视域中的主体无疑是人,但是人有个体与群体之分。马克思指出,人民群众是历史的创造者。坚持人民本位是唯物史观的基本观点,而片面追求个体需求的满足是个体本位的发展观。齐泽克对群体心理的欲望分析,对群体意识形态的缝合性重塑,从表面上看是在强调人民群众在社会发展中的作用。但是,齐泽克还说过,主体不过是一个超验的空洞位置,它是一个纯粹虚空的主体。"……正是'主体的缺失',主体的完全的自我外化,才使得主人成为多余的:仅仅对于我而言,一个主人才是主人,因为我的主体并没有完全地外部化;仅仅相对于我在某个深处保存了自己的肖像画而言,它说明着我个性的惟一特征——一个主人通过在我的惟一性中认出我来而成为主人。"①简言之,在齐泽克意识形态思想中,实际上主体必须让位于意识形态,意识形态决定了主体演进的所有阶段。既然如此,历史就不再是人民群众创造的历史,而是意识形态的历史。齐泽克毫无保留地将人民群众排除在历史之外,剩下的历史不过是抽象的意识或精神残余。从历史发展观上看,实际上是一种去主体化的变形,是唯心史观的现代形态。

第三,齐泽克意识形态重塑后在发展动力方面的缺乏。发展动力是一个关涉历史演进的驱动力问题。第一个问题:推动事物发展的动因是矛盾还是对抗?马克思认为,矛盾是推动一切事物发展的动因。齐泽克把马克思的矛盾概念置换成对抗概念,认为推动历史发展的动因是对抗。在笔者看来,对抗并不与矛盾等同,对抗不过是矛盾更为激进化的呈现,而矛盾还包含着缓和对

---

① [斯洛文尼亚]斯拉沃热·齐泽克:《快感大转移——妇女和因果性六论》,胡大平等译,江苏人民出版社2004年版,第224页。

抗双方的可能。因此,齐泽克的发展观仅仅看到了事物发展的极端情况。第二个问题:推动事物发展的对抗是现实的还是心理的? 在齐泽克看来,作为肯定量的符号秩序排斥作为否定量的心理欲望,对抗存在于欲望与符号秩序之间,因而推动事物发展的是心理对抗。但是,在马克思看来,推动事物发展的动因根源于生产力与生产关系之间的矛盾,因为物质生产是社会发展的终极动因。生产力与生产关系之间的矛盾变化才能促进人类社会的发展,并最终促成历史的生成演绎。为此,主体的心理成因依旧源于物质动因,齐泽克把欲望作为意识形态发展的动因,否定了物质利益在激发人民群众主观能动性方面的作用。正如黑格尔把精神作为世界的本源那样,齐泽克用欲望客体置换物质利益必然导致意识形态现实性的丧失,从而得出一个唯心主义式的动力论断。

第四,齐泽克意识形态重塑后在发展方法方面的缺乏。世界的发展总是辩证运动的。但是,辩证法有唯物和唯心之分,也有主观辩证法与客观辩证法之别。恩格斯说,"所谓的客观辩证法是在整个自然界中起支配作用的,而所谓的主观辩证法,即辩证的思维,不过是在自然界中到处发生作用的、对立中的运动的反映"[1]。即辩证法因获得现实的物质基础而具有客观性,主观辩证法恰恰与之相反。考察齐泽克的意识形态重塑功能思想,其目的之一在于说明意识形态从自在、自为到自在自为阶段的发展。其基本论断是,意识形态发展始终处于由肯定量与否定量共同搭建的整体框架之中,肯定量从对立面、从否定量确定了自身意义。换言之,意识形态发展是肯定量与否定量之间的辩证互动,是意识或精神离开物质世界的自我指涉运动。就此来看,齐泽克纯粹是从主观意识领域推演意识形态的发展,实际上远离了物质客观世界。所以,齐泽克的辩证法并非马克思主义意义上的唯物辩证法,而是黑格尔意义上的唯心主义辩证法。

第五,齐泽克意识形态重塑后在价值导向方面的缺失。从反思性角度看,从否定到肯定的运动不过是否定量在同一体系中的交替重复。诚如齐泽克所

---

[1] 《马克思恩格斯选集》第3卷,人民出版社2012年版,第908页。

言:"社会现象就是欺骗性的,因为在社会性—符号性的现实中,事物归根结底就是它们假装是的东西。"①假象与真相之间的峰回路转仅仅是同一欺骗行为的回返性运动。意识形态的这种回溯性效果以"此在"为起点,向后追溯"前在"。因此,重塑后的意识形态不过是对"过去"和"现在"的最大整合。齐泽克总结了历史教训、挖掘了历史经验,却未能开辟未来。科学的发展必须立足现实,又着眼未来;必须通过塑造人文精神,为未来提供发展理念。但是,齐泽克的意识形态重塑功能思想缺乏对历史未来的价值导向,不能为主体的实践行为做出积极指引,不能为社会变革提供明确的方向。因此,在发展价值方面,齐泽克意识形态重塑功能思想过分专注于否定量的回溯性效果,必然造成主体丧失对历史未来的憧憬。

　　总的来说,齐泽克意识形态重塑功能思想存在的问题主要有三:问题之一(也是最大的问题)在于丧失了现实性,这根源于他并非从物质实践而是从心理活动去理解意识形态。问题之二在于他从心理维度解构主体,提炼出意识形态,也把人民群众排除在历史之外,走向了历史的去主体化立场。问题之三在于他对否定作用的过度夸大,用否定量回溯肯定量,造成了历史未来视野的缺失。但是,从总体上看,无论是从齐泽克意识形态的缝合功能、表征功能还是重塑功能,我们依然能够见到其思想的合理成分。对待齐泽克思想,必须在批判其谬误的同时,客观地评价和吸收其中的合理成分。

四、齐泽克意识形态功能思想的现实启示

　　理论探讨总是基于现实问题。对齐泽克的意识形态功能思想进行理论分析,总是期望从中获得一些现实启示。齐泽克的意识形态缝合功能力图实现社会整合,表征功能试图锚定意识形态的欲望根基,重塑功能则努力拓展意识形态的视域范围,推动意识形态的整体发展。虽然齐泽克的意识形态功能思

---

① ［斯洛文尼亚］斯拉沃热·齐泽克:《斜目而视:透过通俗文化看拉康》,季广茂译,浙江大学出版社 2011 年版,第 127 页。

想存在一些弊病,但这并不妨碍我们从中挖掘一些有益的成分。

(一)认识意识形态缝合功能的发生机制,强化意识形态的整合功能

后现代的反本质主义成员一再强调经济的、政治的或社会的差异化发展与多元化倾向。从本质上说,这是对整合社会离散结构而不得其法的声嘶力竭的呼喊。他们越是强调差异与多元,就越是渴望社会的有效同一。因而齐泽克说,当共产主义失效时,不是去抛弃它,而是去寻找它失效的根源进而解决问题。针对该问题,埃米尔·杜尔克姆(Emile Durkheim,又译涂尔干)提出了“社会整合”概念,意指个体之间或群体之间的信仰、道德、情感等价值观念的结合状态。齐泽克则认为,面对后现代主义的差异化口号,我们必须通过“缝合”来解决问题。无论是涂尔干的“社会整合”,还是齐泽克的“缝合”,两者在本质上都趋向于社会价值观念的同一。就齐泽克而言,他认为,意识形态主体对现实的认知夹杂在主观性与客观性之间,现实被定格为一种“被主观透视扭曲的实体性现实”,一种主观的客观现实,因而“现实”必然被区分为主观现实与客观现实。“如此幻觉的成立,依赖于某种‘抑制’和对我们的欲望之实在界的忽视。”①通过彰显意识形态的“抑制”作用,齐泽克将现实升华为符号秩序,从而将现实缝合进思维领域。意识形态在此大展拳脚,通过对绝对实体性现实的主观接受与排除,意识形态锚定了自身的幻象本真特质。“现实”再也不是绝对客观的实体性存在,而是带有主观色彩的实体性存在,齐泽克也“最终”实现了对纷繁杂乱现实的有序排列与整齐划一。不仅如此,为了充分论证意识形态的缝合功能,齐泽克还从经济、政治、文化以及心理等现实领域中找出证据,试图采用现实—理论—实践之逻辑有效地阐释意识形态缝合功能的内在发生机制。齐泽克的意识形态缝合功能思想为意识形态进行有效的社会整合提供了诸多参考,具体而言,我们可以从齐泽克意识形态缝合功能思想中得到如下启示:

---

① [斯洛文尼亚]斯拉沃热·齐泽克:《斜目而视:透过通俗文化看拉康》,季广茂译,浙江大学出版社2011年版,第28页。

其一,必须加快推进马克思主义意识形态整合功能的生成机制研究。个体的、群体的以及整个社会的观念总是趋于多样与分散,因而意识形态的基本功能被勘定为社会整合功能。意识形态的社会"整合功能"并不等同于"控制功能",它具备激活动因、凝聚共识与促进发展的特质,它凭借主导优势对分散的、异质态的意识形态进行反思、销蚀或者吸收,从而实现对社会整体行为的优化协调与全面统摄。然而,社会转型与全面建成小康社会时期显露的诸多社会问题致使马克思主义意识形态的社会整合难度不断加大。考察国内社会,社会利益诉求多样化、阶层差异拉大,现代信息技术的推广普及,加之当前马克思主义意识形态理论研究的创新性不足,马克思主义意识形态的理论宣传工作又时常停留于书斋、文本,致使马克思主义意识形态宣传工作往往流于空泛化、简单化、表面化,实效性与针对性不强。这不仅导致马克思主义意识形态理论的解释力下降,较有社会影响力的公众人物、部分党员干部实践责任失范,而且还在一定程度上削弱了马克思主义意识形态对社会价值观、群体意识以及网络舆论的引导力与凝聚力。针对意识形态整合功能弱化的问题,挖掘马克思主义经典作家关于意识形态整合功能理论的任务迫在眉睫。但是,对意识形态社会整合功能的说理性论证,并不限于经验的现象描绘,必须深刻而富有逻辑地揭示意识形态功能的内在发生机制,以此奠定马克思主义意识形态社会整合功能的合法性基础,增强马克思主义意识形态理论的说服力与凝聚力。

其二,必须充分挖掘马克思主义意识形态整合功能的生成因素。虽然齐泽克意识形态缝合功能思想存在种种弊病,但他为揭示意识形态整合功能的内在发生机制提供了一种可供参考的理论说明。齐泽克一方面通过对拉康实在与象征断裂的图示化描绘,从意识形态主体的分裂身份出发,把主体自我与外在形象之间的分裂推及现实,指出现实是客观现实与主观现实的混合物,试图揭示社会整体的离散态势。另一方面,齐泽克又引入意识形态幻象公式指出,为防止真实的入侵必须借用意识形态的屏蔽作用对两者进行整合。如其所言,意识形态"'缝合'发挥着集聚的功能,借助于此种功能,意识形态因素的自由漂浮被终止和固定了——也就是说,借助于此种功能,它们成为意义的结构化网络的一部分"①。意识形态成为整合分裂现实的大他者,它以其结构化网络统摄全社会。如果我们追溯得更远——不仅从拉康"三界说"找理论说明,而且从弗洛伊德那里找根源——潜意识与意识之间的分裂可以被看成是齐泽克意识形态缝合功能的原因,对个体或全社会而言,缝合的结果——意识形态大他者的出现——在保证潜意识与意识之间顺畅对接的同时,实现了自我与身份、客观现实与主观现实的整齐划一。因而,齐泽克意识形态缝合功能的内在发生机制可以被看成是精神性的,是一种彻底的精神分析学(或者说是心理学)意义上的发生机制。但是,马克思主义意识形态整合功能的生成因素并不限于心理因素,而是具备全方位、多层次的生成条件;不仅有思维领域的内生性条件,也有作为基础的经济动因。换言之,齐泽克的意识形态缝合功能思想为我们研究马克思主义意识形态的社会整合功能理论提供了结构性的阐释方法。但是,与齐泽克的心理结构成因并不相同,马克思主义意识形态的社会整合功能理论是一种立足现实又升华为理论并返归实践的现实结构。因此,研究马克思主义意识形态的社会整合功能不仅要从心理视角入手,更要着眼于现实领域,考察意识形态在理论与现实之间的互动逻辑和条件。

其三,必须坚持理论与实践互动,强化意识形态的社会整合功能。面对后现代主义的差异化与反本质主义描绘,齐泽克以意识形态缝合理论作出了积极回应,并在积极回应中找到了"激进民主政治"策略的道路。齐泽克试图将现实问题的理论化结论付诸实践、解决问题。正如邓小平所言:"我们开会,作报告,作决议,以及做任何工作,都为的是解决问题。我们说的做的究竟能不能解决问题,问题解决得是不是正确,关键在于我们是否能够理论联系实际……"②抑或用恩格斯的话来说:"原则不是研究的出发点,而是它的最终结果……只有在符合自然界或历史的情况下才是正确的。"③结合已有的理论,我们从齐泽克意识形态缝合功能思想中得到的启示正是必须坚持理论与实践

---

① [斯洛文尼亚]斯拉沃热·齐泽克:《意识形态的崇高客体》,季广茂译,中央编译出版社2002年版,第122页。

② 《邓小平文选》第二卷,人民出版社1994年版,第113页。

③ 《马克思恩格斯选集》第3卷,人民出版社2012年版,第410页。

相互观照与辩证互动。马克思主义意识形态理论是要在理论与现实、主义与问题的相互关联中整合并引领时代发展,从现实与问题中总结理论,用理论来指导社会实践、回答和解决时代问题。意识形态作为社会观念的总体框架,它绝非机械性地关涉某一单一群体或个人,而是在诸多因素之间保持必要的张力,实现社会整合。一方面,意识形态的社会整合功能保障了理论研究与社会实践的有效展开,另一方面,理论与实践的互动也为意识形态进一步进行社会整合夯实了基础。因此,理论与现实并非两个孤立的层面,就理论与实践的互动而言,两者在意识形态大他者的整合局势下辩证统一。

意识形态作为多样化社会观念的总体预设,实现了不同意识形态要素之间的相互转换与渗透,它以其整合能力对社会行为、社会心理、社会结构等施以影响,凝聚社会共识。因此,必须从意识形态的内在生成条件把握它具备的社会整合功能,必须全方位、多层次地分析意识形态整合功能的影响因素,明确意识形态整合功能的形成机理与作用方式,坚持理论与实践互动,增强意识形态的社会整合功能。但是,主体时常怀疑人生意义、贬斥社会正义理念,造成某一特定的价值观念总是处于困惑甚至动荡不安的境遇之中。问题的症结在于,特定价值观念与社会总体意识形态的价值取向存在矛盾与冲突。现在,我们面临这样一个问题:意识形态何以必然具备社会整合功能? 换言之,仅仅明确意识形态的社会整合功能的生成机制并不能使主体彻底地认同意识形态。抑或说,主体对意识形态的认同带有排斥性,是一种伪态认同。为此,必须澄清意识形态被主体认同的可能性与必然性,挖掘意识形态整合功能的根本动因。关于这一点,我们可以从齐泽克意识形态表征功能中得到解决问题的些许启示。

(二)准确把握意识形态的表征功能定位,增强意识形态的整体认同

贝尔·胡克斯(Bell Hooks)在《反抗的文化:拒绝表征》中极力强调"对性别主义表征说不""对种族主义表征说不",试图通过"拒绝表征"走向一种爱的伦理学。她献给约翰·阿马尔的致辞是这样一句话——"单凭信仰出发",可以说胡克斯"拒绝表征"的论述带有极强的主观色彩。单从意识形态表征

来说,实际上,胡克斯对电影作品的论述并不能穷尽黑人形象表征的一切形态,况且黑人的种族表征已经发生了极大变化。"拒绝表征"不过是胡克斯对性别表征、种族表征或政治表征的极度厌恶,但这也恰恰说明了意识形态表征功能的现实有效性。齐泽克从拉康精神分析出发,借用黑格尔"超感是作为表象的表象"的表达,对思维与存在的唯物辩证关系进行了倒置。他认为,意识形态并非社会现实的终极动因,相反,意识形态不过是一个纯粹的外表。意识形态本是去中心化的大对体,它的真实意义来自填补中心空白的欲望内核。换言之,意识形态是由符号性表象与原质性的欲望客体共同搭建的表征框架。意识形态作为符号性外表,它总是对欲望内核的表达。因此,官方意识形态的宣传工作不仅是文本性的,而且应当是表征内核性的。齐泽克的意识形态表征功能思想对当前的意识形态建设、宣传、教育工作具有重要的借鉴意义。它不仅能锚定意识形态表征功能的位置,还能增强人民群众对主流意识形态的认同。具体而言,齐泽克意识形态表征功能思想的启示主要有以下几个方面:

其一,认清当前形势,把握意识形态认同的重要性与紧迫性。一切社会制度、法律规章、价值观念等的合法性基础必定获得广泛认同才能得到保障。也只有在认同的前提下,意识形态才能保证社会整体行为的有效一致。换言之,意识形态具有导向性,它保证了政党所辖对象及其追随者的思想统一与价值契合。不仅如此,意识形态认同总是延续性的,它总是试图实现意识形态从排斥到内化践行的转变。因而意识形态认同也是教化性质的,它在最大程度上与最大范围内实现了同一价值理念的内化与践行。它以一套完整的价值体系规范着个体的价值评价与价值判断,从而实现个体性意识形态的社会塑造。显然,意识形态认同具有极端重要性。但是,意识形态建设总是机遇与挑战并存。考察社会现实,全球化、信息化趋势深刻地影响着国内社会发展。社会转型时期,新旧价值观念的更迭与扬弃、社会利益观念的分化与冲突、群体心理的波动与折射、网络负面舆论的薄弱控制等,都在一定程度上降低了意识形态的整体认同度。从理论倾向来看,后现代主义表现出极强的诱惑力与破坏性。后现代主义的实质在于意识形态的反本质、去中心化,以宣扬纯粹自由理念为口号玩着人性解放的零和博弈的游戏,企图将意识形态置于无性的空白地带。后现代主义悬置意识形态内容的做法降低了意识形态的主体认同。因此,必须认清当前形势,把握意识形态认同的重要性,客观分析意识形态认同的紧迫性。齐泽克的意识形态表征功能思想,将意识形态内核还归欲望客体,以欲望为核心赋予意识形态认同可能性。虽然齐泽克最终将欲望客体解构为空无,但他至少以欲望的无性本质填补了中心空白,努力地从主体自身找到意识形态认同的合理根据,并积极回应了反本质主义的错误思想。

其二,关注主体需求,把握主体性意识形态构建的基本方式。在齐泽克看来,主体并不直接意识到欲望客体的存在,而是通过意识形态症候来反映和表达欲望诉求。所谓的“意识形态表征欲望”本质上是符号秩序对欲望的隐喻性表达。主体性的意识形态在一定程度上反映了主体真实的内在心理需求,意识形态是对主体需求的显白写作。公众对主流意识形态发自内心的认同必定以意识形态与主体心理需求相契合为基础,将情感性认同升华为理想性认同。因此,要增强主流意识形态对主体的说服力和凝聚力,必须关注主体的心理需求。“需要是人类心理结构中最根本的东西,是人类个体和整个人类发展的原动力。”①但是,马克思主义的意识形态理论并不把心理需求看成是推动社会发展的唯一动因,相反,心理需求不过是推动历史发展的次要动因。马克思主义认为,主体需求理论是三级阶梯:首先是对生命的渴望,满足生存的需要;其次是对个体或社会发展的渴望,满足生产的需要;最后是对实现自身的渴望,满足内在与外在相统一的需要。概括来说,马克思主义的需要是物质需要与精神需要的辩证统一。因此,增强主流意识形态认同力必须兼顾主体的物质需要和精神诉求。一方面,加大经济投入、推动经济发展,满足主体的物质需要;另一方面,大力发展文化事业、丰富多样文化形式,满足主体精神诉求。一言以蔽之,把握意识形态对主体欲望的外化方式与表征结构,关注意识形态的欲望内核——关注主体性意识形态的需求动因,有助于激发主体的主

---

① 汪勇:《利益多元化对马克思主义大众化的影响及对策研究》,人民出版社 2017 年版,第 9 页。

观能动性,有助于提升主流意识形态认同度。

其三,定位群众利益,增强马克思主义意识形态的主体认同。齐泽克严格遵循心理学从个体转向社会的发展逻辑,个体的欲望成因被他彻底抛入社会场域。在他看来,社会发展受制于共同利益需求。意识形态因作为全体公民利益需求的表征存在而获得了被认同的可能性与必然性。意识形态认同不再是自身之外关乎他者之事,而是与自身密切相关的客观利益现实。任何一种意识形态形式都不可能凭空产生,它必定根源于特定群体在实践过程中对利益现实的需求。一般而言,社会主义国家的统治阶级代表着大多数人民群众的利益,它是群众利益的高度浓缩。因此,社会主义意识形态表征功能的基本定位是要看它是否能够正确反映和体现群众的利益需求。明确群众利益需求,就成为增强社会主义意识形态认同的有效方法。马克思指出,资本主义意识形态必定是资产阶级利益观念的反映,它依赖于剥夺公民的物质利益(土地和货币财富)实现资本的原始积累,从而创建了带有霸权性质的资产阶级意识形态观念。革命时期,毛泽东认为无产阶级要实现对同盟者的领导必须具备的条件之一是给予同盟者物质福利,至少不损害其利益。改革开放时期,邓小平认为衡量工作得失的标准之一是看是否有利于提高人民的物质生活水平。换言之,马克思主义意识形态理论是否具有说服力,既不是依靠华丽的辞藻,也并非囿于理论的高深莫测。要使人民群众信服和认同主流意识形态,意识形态建设必须贴近人民群众的现实生活、关注人民群众的切身利益,充分认识意识形态与群众利益需求的紧密关联。

意识形态与群众利益的关系问题是历史唯物主义的基本问题。当前社会结构深刻调整、利益格局不断分化、人民群众利益诉求趋于多元,给我国主流意识形态认同带来了新的问题与挑战。齐泽克意识形态表征功能思想启示我们,要想增强主流意识形态的整体认同度,必须着眼于群众利益,让国家治理体系、社会制度等意识形态行为能够有效地解决实际的利益问题、反映社会利益诉求、满足群众的利益期待。着眼于利益问题的意识形态建设,既能使个体在整体中获得归属感,又能让全体成员为社会提供源源不断的发展动力,这也是走群众路线、为人民服务的切实体现。

（三）拓展意识形态重塑功能的视域范围，推动意识形态的科学发展

历史流域总是存在一个自身之外的力量，人类社会必须不断调停矛盾，因为它贯穿全部历史，规定人的本质，维护社会稳定，推动历史向前发展。外来力量的出现意味着历史不再沿着单一轨迹推进，而是做出偏斜运动，恩格斯的历史合力论便是强有力的理论论证。在恩格斯看来，历史的发展终将被多种因素共同影响，历史并非英雄史，而是群众史，是人民群众的共同力量推动了历史进步。齐泽克把外来力量极端地看成是否定性的，因而他的意识形态重塑功能顽固地依恋"否定量"。主体通过一个否定性姿态——排斥心理欲望，获得实在与象征的一致性体验。作为支撑主体的无意识欲望本身就是对主体的否定——只有主体放弃欲望，即否定自身，主体才能被象征化并获得主体性。这一切都源于否定量的回溯效果。否定量的回溯性价值就在于，它催生了一个调停肯定与否定对峙的意识形态大他者，实现了实在界与象征界从对抗到联系的重建。意识形态大他者不同于旧有的意识形态，它是否定向肯定逆转后诞生的新意义、新观念。"否定量"的出现表明意识形态重塑并非单方面的，它折射出对抗性和矛盾性存在于现实生活的各个领域。齐泽克对马克思商品拜物教理论、当代集权主义政治、后现代文化以及日常生活式的精神分析等现实资源的借用，也证明了这一点。目前，我国处于全面建设意识形态话语权的重要时期，"否定量"在意识形态重塑中发挥着重要作用。因此，齐泽克的意识形态重塑功能思想启示我们，要客观分析意识形态建设的影响因素，适当吸收有利于推动意识形态科学发展的成分。具体而言，齐泽克的意识形态重塑功能思想主要有以下几方面启示：

首先，挖掘多种经济动因，推动意识形态的科学发展。怀揣着追求经济价值的夙愿，一些与经济生活相关的意识，例如公平意识、平等意识、自主意识、效率意识、竞争意识等自然成为意识形态的重要成分。但是，当意识形态不能适应经济发展时，它就丧失了现实的根基。相反，意识形态的过度发展，又将造成经济的乌托邦式幻想。马克思主义把意识形态作为与经济基础相对应的分析范畴，指出意识形态的全面建设与科学发展必须深入剖析经济动因。诚

如恩格斯所言:"政治、法、哲学、宗教、文学、艺术等等的发展是以经济发展为基础的。"①因此,意识形态建设必须首先围绕经济轴线展开。首当其冲的是生产力,生产力的发展直接影响经济生产绩效,决定生产关系的种类和形式,影响经济结构、决定经济形态。从原点出发,发展科学技术,提升生产力,推动经济的稳步发展;而意识形态又反作用于经济,对生产起着协调、整合作用。不仅如此,必须全面建立和优化适应时代发展的经济制度。道格拉斯·诺斯正是围绕经济制度阐释意识形态的经济功能,富有创见性地建立了价值信仰体系。在他看来,经济制度维护了市场交换关系,遵守经济制度规范才能确保交换正义。从制度出发,思考经济成本、缩减中间环节、降低组织费用,既能节约交易成本,又能提高市场效率。另外,确证自身必须通过占据他者来实现,社会主义经济意识形态的全面建设,必须适当吸收一些合理的、符合要求的其他经济成分,丰富经济意识形态内容,增强生命力和活力。显而易见,经济的发展状况——生产力水平的高低、经济制度的好坏、经济内容是否足够丰富等对意识形态建设有着巨大影响,意识形态的科学发展必须深入挖掘经济动因。

其次,挖掘多种政治动因,推动意识形态的科学发展。某个单一的意识形态因素并不能彻底实现政治维护功能,虽然不能像齐泽克从否定面寻找根本动因,但推动意识形态的科学发展必须挖掘意识形态的多种政治动因。其一,共同的政治理念为意识形态的维护功能提供了合法性论证。政治统治的巨大危机源于政治统治的合法性问题。"政治合法性"以对政治秩序、权力机构以及政治共同体的认同意识为基础,使大多数公民认同同一种政治理念来建立政治权威、提供政治发展动力。因此,意识形态的科学发展必定以共同的政治理念为基础。中共中央办公厅《关于培育和践行社会主义核心价值观的意见》指出,以富强、民主、文明、和谐,自由、平等、公正、法治,爱国、敬业、诚信、友善作为社会主义的共同政治价值观念,维护全面良好的政治秩序,实现政治稳定。其二,良好的政治制度为意识形态的维护功能提供了现实性论证。政治制度作为政治结构和政治行为的规范体系,它规定了人民群众的政治生活

① 《马克思恩格斯选集》第4卷,人民出版社2012年版,第649页。

方式。由于个人经历不同、利益需求不同、人与人的观念也千差万别，必须以一套完整的政治制度模式对人们的政治行为进行强制干预、方向引导和利益保障。良好的政治制度可以理顺政治关系、弥合差异化政治观念的裂缝、缓和政治分歧或矛盾，对解决现实的政治问题发挥着巨大作用。其三，健全的社会规范为意识形态的维护功能提供了宽泛性论证。社会规范也是协调政治交往、维护政治秩序、指引政治生活的准则。不同于法律制度的刚性指示，社会规范以其亲和性贴近政治生活，以一种潜移默化的方式影响人们的政治行为和实践，以大众化方式传递着共同体的政治精神，防止政治秩序免生动荡。它作为刚性政治制度的补充，提供了意识形态维护功能的多重解释。因此，推动意识形态的科学发展，必须深入挖掘政治理念、政治制度、社会规范等多种政治因素的作用。

再次，挖掘多种文化动因，推动意识形态的科学发展。与经济领域的繁荣态势、政治领域的蓬勃景象相对应，文化领域呈现出"百花齐放，百家争鸣"的景观特征。但是，在为意识形态提供丰富资源的同时，文化观念的差异化和文化内容的复杂性也为意识形态的发展带来了风险。为此，必须全面挖掘影响意识形态发展的因素，重塑意识形态，预防意识形态淡化的风险。其一，吸收多样文化资源，丰富意识形态的内容。习近平说，传统文化以及部分西方文化内容是文化发展可供借鉴的资源。当代文化发展使得传统文化内容从隐蔽走向公开，传统文化的丰富内容逐渐被呈现出来。它不仅影响着人民群众的文化观念，也在一定程度上规制着人民群众的文化实践。因此，必须接受传统文化的精髓，增强意识形态的感染力。另外，我国的文化发展不能一味地排斥西方文化，对其有益的、合理的、适合我国文化发展需要的部分应当积极吸收。其二，拓展文化空间，扩大意识形态的感染范围。城市文化返归乡村才能赢得发展的空间，乡村文化走向城市才具备发展的前景，多种民族文化的互动交流才能推广发扬，中西文化的互碰激荡才能实现多样文化发展的互利共赢。文化空间的拓展意味着文化发展不再是单一的、孤立式的推进，而是多元兼容的整体建构。其三，丰富文化形式，实现意识形态大众化。传统的文化宣传停留于文本、书斋，它作为意识形态大众化的传统宣传方式发挥了巨大作用。但是,现代文化的蓬勃发展暴露了传统宣传方式的缺点。意识形态宣传必须改进工作方式,利用现代信息技术,采用网络、报纸、电影、曲艺、音乐等多种形式相结合的方式,做好文化宣传工作。一言以蔽之,吸收多样文化资源、拓展文化空间、丰富文化形式有助于推动文化意识形态的科学发展,也有助于提升人民群众的文化自信。

最后,挖掘日常生活动因,推动马克思主义意识形态大众化。齐泽克意识形态重塑功能思想无疑是精神分析式的,而精神分析的主要着眼点就是人民群众的日常生活。马克思着力于现实生活的批判和未来意识形态的构建,在一定程度上把日常生活解释为意识形态性的现实。大批西方思想家对日常生活的意识形态类型进行了不同区分和论证:卢卡奇把日常生活解释为物化型意识形态,马尔库塞把日常生活解释为单向度的工业型意识形态,哈贝马斯把日常生活解释为技术型意识形态,鲍德里亚把日常生活解释为消费型意识形态,德波把日常生活解释为景观型意识形态,列斐伏尔把日常生活解释为符号型意识形态,等等。众多理论证明马克思对日常生活的意识形态性定位是准确且富有远见的。从大批思想家的论证视角来看,影响日常生活意识形态的因素有经济、技术以及心理。因此,推动马克思主义意识形态大众化,必须从不同视角、不同领域,采用不同方法全面挖掘影响日常生活意识形态发展的要素,科学推进意识形态发展。

总体来看,齐泽克意识形态重塑功能思想对"否定量"的努力彰显,启示我们要深入细致地挖掘影响意识形态科学发展的各种动因,要把意识形态建设的视域范围拓展到经济领域、政治领域、文化领域以及一切日常生活领域。但是,齐泽克的"否定量"是一种激进的个人偏好,他对一些敌对意识形态的合理化操作在一定程度上模糊了是非善恶的界限。简言之,齐泽克的"否定量"消解了意识形态的排他性,是一种无立场的主观幻想,因而必须采取在批判中吸收的态度对待"否定量"。

(四)发挥意识形态功能多种形式的作用,警惕西方意识形态的渗透

伴着社会差异化发展轨迹,意识形态在多变的历史语境中衍生出晦涩内

涵和纷杂外形。以哈耶克为首的新自由主义者打着多元—多极的全球化口号，试图将国家垄断推向国际垄断；后现代主义的反本质论、历史虚无主义的去主体化，试图抹除人民群众在历史发展中的中心作用；各种非马克思主义、反马克思主义思潮试图淡化马克思主义意识形态在我国的指导地位，等等。我国意识形态话语权建设可谓"危机四伏"，因而意识形态话语权建设不再是单一的内在优化问题，必须冲破西方意识形态的迷雾笼罩，预防西方意识形态渗透的风险。齐泽克对各种意识形态思潮进行了象征性考察和结构性分析，以意识形态的缝合、表征、重塑三大功能为内容，试图多视角、全方位地搭建意识形态功能体系，积极回应多样化社会思潮发起的挑战，也为我国预防西方意识形态渗透提供了参考。具体而言，我们可以从齐泽克意识形态功能思想中得到以下启示：

首先，充分发挥意识形态的整合功能，预防新自由主义弱化我国主流意识形态的风险。学界把自由主义划分为古典的自由主义和新自由主义。古典自由主义发源于17—18世纪，基本观点认为，国家财富并不取决于金银总量，而是取决于商品数量。古典自由主义是工业化时期的宠儿。19世纪始，古典自由主义影响式微，取而代之的是新自由主义。以凯恩斯为代表的新自由主义，试图把华盛顿共识推及他国。对新自由主义而言，只有通过资本、技术的自由发展，建立全球一体化的市场体系，才能实现全面的国际合作。实际上，新自由主义一方面通过高扬经济、政治、文化的自由化发展和多元—多极的世界体系，试图离散他国整体的治理体系；另一方面，新自由主义把自我的经济、政治和文化渗透目的隐藏在正常国际交流与合作的景观之中，通过倡导国与国之间的依赖关系，利用先期已经具备的垄断性优势和压制性力量对抗民族国家主权，力图实现全球化的霸权统治。显而易见，新自由主义的手段是利用多元化与差异化理念分化、弱化民族国家的整体力量。为此，社会主义意识形态建设必须实行全面的社会整合，在经济上保持整体优势，在政治上强化集中领导，在文化上树立共同理念，努力实现意识形态的整合功能，严防新自由主义的分化进攻。实践也证明，抛弃社会整合的新自由主义，必然招致经济危机、政治动荡与文化自信心的丧失。

其次,充分发挥意识形态的表征功能,坚持群众路线,预防后现代主义、历史虚无主义虚化我国主流意识形态的风险。我们已经多次提到后现代主义的反本质论,他们的基本观点认为,难以得到一个符号、一个文本、一种表征的精确定义,因为作者的意图或读者的反映具备多层级解释的可能性。后现代主义与新自由主义的策略相似,都是通过差异化分析来分化与解构意识形态的中心本质,从而走向去中心化的论场。同样的目的,历史虚无主义表达得更为赤裸。对历史虚无主义而言,历史的生成源于无主体的偶然结果。历史虚无主义用个体经历推演整体历史,是一种个体性的历史叙事,因而纯粹是一种历史唯心主义的论断。毋庸置疑,后现代主义、历史虚无主义等思潮是反本质、去中心的论断,他们将人民群众排除在历史之外,虚化了人民群众在历史发展、现实实践中的中心作用,降低了人民群众对我国主流意识形态的认同度。面对去中心、反本质的论断,一方面,必须理顺人民群众与我国主流意识形态的关系,阐明我国主流意识形态的内在支撑。齐泽克以欲望为核心建构意识形态表征功能体现,为我们提供了一种参考性解释。意识形态必须反映人民群众的物质诉求和精神夙愿,我国主流意识形态是对群众利益的最高提炼和总体反映,而群众利益则规定了我国主流意识形态的本质取向。另一方面,必须坚持人民群众在历史中的主体地位,激发人民群众的巨大能量推动历史发展;用马克思主义唯物史观的基本理论解释历史主体性,用人民群众在中国特色社会主义实践中发挥的现实作用确证人民群众的主体地位。诚如习近平所言:"群众路线是我们党的生命线和根本工作路线。"①

最后,充分发挥意识形态的重塑功能,预防各种非马克思主义、反马克思主义思潮淡化我国主流意识形态的风险。意识形态宣传、教育工作以其独特的方式,塑造着社会观念。然而,现代社会的发展态势总是将我国主流意识形态置于多样化社会思潮的境遇,各种意识形态思潮互相碰撞与相互融合。诚然,对外来意识形态有益的部分应当加以吸收,但对其有害部分应当加以预防和回应。处于社会转型时期的中国,生态中心主义、民主社会主义等一些非马

---

① 习近平:《习近平谈治国理政》,外文出版社 2014 年版,第 365 页。

克思主义、反马克思主义意识形态思潮混淆其中，干扰群众生活和行为方式、破坏健康的政治规范、消解共同的价值观念，降低了意识形态重塑功能的实际作用，弱化了我国主流意识形态的指导地位。齐泽克的意识形态重塑功能启示我们，我国主流意识形态建设既不能全盘西化，也不能恋旧保守，必须客观地剖析我国意识形态建设的内在机理，全面调动传统的意识形态内容，客观评价西方意识形态理论，合理吸收外来意识形态资源。通过建立全面的意识形态重塑功能体系，保证意识形态重塑功能的有效发挥，预防非马克思主义、反马克思主义意识形态思潮弱化我国主流意识形态的危险。不仅社会主义中国如此，西方资本主义国家也在加快意识形态重塑功能体系建设。美国前总统乔治·布什就把价值观教育纳入美国教育体系，对公民实行全方位的意识形态灌输。英国也实行家庭、学校、社会一体化的意识形态教育。可见，意识形态教育在塑造群体观念方面的作用越来越受到重视。防止外来意识形态干扰，必须通过建立意识形态重塑功能体系来充分保障意识形态重塑效果的实现。

　　值得一提的是，齐泽克的意识形态缝合、表征与重塑三大功能并非各自独立存在，相反，三者之间有其紧密关联的内在机理。它以欲望为内核构建意识形态的根基，以意识形态为总体框架整合群体欲望诉求，又通过对多样资源的结构性阐释赋予"否定量"合法性与合理性，力图展现意识形态对主体的重塑效果。意识形态的多种功能并非单独起作用，而是一套完整的意识形态功能体系。当代中国意识形态话语权建设，必须建立完整的意识形态功能体系，充分发挥意识形态多种功能的作用，保障意识形态功能的实现，以此回应西方意识形态对我国主流意识形态发起的挑战。

结　语

意识形态是时代精神的精粹凝练。

刘苏里评价巴拉达特理解的意识形态时说:"作者对意识形态的完整解释呼之欲出:1.它首先而且主要是一个政治术语;2.包含了对现状的看法,以及对未来的憧憬;3.它是行动导向的,提供了达成目标所必须实行的明确步骤;4.它是群众取向的;5.因此通常'是以一般人所理解的简单语词来陈述'——这种群众诉求暗示了对人类通过积极的行动来改良生活的能力抱有信心。"①意识形态是追求人类发展以应对工业革命导致的经济、政治、文化和社会情势的结果,其真正意义不仅是时代精神的总结、表达与反映,更重要的是人类价值的凝聚、表征与再造。齐泽克的意识形态功能思想执着地追求这一意义的实现。

齐泽克意识形态功能思想以文化心理学和社会心理学为视角,着眼于晚期资本主义社会的意识形态现象分析,批判后意识形态的神圣形象和时代幻觉,剖析幻象意识形态缝合社会现实、维护形式同一性所做的努力,揭示主体欲望快感对意识形态的操纵与奴役,指明以否定量为基础的意识形态对主体和社会的再造功能。齐泽克意识形态功能思想是深邃的,通常以其艰深晦涩话语分析来解释当下世界,处理人类所面对的众多复杂的可能变因。它的真实价值在于,提醒我们对无所不在的意识形态幽灵及其复杂的功能运作机制时刻保持清醒。

---

① 刘苏里:《意识形态及其起源》(序),载[美]利昂·P.巴拉达特:《意识形态:起源与影响》(第10版),张慧芝、张露璐译,世界图书出版公司2010年版,第6页。

　　毋庸置疑,齐泽克的意识形态功能思想试图批判、引导和重塑现实的意识形态生活,但又明显地暴露了其思想的局限性。马克思曾说:"……真理的彼岸世界消逝以后,历史的任务就是确立此岸世界的真理。人的自我异化的神圣形象被揭穿以后,揭露具有非神圣形象的自我异化,就成了为历史服务的哲学的迫切任务。于是,对天国的批判变成对尘世的批判,对宗教的批判变成对法的批判,对神学的批判变成对政治的批判。"①显然,马克思意在将抽象拉回现实。但是,齐泽克的意识形态功能思想旨在诊断作为符号秩序的意识形态现象,试图通过对当代犬儒主义行径的合理化阐释,解决资本主义社会的意识形态问题,悬置幻象意识形态的统治与束缚。不得不说,当前意识形态亟待解决的问题,齐泽克微观心理学式的历史唯心主义策略难以奏效。

①　《马克思恩格斯选集》第 1 卷,人民出版社 2012 年版,第 2 页。

参考文献

一、中文著作

[1]《马克思恩格斯全集》第 2 卷,人民出版社 2005 年版。

[2]《马克思恩格斯选集》第 2 卷,人民出版社 2012 年版。

[3]《马克思恩格斯文集》第 1、2 卷,人民出版社 2009 年版。

[4]《列宁选集》第 2 卷,人民出版社 1995 年版。

[5]《毛泽东选集》第三卷,人民出版社 1991 年版。

[6]《毛泽东选集》第四卷,人民出版社 1991 年版。

[7]《邓小平文选》第二卷,人民出版社 1994 年版。

[8]《十二大以来重要文献选编》(上),中央文献出版社 1986 年版。

[9]《十三大以来重要文献选编》(上),中央文献出版社 1991 年版。

[10]《十四大以来重要文献选编》(上),中央文献出版社 1996 年版。

[11]《十五大以来重要文献选编》(上),中央文献出版社 2000 年版。

[12]《十六大以来重要文献选编》(上),中央文献出版社 2005 年版。

[13]《十七大以来重要文献选编》(上),中央文献出版社 2009 年版。

[14]《中共中央关于构建社会主义和谐社会若干重大问题的决定》,人民出版社 2006 年版。

[15]《习近平关于实现中华民族伟大复兴的中国梦论述摘编》,中央文献出版社 2013 年版。

[16]《习近平谈治国理政》,外文出版社 2014 年版。

[17][斯洛文尼亚]斯拉沃热·齐泽克:《意识形态的崇高客体》,季广茂译,中央编译出版社 2002 年版。

[18][斯洛文尼亚]斯拉沃热·齐泽克等:《图绘意识形态》,方杰译,南京大学出版社 2002 年版。

[19][斯洛文尼亚]斯拉沃热·齐泽克:《齐泽克自选集:实在界的面庞》,季广茂译,中央编译出版社 2004 年版。

[20][斯洛文尼亚]斯拉沃热·齐泽克:《易碎的绝对——基督教遗产为何值得奋斗?》,蒋桂琴、胡大平译,江苏人民出版社 2004 年版。

[21][斯洛文尼亚]斯拉沃热·齐泽克:《快感大转移——妇女和因果性六论》,胡大平等译,江苏人民出版社 2004 年版。

[22][美]朱迪斯·巴特勒、[英]欧内斯特·拉克劳、[斯洛文尼亚]斯拉沃热·齐泽克:《偶然性、霸权和普遍性——关于左派的当代对话》,胡大平等译,江苏人民出版社 2004 年版。

[23][斯洛文尼亚]斯拉沃热·齐泽克:《有人说过集权主义吗?》,宋文伟、侯萍译,江苏人民出版社 2005 年版。

[24][斯洛文尼亚]斯拉沃热·齐泽克、[英]格林·戴里:《与齐泽克对话》,孙晓坤译,江苏人民出版社 2005 年版。

[25][斯洛文尼亚]斯拉沃热·齐泽克:《幻想的瘟疫》,胡雨谭、叶肖译,江苏人民出版社 2006 年版。

[26][斯洛文尼亚]斯拉沃热·齐泽克:《敏感的主体——政治本体论的缺席中心》,应奇等译,江苏人民出版社 2006 年版。

[27][斯洛文尼亚]斯拉沃热·齐泽克:《因为他们并不知道他们所做的——政治因素的享乐》,郭英剑等译,江苏人民出版社 2007 年版。

[28][斯洛文尼亚]斯拉沃热·齐泽克:《不敢问希区柯克的,就问拉康吧》,穆青译,上海人民出版社 2007 年版。

[29][斯洛文尼亚]斯拉沃热·齐泽克:《伊拉克:借来的壶》,涂险峰译,生活·读书·新知三联书店 2008 年版。

[30][斯洛文尼亚]斯拉沃热·齐泽克:《斜目而视:透过通俗文化看拉康》,季广茂译,浙江大学出版社 2011 年版。

[31][斯洛文尼亚]斯拉沃热·齐泽克:《暴力:六个侧面的反思》,唐健、

张嘉荣译,中国法制出版社 2012 年版。

[32][斯洛文尼亚]斯拉沃热·齐泽克:《欢迎来到实在界这个大荒漠》,季广茂译,译林出版社 2012 年版。

[33][斯洛文尼亚]斯拉沃热·齐泽克:《自由的深渊》,王俊译,上海译文出版社 2013 年版。

[34][斯洛文尼亚]斯拉沃热·齐泽克:《享受你的症状——好莱坞内外的拉康》,尉光吉译,南京大学出版社 2014 年版。

[35][斯洛文尼亚]斯拉沃热·齐泽克:《视差之见》,季广茂译,浙江大学出版社 2014 年版。

[36][斯洛文尼亚]斯拉沃热·齐泽克:《延迟的否定:康德、黑格尔与意识形态批判》,夏莹译,南京大学出版社 2016 年版。

[37][斯洛文尼亚]斯拉沃热·齐泽克:《事件》,王师译,上海文艺出版社 2016 年版。

[38][澳]安德鲁·文森特:《现代政治意识形态》,袁久红译,江苏人民出版社 2005 年版。

[39][德]哈贝马斯:《作为“意识形态”的技术与科学》,李黎、郭官义译,学林出版社 1999 年版。

[40][德]卡尔·曼海姆:《意识形态与乌托邦》,黎鸣等译,商务印书馆 2002 年版。

[41][法]路易·阿尔都塞:《保卫马克思》,顾良译,商务印书馆 1984 年版。

[42][法]米歇尔·福柯:《主体解释学》,佘碧平译,上海人民出版社 2005 年版。

[43][法]吉尔·德勒兹:《普鲁斯特与符号》,姜宇辉译,上海译文出版社 2008 年版。

[44][法]吉尔·德勒兹:《斯宾诺莎与表现问题》,龚重林译,商务印书馆 2013 年版。

[45]《拉康选集》,褚孝泉译,上海三联书店 2001 年版。

[46][法]让·鲍德里亚:《符号政治经济学批判》,夏莹译,南京大学出版社 2015 年版。

[47][法]让·波德里亚:《象征交换与死亡》,车槿山译,译林出版社 2009 年版。

[48][法]让·鲍德里亚:《消费社会》,刘成富、全志钢译,南京大学出版社 2000 年版。

[49][法]让-弗朗索瓦·利奥塔:《后现代状况:关于知识的报告》,岛子译,湖南美术出版社 1996 年版。

[50][法]让-弗朗索瓦·利奥塔:《话语,图形》,谢晶译,上海人民出版社 2012 年版。

[51][法]尚·布希亚:《物体系》,林志明译,上海人民出版社 2001 年版。

[52][法]雅克·德里达:《马克思的幽灵:债务国家、哀悼活动和新国际》,何一译,中国人民大学出版社 1999 年版。

[53][法]雅克·德里达:《声音与现象——胡塞尔现象学中的符号问题导论》,杜小真译,商务印书馆 2001 年版。

[54][法]雅克·德里达:《言语与现象》,刘北成、陈银科、方海波译,桂冠图书股份有限公司 1998 年版。

[55][美]大卫·麦克里兰:《意识形态》,孔兆政、蒋龙翔译,吉林人民出版社 2005 年版。

[56][美]弗雷德里克·詹姆逊:《快感:文化与政治》,王逢振等译,中国社会科学出版社 1998 年版。

[57][美]弗雷德里克·詹姆逊:《全球化的文化》,马丁译,南京大学出版社 2002 年版。

[58][美]弗雷德里克·詹姆逊:《文化转向》,胡亚敏等译,中国社会科学出版社 2000 年版。

[59][美]弗雷德里克·詹姆逊:《政治无意识:作为社会象征行为的叙事》,王逢振、陈永国译,中国社会科学出版社 1999 年版。

[60][英]Jorge Larrain:《意识形态与文化身份:现代性和第三世界的在

场》,戴从容译,上海教育出版社 2005 年版。

[61][美]利昂·P.巴拉达特:《意识形态:起源和影响》,张慧芝、张露璐译,世界图书出版公司 2010 年版。

[62][美]约翰·B.汤普森:《意识形态与现代文化》,高銛译,译林出版社 2005 年版。

[63][美]詹明信:《晚期资本主义的文化逻辑:詹明信批评理论文选》,张旭东等编,生活·读书·新知三联书店 1997 年版。

[64][美]弗雷德里克·杰姆逊:《后现代主义与文化理论》,唐小兵译,北京大学出版社 1997 年版。

[65]《詹姆逊文集》(1—4 卷),王逢振主编,中国人民大学出版社 2004 年版。

[66][日]福原泰平:《拉康:镜像阶段》,王小峰、李濯凡译,河北教育出版社 2002 年版。

[67][意]安东尼奥·葛兰西:《狱中札记》,葆煦译,人民出版社 1983 年版。

[68][英]保罗·鲍曼:《后马克思主义与文化研究》,黄晓武译,江苏人民出版社 2011 年版。

[69][英]恩斯特·拉克劳、查尔特·墨菲:《领导权与社会主义的策略:走向激进的民主政治》,尹树广译,黑龙江人民出版社 2003 年版。

[70][英]安东尼·吉登斯:《第三条道路:社会民主主义的复兴》,北京大学出版社 2000 年版。

[71][英]安东尼·吉登斯:《失控的世界:全球化如何重塑我们的生活》,周红云译,江西人民出版社 2001 年版。

[72][英]安东尼·吉登斯:《资本主义与现代社会理论》,郭忠华、潘华凌译,上海译文出版社 2003 年版。

[73][英]恩斯特·拉克劳:《我们时代革命的新反思》,孔明安译,黑龙江人民出版社 2006 年版。

[74][英]莉迪亚·鲍曼、齐格蒙特·鲍曼:《流动世界中的文化》,戎林

海译,江苏教育出版社2014年版。

[75][英]齐格蒙特·鲍曼:《被围困的社会》,郇建立等译,学林出版社2005年版。

[76][英]齐格蒙特·鲍曼:《个体化社会》,范祥涛译,上海三联书店2002年版。

[77][英]齐格蒙·鲍曼:《立法者与阐释者:论现代性、后现代性与知识分子》,洪涛译,上海人民出版社2000年版。

[78][英]齐格蒙·鲍曼:《现代性与大屠杀》,杨渝东、史建华译,译林出版社2002年版。

[79][英]齐格蒙特·鲍曼:《现代性与矛盾性》,邵迎生译,商务印书馆2003年版。

[80][英]齐格蒙特·鲍曼:《自由》,杨光等译,吉林人民出版社2005年版。

[81][英]齐格蒙特·鲍曼:《作为实践的文化》,郑莉译,北京大学出版社2009年版。

[82][英]戈兰·瑟伯恩:《从马克思主义到后马克思主义》,孟建华译,社会科学文献出版社2011年版。

[83][英]特里·伊格尔顿:《美学意识形态》,王杰、博德根、麦永雄译,广西师范大学出版社1997年版。

[84][英]斯图亚特·西姆:《后马克思主义思想史》,吕增奎、陈红译,江苏人民出版社2011年版。

[85]陈炳辉等:《后马克思主义的理论》,中国社会科学出版社2011年版。

[86]高亚春:《符号与象征——波德里亚消费社会批判理论研究》,人民出版社2007年版。

[87]韩振江:《齐泽克:新马克思主义批判哲学》,人民出版社2014年版。

[88]韩振江:《齐泽克意识形态理论研究》,人民出版社2009年版。

[89]侯惠勤等:《论意识形态》,中国社会科学出版社2012年版。

[90]侯惠勤等:《马克思主义意识形态论》,中国社会科学出版社 2011年版。

[91]孔明安:《物·象征·仿真——鲍德里亚哲学思想研究》,安徽师范大学出版社 2010 年版。

[92]李明:《后马克思主义意识形态理论思想研究》,人民出版社出版2011 年版。

[93]刘世衡:《难以摆脱的幻象缠绕——齐泽克意识形态理论研究》,知识产权出版社 2011 年版。

[94]孟登迎:《意识形态与主体构建》,中国社会科学出版社 2002 年版。

[95]莫雷:《穿越意识形态的幻象——齐泽克意识形态理论研究》,中国社会科学出版社 2009 年版。

[96]倪寿鹏:《詹姆逊的文化批判理论》,中国政法大学出版社 2013年版。

[97]彭冰冰编著:《西方马克思主义意识形态批判的历史逻辑与现实意义研究》,中国社会科学出版社 2012 年版。

[98]万书辉:《文化文本的互文性书写:齐泽克对拉康理论的解释》,巴蜀书社 2007 年版。

[99]王晓升等:《西方马克思主义意识形态理论》,社会科学文献出版社2009 年版。

[100]王秀阁、杨仁忠:《马克思主义理论学科前沿问题研究》,人民出版社 2010 年版。

[101]吴冠军:《爱与死的幽灵学:意识形态批判六论》,吉林出版集团有限责任公司 2008 年版。

[102]徐钢主编:《跨文化齐泽克读本》,上海人民出版社 2011 年版。

[103]严泽胜:《穿越"我思"的幻象》,东方出版社 2007 年版。

[104]严泽胜:《拉康与后马克思主义思潮》,人民出版社 2014 年版。

[105]杨仁忠:《公共领域论》,人民出版社 2009 年版。

[106]仰海峰:《走向后马克思:从生产之镜到符号之镜——早期鲍德里

亚思想的文本学解读》,中央编译出版社 2004 年版。

[107]于琦:《齐泽克文化批评研究》,中国社会科学出版社 2012 年版。

[108]俞吾金:《意识形态论》,上海人民出版社 1993 年版。

[109]张才国:《新自由主义意识形态》,中央编译出版社 2007 年版。

[110]张天勇:《社会符号化——马克思主义视阈中的鲍德里亚后期思想研究》,人民出版社 2008 年版。

[111]张秀琴:《马克思意识形态理论的当代阐释》,中国社会科学出版社 2005 年版。

[112]张一兵:《不可能的存在之真——拉康哲学映像》,商务印书馆 2006 年版。

[113]张一兵:《当代国外马克思主义哲学思潮》下卷,江苏人民出版社 2012 年版。

[114]张一兵:《反鲍德里亚——一个后现代学术神话的祛魅》,商务印书馆 2009 年版。

[115]张一兵:《文本的深度耕犁:后马克思思潮哲学文本解读》(1—2卷),中国人民大学出版社 2008 年版。

[116]周凡主编:《后马克思主义:批判与辩护》,中央编译出版社 2007 年版。

[117]周宏:《理解与批判——马克思意识形态理论的文本学研究》,上海三联书店 2003 年版。

二、中文期刊

[1][斯洛文尼亚]斯拉沃热·齐泽克:《〈帝国〉:21 世纪的〈共产党宣言〉》,张兆一译,《国外理论动态》2004 年第 8 期。

[2][斯洛文尼亚]斯拉沃热·齐泽克:《常犯经验主义错误如此公者实在难找》,于琦译,《马克思主义美学研究》2013 年第 2 期。

[3][斯洛文尼亚]斯拉沃热·齐泽克:《从萨拉热窝到希区柯克》,《中国邮政报》2004 年 7 月 17 日。

[4][斯洛文尼亚]斯拉沃热·齐泽克:《德黑兰的"贝卢斯科尼"》,肖辉译,《国外理论动态》2010年第11期。

[5][斯洛文尼亚]斯拉沃热·齐泽克:《抵御民粹主义诱惑》(上),查日新译,《国外理论动态》2007年第9期。

[6][斯洛文尼亚]斯拉沃热·齐泽克:《抵御民粹主义诱惑》(下),查日新译,《国外理论动态》2007年第10期。

[7][斯洛文尼亚]斯拉沃热·齐泽克:《工薪资产阶级的反抗》,王晓群译,《国外理论动态》2012年第8期。

[8][斯洛文尼亚]斯拉沃热·齐泽克:《共产主义文化定义的若干解析》,段吉方、陈王青译,《马克思主义美学研究》2010年第1期。

[9][斯洛文尼亚]斯拉沃热·齐泽克:《后马克思主义中的精神分析——以阿兰·巴迪欧为例》,白新欢、邱晓丹译,《马克思主义研究》2006年第6期.

[10][斯洛文尼亚]斯拉沃热·齐泽克:《欢迎来到真实的荒漠》,于琦译,《马克思主义美学研究》2013年第1期。

[11][斯洛文尼亚]斯拉沃热·齐泽克:《量子物理学与拉康》,陈永国译,《外国文学》1999年第3期。

[12][斯洛文尼亚]斯拉沃热·齐泽克:《齐泽克眼中的毛泽东》,王芳译,《湖南科技大学学报》(社会科学版)2008年第5期。

[13][斯洛文尼亚]斯拉沃热·齐泽克:《如何从头开始?》,汪行福译,《当代国外马克思主义评论》2010年。

[14][斯洛文尼亚]斯拉沃热·齐泽克:《社会联系中的对象a》,蓝江译,《文化理论前沿》2015年第4期。

[15][斯洛文尼亚]斯拉沃热·齐泽克:《视差之见》,薛羽译,《国外理论动态》2005年第9期。

[16][斯洛文尼亚]斯拉沃热·齐泽克:《为列宁主义的不宽容辩护》,周嘉昕译,《马克思主义与现实》2010年第2期。

[17][斯洛文尼亚]斯拉沃热·齐泽克:《维基解密时代的好风度》,王立秋译,《当代艺术与投资》2011年第2期。

[18][斯洛文尼亚]斯拉沃热·齐泽克:《新的抵抗政治与投降》,王晓群译,《国外理论动态》2008年第3期。

[19][斯洛文尼亚]斯拉沃热·齐泽克:《意识形态犬儒主义:被假设为相信的主体》,吴冠军校译,《社会科学报》2007年6月28日。

[20][斯洛文尼亚]斯拉沃热·齐泽克:《迎接动荡的时代》,肖辉译,《国外理论动态》2012年第3期。

[21][斯洛文尼亚]斯拉沃热·齐泽克:《在他的大胆凝视中,我的伤害被大写》,许娇娜译,《马克思主义美学研究》2007年第10辑。

[22][斯洛文尼亚]斯拉沃热·齐泽克:《资本的幽灵》,胡大平译,《当代国外马克思主义评论》2004年。

[23][斯洛文尼亚]斯拉沃热·齐泽克:《资本主义的界限》,孙乐强译,《马克思主义与当代思潮》2007年第5期。

[24][斯洛文尼亚]斯拉沃热·齐泽克:《资本主义的内在限制》,蓝江译,《当代国外马克思主义评论》2011年.

[25][斯洛文尼亚]斯拉沃热·齐泽克等:《图绘意识形态》,《社科新视野》2002年第5期。

三、博士学位论文

[1]刘昕亭:《作为政治批评的缝合式批评——齐泽克研究》,南开大学博士学位论文,2013年。

[2]莫雷:《穿越意识形态的幻象——齐泽克意识形态理论研究》,吉林大学博士学位论文,2009年。

[3]袁小云:《论齐泽克对主体性的意识形态论证》,华侨大学博士学位论文,2012年。

[4]曾庆娣:《齐泽克意识形态理论研究》,中国人民大学博士学位论文,2010年。

[5]赵伟:《齐泽克对拉康欲望理论阐释的理论转向及其意义》,首都师范大学博士学位论文,2013年。

四、英文著作

[1] Slavoj Zizek, *Tarrying with the Negative*: *Kant*, *Hegel*, *and the Critique of Ideology*, Durham and London: Duke University Press, 1993.

[2] Renata Salecl, Slavoj Zizek, *Gaze and Voice as Love Objects*, Durham and London: Duke University Press, 1996.

[3] Slavoj Zizek, *The Indivisible Remainder*: *On Schelling and Related Matters*, London and New York: Verso, 1996.

[4] Slavoj Zizek, *Cogito and The Unconscious*, Durham and London: Duke University Press, 1998.

[5] Slavoj Zizek, *Revolution At The Gates*: *A Selection of Writings from Februrary to October* 1917 *V.I.Lenin*, London and New York: Verso, 2002.

[6] Slavoj Zizek, Mladen Dolar, *Opera's Second Death*, New York and London: Routledge, 2002.

[7] Slavoj Zizek, *The Puppet and the Dwarf*: *The Perverse Core of Christianity*, London: The MIT Press, 2003.

[8] Slavoj Zizek, *Jacques lacan*: *critical evaluations in cultural theory*, New York and London: Routledge, 2003.

[9] Slavoj Zizek, Molly Anne Rothenberg, Dennis A.Fo, *Perversion and the Social Relation*, Durham and London: Duke University Press, 2003.

[10] Slavoj_Zizek, *Organs Without Bodies*: *Deleuze and Consequences*, New York and London: Routledge, 2004.

[11] Slavoj Zizek, *The Universal Exception*, London and New York: Continuum international publishing group, 2006.

[12] Slavoj Zizek, *How to Read Lacan*, New York and London: W.W.Norton Company, 2006.

[13] Slavoj Zizek, Sebastian Budgen, Stathis Kouvelakis, *Lenin Reloaded*: *Toward a Politics of Truth*, Durham and London: Duke University Press, 2007.

[14] Slavoj Zizek, *In Defense of Lost Causes*, London and New York:

Verso,2008.

[15] Slavoj zizek, *First As Tragedy*, *Then As Farce*. London and New York:
Verso,2009.

[16] Slavoj Zizek, John Milbank, *The Monstrosity of Christ: Paradox or Dialectic*, London: The MIT Press,2009.

[17] Slavoj Zizek, Markus Gabriel, *Mythology*, *Madness*, *and Laughter: Subjectivity in German Idealism*, London and New York: Continuum international publishing group,2009.

[18] Slavoj Zizek, Costas Douzinas, *The Idea of Communism*, London and New York: Verso,2010.

[19] Slavoj Zizek, John Milbank, Creston Davis, *Paul's New Moment*, *Continental Philosophy and the Future of Christian Theology*, Michigan: Bazos Press,2010.

[20] Slavoj Zizek, *Living in the End Time*, London and New York: Verso,2010.

[21] Slavoj Zizek, Clayton Crockett, Creston Davis, *Hegel and Infinite: Religion*, *Politics*, *and Dialectic*, New York: Columbia University Press,2011.

[22] Slavoj Zizek, *Less than Noting: Hegel and the Shadow of Dialectical Materialism*, London and New York: Verso,2012.

[23] Slavoj Zizek, *The Year of Dreaming Dangerously*, London and New York: Verso,2012.

[24] Slavoj Zizek, Agon Hamza, *From Myth to Symptom: The Case of Kosovo*, Kolektivi Materializmi Dialetik,2013.

[25] Slavoj Zizek, Audun Mortensen, Momus, *Zizek's Jokes: Did You Hear the One About Hegel and Negation?* London: The MIT Press,2014.

[26] Slavoj Zizek, *The Most Sublime Hysteric: Hegel With Lacan*, London: Polity Press,2014.

[27] Adrian Johnston, *Zizek's Ontology: A Transcendental Materialist Theory*

of Subjectivity,Evanston：Northwesttern University Press,2008.

[28] Elizabeth Wright and Edmond Wright, *The Zizek Reader*, Oxford：Blackwell Publishers Ltd.,1999.

[29]Fabio Vighi,*On Zizek's Dialectics：Surplus,Subtraction,Sublimation*,London and New York：Continuum International Publishing Group,2010.

[30]Geoff Boucher,Jason Glynons,Matthew Sharpe,*Traversing the Fantasy：Critical Responses to Slavoj Zizek*,Burlington：Ashgate Publishing Company,2005.

[31]Heiko Feldner and Fabio Vighi：*Zizek：Byond Foucault*,Palgrave Macmillan,2007.

[32] Ian Parker：*Slavoj Zizek：A Critical Introduction*, London：Pluto Press,2004.

[33]Jacob Torfing：*New Theories of Discourse：Laclau,Mouffe and Zizek*,Oxford：Blackwell Publishers Ltd.,1999.

[34]Jodi Dean：*Zizek's Politics*,London and New York：Routledge,2006.

[35]Kelsey Wood,*Zizek：A Reader's Guide*,Wiley Blackwell,2012.

[36]Marcus Pound,*Zizek：A (Very) Critical Introduction*,Wm.B. Eerdmans Publishing Co.,2008.

[37] Matthew Flisfeder,Louis-Paul Willis,*Zizek and Media Studies*,New York：Palgrave Macmillan,2014.

[38]Matthew Sharpe,Geoff Boucher,*Zizek and Politics A Critical Introductio*,Edinburgh University Press,2010.

[39]Matthew Sharpe,*Slavoj Zizek：a little piece of real*, Burlington：Ashgate Publishing company,2004.

[40]Paul Bowman and Stamp Richard,*The Truth of Zizek*,London and New York：Continuum International Publishing Group,2007.

[41]Rex Butler,*Slavoj Zizek：Live Theory*,London and New York：Continuum International Publishing Group,2005.

[42]Robert Samuels,*New Media,Cultural Studies,and Critical Theory After*

Postmodernism：*Automodernity From Zizek to Lacau*，New York：Palgrave Macmillan，2009.

［43］Sarah Kay，*Zizek*：*A Critical Introductin*，Cambridge：Polity Press，2003.

［44］Thomas Brockelman，*Zizek and Heidegger*：*The Question Concerning Techno-Capitalism*，London and New York：Continuum International Publishing Group，2008.

［45］Tony Myers，*Slavoj Zizek*，London and New York：Routledge，2003.

五、英文期刊

［1］Amy Swiffen，"Politics of Law and the Lacanian Real"，*Law and Critique*，No. 21，2010.

［2］Boaz Hagin，"Example in Theory：Interpassive Illustrations and Celluloid Fetishism"，*Cinema Journal*，No. 48，2008.

［3］Tim Dean，"Art as Symptom：Zizek and the Ethics of Psychoanalytic Criticsm"，*Diacritics*，No. 2，2002.

［4］Zahi Zalloua，"Betting on Ressentiment：Zizek with Nietzsche"，*Symploke*，No. 20，2012.

［5］Dan Miller，"Review of Slavoj Zizek and John Milbank's，The Monstrosity of Christ：Paradox or Dialectic?"，Edited by Creston Davis，*Sophia*，No. 49，2010.

［6］Zahi Zalloua，"Zizek with French Feminism：Enjoyment and the Feminine Logic Og the 'Not-all'"，*Intertexts*，No. 2，2014.

［7］David Hill，"In Our Time of Dying"，*New Formations*，No. 71，2011.

［8］Dusan I. Bielic，"'Maternal Space' and Intellectual Labor：Gramsci Versus Kristeva and Zizek"，*College Literature*，No. 2，2014.

［9］Geoff Boucher、Mattew Sharpe，"Financial Crisis，Social Pathologies and Generalized Perversion：Questioning Zizek's Diagnosis of the Times"，*New Formations*，No. 72，2011.

［10］Geoff Pfeifer，"Adrian Johnston：Badiou，Zizek，and Political Transformations：The Cadence of Change"，*Hum Stud*，No. 33，2010.

［11］Graham Harman，"Fear of Reality：On Realism and Infra-realism"，*The Monist*，No. 98，2015.

［12］Graham Wolfe，"Normand Chaurette's Fragments d'une Letter d'Adieu lus par des Geologues and the Zizekian Death Drive"，*TRiC/RTAC*，No. 34，2013.

［13］Ian Almond，"Anti-capitalist Objections to the Postcolonial：Some Conciliatory Remarks on Zizek and Context"，*Ariel：A Review of International English Literature*，No. 43，2012.

［14］Jan Jagodzinski，"The Site/Sight/Cite of Jacques Lacan or Forget Slavoj Zizek？Implications for Art and Its Education"，*Visual Arts Research*，No. 36，2010.

［15］Jeannel L，"Schroeder，David Gray Carlson：The Subject is Nothing"，*Law and Critique*，No. 5，1994.

［16］Jodi Dean，"Zizek on law"，*Law and Critique*，No. 15，2004.

［17］John Zmirak，"Onan the Librarian：Slavoj Zizek Offers Smut for Smart"，*Morden age*，No. 00，2015.

［18］Josef Gregory Mahoney，"Ideology，Telos，and the 'Communist Vanguard'from Mao Zedong to Hu Jintao"，*J of Chin Polit SCI*，No. 14，2009.

［19］Marc de Kesel，"Act Without Denial：Slavoj Zizek on Totalitarianism，Revolution and Political Act"，*Studies in East European Thought*，No. 56，2004.

［20］Marie Hockenhull Smith，"Supergo，Special Juries and a Split Law：Eighteenth-century Adultery Trials Viewed Through Zizek's Lens"，*Law and Critique*，No. 18，2007.

［21］Marika Rose，"The Mystical and the Material：Slavoj Zizek and the French Reception of Mysticism"，*Sophia*，No. 53，2014.

［22］Mark Decker，"The Mysteries of los Angeles；or，They live，Eight O' clock in the Morning，City Mysteries，and the Apotheosis of the Mechanic Hero"，*Extrapolation*，No. 2，2014.

［23］Maurizio Ferraris，"Transcendental Realism"，*The monist*，No. 98，2015.

[24] Paul Allen Miller, "The Repeatabile and the Unrepeatable: Zizek and the Future of the Humanities, or Assessing Socrates", *Symploke*, No. 17, 2009.

[25] Paul Hollander, "Slavoj Zizek and the Rise of the Celebrity", *Intellectual*, No. 47, 2010.

[26] Paul Taylor, "Zizek's Brand of Philosophical Excess and the Treason of the Intellectuals: Wagers of Sin, Ugly Ducklings, and Mythical Swans", *The Comparatist*, No. 38, 2014.

[27] R.Moolenaar, "Slavoj Zizek and The Real Subject of Politics", *Studies in East European Thought*, No. 56, 2004.

[28] Robert Bird, "The Suspended Aesthetic: Slavoj Zizek On Eastern European Film", *Studies in East European Thought*, No. 56, 2004.

[29] Sigrun Bielfeldt, "Die Wuste des Realen: Slavoj Zizek under Deutsche Idealismus", *Studies in East European Thought*, No. 56, 2004.

[30] Stephen frosh, "Psychoanalysis, Anti-semitism and the Miser", *New Formations*, No. 72, 2011.

[31] Thomas Brockelman, "Laughing at Finitude: Slavoj Zizek Reads Being and Time", *Cont Philos Rev*, No. 41, 2008.

后　记

　　本书得以顺利完成,得益于家人、老师和朋友的关心、指导和帮助。

　　感谢家人给予我自由写作的时间和空间,在这浮躁的时代,这一点尤为可贵。感谢我的导师王桂艳教授,她对本书的整体架设、细研与强有力的建设性意见,深深地激发了我的写作热情。于此过程中,我幸运地了解到,她是一位友善且宽厚的导师。特别感谢写作过程中给予我帮助的诸位老师,写作之初,他们提出的诸多有价值的批评,于深化理论认知、拓宽研究视域大有裨益,诸多建设性意见也在文中呈现。特别感谢一些朋友和批评者,他们从不同学科、不同视角提出的宝贵意见,助推了后续研究顺利进行。在交流和讨论的过程中,我与他们建立了最珍贵的学术性的同志关系。

　　本书得以完成并出版,得到了人民出版社的支持和其他院校研究者的帮助,在此一并致谢。

责任编辑:陈晓燕

封面设计:林芝玉

图书在版编目(CIP)数据

欲望社会:齐泽克意识形态功能思想研究/彭均国 著. —北京:
　人民出版社,2019.8
ISBN 978－7－01－021061－2

Ⅰ.①欲…　Ⅱ.①彭…　Ⅲ.①齐泽克-意识形态-思想评论　Ⅳ.①B555.4
　②B022

中国版本图书馆 CIP 数据核字(2019)第 148804 号

欲望社会
YUWANG SHEHUI
——齐泽克意识形态功能思想研究

彭均国　著

人民出版社 出版发行
(100706　北京市东城区隆福寺街 99 号)

天津文林印务有限公司印刷　新华书店经销

2019 年 8 月第 1 版　2019 年 8 月北京第 1 次印刷
开本:710 毫米×1000 毫米 1/16　印张:16.75
字数:256 千字

ISBN 978－7－01－021061－2　定价:45.00 元

邮购地址 100706　北京市东城区隆福寺街 99 号
人民东方图书销售中心　电话 (010)65250042　65289539

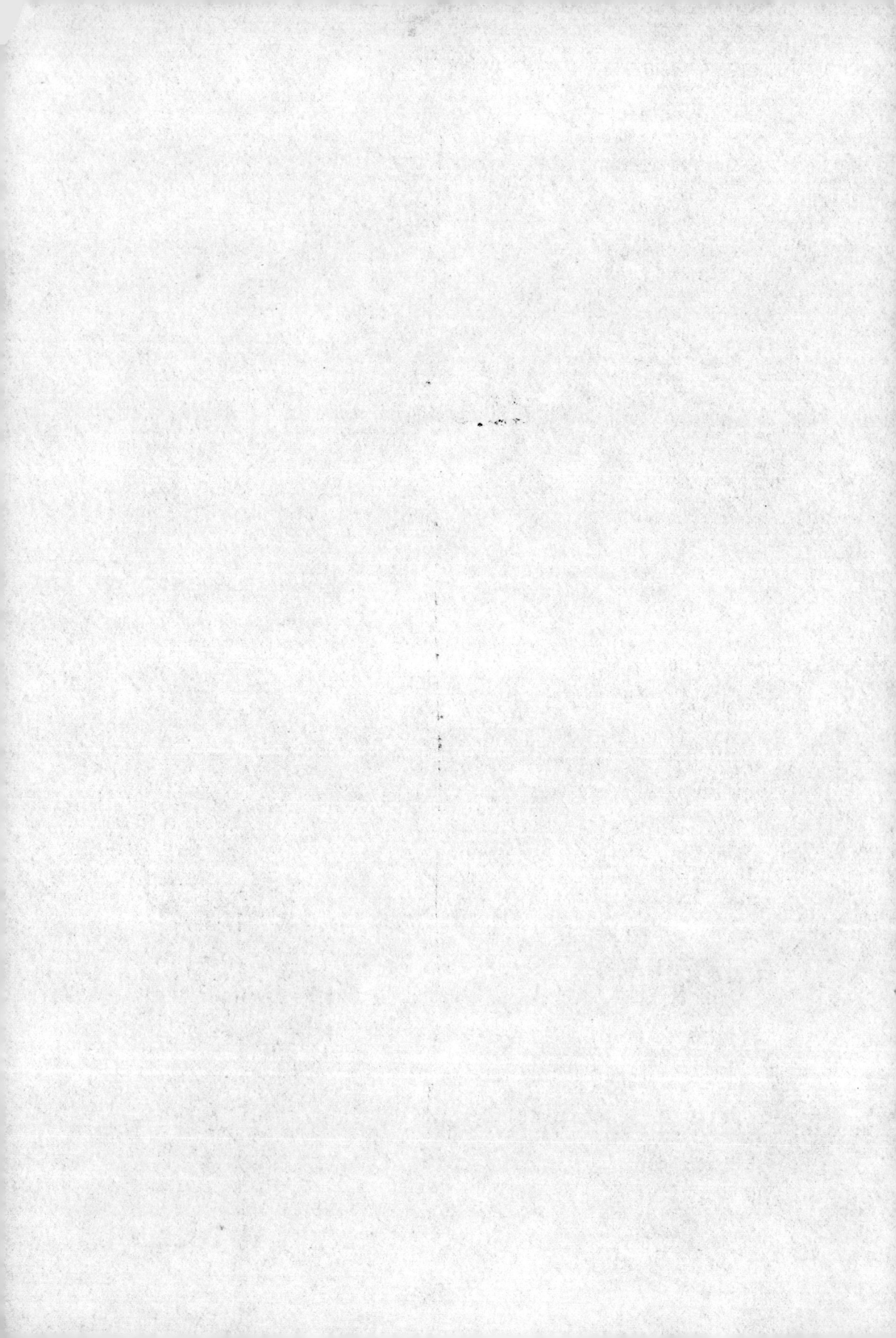